“云南光电行业专利信息应用实践”课题组　组织编写

企业专利工作应用手册

QIYE ZHUANLI GONGZUO YINGYONGSHOUCE

知识产权出版社
全国百佳图书出版单位

图书在版编目（CIP）数据

企业专利工作应用手册 /“云南光电行业专利信息应用实践”课题组组织编写．—北京：知识产权出版社，2018.12

ISBN 978-7-5130-5993-0

Ⅰ．①企… Ⅱ．①云… Ⅲ．①企业管理－专利－手册 Ⅳ．① G306.3-53 ② F273.1-53

中国版本图书馆 CIP 数据核字 (2018) 第 275196 号

内容提要

本书旨在帮助在滇创新型企业、中小企业开展专利工作，协助企业提高在专利信息应用、专利申请、专利管理、专利营运、专利导航及专利维权等各领域开展专利管理和应用的能力，加大以专利为核心的知识产权信息利用率，增强企业科技创新能力，促进西部地区企业，特别是中小企业的发展。

责任编辑：张　珑　薛宇衡　　　　**责任印制**：刘译文

企业专利工作应用手册

“云南光电行业专利信息应用实践”课题组　组织编写

出版发行：知识产权出版社有限责任公司	网　　址：http://www.ipph.cn
电　　话：010-82004826	http://www.laichushu.com
社　　址：北京市海淀区气象路 50 号院	邮　　编：100081
责编电话：010-82000860 转 8574	责编邮箱：zhanglong@cnipr.com
发行电话：010-82000860 转 8101	发行传真：010-82000893
印　　刷：北京嘉恒彩色印刷有限责任公司	经　　销：各大网上书店、新华书店及相关专业书店
开　　本：720mm×1000mm　1/16	印　　张：21.5
版　　次：2018 年 12 月第 1 版	印　　次：2018 年 12 月第 1 次印刷
字　　数：313 千字	定　　价：78.00 元

ISBN 978-7-5130-5993-0

编委会

主　编

张　俐：国家专利信息师资人才、云南省知识产权领军人才，研究框架设计，主要执笔第四章第二节，负责全书统稿。

句红兵：国家专利信息师资人才，研究框架设计，主要执笔第二章第四节，参与全书统稿。

副主编（按照本书章节撰写顺序排名）

邓成平：国家专利信息实务人才，主要执笔第一章。

张　禹：国家专利信息实务人才，主要执笔第二章第一、二、三节。

陈芊里：国家专利信息实务人才，主要执笔第二章第一、二、三节。

秦　叶：昆明市生产力促进中心，参与执笔第二章第四节。

杨俊宏：云南光电辅料有限公司，主要执笔第二章第五节。

刘朝辉：云南光谷光机电科技孵化器管理有限公司，参与执笔第二章第五节。

李　斌：国家专利信息实务人才，主要执笔第三章第一节。

李中强：专利代理人，主要执笔第三章第二节。

任玖阳：昆明冶金研究院，主要执笔第四章第一节。

杜正飞：云南省知识产权高层次人才，参与执笔第四章第二节。

王瑞山：云南省知识产权高层次人才，主要执笔第五章第一节。

李光云：昆明成鼎商务信息咨询有限公司，参与执笔第五章第一节。

王　雯：昆明市生产力促进中心，参与执笔第五章第一节。

林祖德：云南省知识产权实务人才，主要执笔第五章第二节。

郭思哲：云南省知识产权高层次人才，主要执笔第五章第三节。

田红锦：楚雄开发区创新创业服务中心，主要执笔第六章。

唐顺良：专利代理人、律师，主要执笔第七章第一节。

李知伦：专利代理人、律师，参与执笔第七章第一节。

向　兰：国家专利信息实务人才、云南省知识产权领军人才，主要执笔第七章第二节。

董建国：专利代理人、律师，主要执笔第七章第三节。

前言

随着中国改革开放进入四十年，中国经济发展模式正由量的增长向质的飞跃转变，以专利为代表的知识产权重要性日益呈现，专利正成为企业的核心竞争力。专利以“公开换保护”的基本原则，决定了专利信息具有人类有史以来内容最为丰富、最具前瞻性及真实性的免费信息来源的特性。充分运用专利信息，提升技术创新能力，从而获得竞争优势，已成为中小微企业，特别是其中的创新型企业，获得生存和发展的捷径。

2017 年，由在滇国家专利信息人才和云南省知识产权人才为核心的研究团队承担了国家专利信息人才项目——云南光电行业专利信息应用实践的研究工作，通过国家知识产权局的验收，验收结果为优秀。通过该项目的实施，以云南光电辅料有限公司、云科光谷众创空间及其在孵企业为代表的云南光电行业企业专利信息应用能力有了质的提升。项目实施过程中，研究团队深刻感受到：以云南为代表的西部地区企业，特别是中小企业，虽然已经认识到了专利工作的重要性，但是基础薄弱，缺乏开展专利工作的能力。研究团队经过多次讨论后决定，利用项目实施过程收集的素材及总结的经验教训，再联合省内专利工作开展较好企业的管理人员，共同编写出版一本重点帮助在滇创新型企业、中小企业开展专利工作的图书——《企业专利工作应用手册》，协助企业提高在专利信息应用、专利申请、专利管理、专利营运、专利导航及专利维权等各领域开展专利管理和应用的能力，加大以专利为核心的知识产权信息利用率，增强企业科技创新能力，促进西部落后地区企业特别是中小企业的发展。

本书对章节编排及内容做了精心设计，主要从专利制度由来及基本原则、专利信息检索及应用、专利申请、专利管理、专利运营、专利导航和专利维权等七个方面进行介绍。

第一章通过对专利制度由来及基本原则的介绍，让企业专利管理人员充分认识专利的重要性，并了解专利管理的基本原则。

第二章对常用专利数据库及检索技巧进行了介绍，并辅以应用实例，以提高企业专利信息应用能力；重点叙述了专利创新点挖掘和专利布局方法，帮助企业利用专利信息提高自身创新能力。

第三章介绍了专利申请的基本程序，包括直接申请和代理申请，方便申请人根据自身实际情况选择专利申请方式。

第四章从初级管理和贯彻实施国家标准《企业知识产权管理规范》（GB/T 29490—2013）两个层面对企业如何开展专利管理进行了介绍，为企业开展知识产权管理提供参考。

第五章对专利运营进行了简要介绍，包括专利运营的概念及模式，目前中小企业主要专利运营方式等，重点介绍了科技成果转化、专利质押融资、高价值专利培育和知识产权公共服务平台等内容，为企业开展专利运营提供思路。

第六章对专利导航的内容作了简要介绍，以帮助企业利用专利信息进行再创造应用和技术创新开发。

第七章介绍了专利维权，包括专利无效、行政维权和诉讼维权等内容，以帮助企业更进一步了解专利权的法律价值，提高知识产权保护意识。

本书的编撰得到了诸多业界专家、领导、同事的帮助和支持，在此一并致谢！

本书为专利工作中的经验总结，虽沥尽编者心血，但难免存在偏颇和疏漏之处，望广大读者批评指正，提出宝贵的意见和建议。

再次感谢！

编者

2018 年 10 月

CONTENTS 目录

第一章　专利制度由来及基本原则

第一节　专利制度的由来

一、专利制度概述

“科学技术是第一生产力”，已成为当代经济发展的决定性因素。随着世界一体化及市场经济的不断发展，新产品的研发、加工工艺技术含量越来越高，经济发展对科学技术的依赖程度越来越强，经济的繁荣在很大程度上依靠科学技术的进步。而科学技术的进步又依赖于给它提供保护的法律环境——知识产权保护制度。因此，知识产权保护与经济发展息息相关。

专利制度是知识产权制度的重要组成部分，从法律上确定了获得专利的技术创新成果是商品、财产的地位，其权利人依法享有知识产权，同有形财产一样。专利权人的无形财产权不容侵犯，《中华人民共和国专利法》（以下简称《专利法》）第六十条规定，对未经专利权人许可，实施其专利的侵权行为，专利权人或利害关系人可以请求专利管理机关进行处理，也可以直接向人民法院起诉。这里规定了出现侵权纠纷的处理途径有两个，一个是行政处理，法律赋予了专利管理机关处理侵权纠纷的行政职能，这种行政处理程序简单、灵活，结案快，费用低，特别适合中国国情；另一个途径就是司法保护，直接向人民法院起诉。专利保护给予专利权人在一段时间内的独占权，当这个权利受到侵犯时，专利权人或利害关系人就可以依法维护自己的专利权不受侵犯。综合来看，专利制度主要具有以下三方面的作用。①刺激和鼓励发明创造。专利制度赋予专利权人在一定期限内对其发明创造专利拥有独占权，专利权人可以通过自己制造、使用与销售专利发明，或通过许可和转让的方式使其发明投资得到回收，并获得利润，使“天才之火注进利益之油”，从而刺激科研和技术开发的进一步开展，促进发明创造活动。②传播科学技术知识，启发新的发明创造。专利制度要求申请专利的发明创造必须向社会公开，这样，新的发明思想和技术能为公众所知，避免重复科研，利于新技术的开发研究。③促进科学技术的推广和应用。通过对专利权人权利的保护及专利发明向社会的公开，专利制度为专利技术在产业中的实施提供了前提条件，利于专利技术转化为社会生产力。

由此可见，专利制度通过鼓励和保护发明创造，充分调动人们创造和采用新技术的积极性，促进发明创造活动的蓬勃发展，最终实现促进科学技术和经济发展的目的[1]。

随着专利权人专利保护意识的不断增强，以及由于自身所创造的专利带来的经济利益逐渐凸显，要求打击各种投机取巧、侵犯专利权人利益的行为的呼声越来越高。因此可以说，作为上层建筑的专利法在利用法律和经济手段鼓励和保护人们进行发明创造，以推动科技进步、促进经济发展便成为专利制度最重要的特征。综观世界各国的知识产权法、专利法等相关法律法规，它们都对专利的申请、审查和批准授予专利权等做了明确的规定，同时也对如何把申请专利的发明内容在适当的时间公诸于世，以便进行发明创造、信息交流和有偿技术转让等。因此，可以说专利制度是目前国际上通行的一种利用法律和经济的手段推动技术进步的管理制度。这一制度的建立在于确认和保护发明人的智力成果，公开和利用最新发明成果，从而鼓励发明创造，推广和及早运用技术成果，促进国际技术交流，推进技术进步和经济发展。

从历史起源来看，专利制度虽然是随着资本主义制度的发展而发展起来的，但它却不是资本主义特有的东西，而是商品生产充分发展的必然产物。它经历了

300 多年的演变和不断充实，最终以专利法形式来保护、鼓励发明创造，促进科学技术发展这样一种比较完整、系统的国际通行的科学技术管理制度。中国的知识产权制度起步于 1978 年 7 月，为适应中国改革开放的需要，党中央作出了建立专利制度的重大决策。当时，中央在一份报告中指出“中国应建立专利制度”。根据这一指示，1979 年 3 月，原国家科委受国务院委托成立专利法起草小组。历经 5 年准备，1984 年 3 月 12 日，六届全国人大常委会第四次会议审议通过了《专利法》，并于 1985 年 4 月 1 日起开始实施。《专利法》正式实施，从此揭开了中国专利事业以至整个知识产权事业发展史上的一个新篇章。专利法实施的第一天，中国专利局就收到来自国内外的专利申请 3455 件，被世界知识产权组织誉为创造了世界专利历史的新纪录。《专利法》是调整因发明而产生的一定社会关系，促进经济进步和经济发展的法律规范的总和。我国专利法的实施，对鼓励发明创造，促进科学技术的发展，提高经济效益，加速社会主义现代化建设，起着至关重要的作用。

二、专利制度的产生和发展历程

专利制度的产生可以追溯到中世纪甚至更远的时代。当时欧洲各国还处在封建社会的末期，手工业作坊已出现，有些国家的君主为了发展经济，便给商人或能工巧匠颁发在一定期间内免税并独家经营或独家生产某种新产品的权利。但这种独占性权利只不过是封建君王授予发明创造者的一种特权，尚未形成一种正规的法律保护制度。世界上第一个建立专利制度的国家是当时的威尼斯。1474 年威尼斯颁布了世界上第一部专利法。这部专利法虽具有现代专利法的某些特点和因素，但相当简单和粗糙，且带有浓厚的封建特权色彩，保障效能甚低。真正具有现代化特点的专利制度是从 17 世纪以来随着资本主义经济的不断发展和资本主义生产方式的牢固确立而逐步形成、发展和完善起来的。1624 年英国颁布了垄断法，被人们称为“现代专利法之始”。许多国家在制定专利法时仿效和借鉴了其基本原则和一些具体规定。18 世纪以后，欧美各国相继颁布了专利法。纵观世界专利制度的产生和发展的历史过程，大致可分为三个阶段：世界专利制度萌芽阶段、专利制度的形成和发展阶段、专利制度的国际化发展阶段。

（一）世界专利制度萌芽阶段

欧洲专利制度萌芽于欧洲封建社会的中后期。随着商品经济和技术的发展，一些国家的封建君主开始授予某些商人和能工巧匠在一定时期内免税或独家经营某种新工艺、新产品的权利。据相关史料考证，在今意大利南部以生活奢侈著称的古都 Sybaris（当时为希腊殖民地），一种烹调方法被授予为期 1 年的独占权。以后，经过漫长的发展阶段，到了 12 世纪，以英国为代表的资本主义萌芽较早的国家开始了引进技术和建立新工业的运动。1236 年，西法兰西及英格兰的亨利三世向一名波尔多（法国港口城市）人授予在该城市生产花布的独占权，期限为 15 年。1324—1377 年，在英国爱德华二世至三世统治期间，很多外国织布工人及矿工作为新技术的引进者被授予使用该技术的专有权，即垄断权，以鼓励他们在英国创业，使英国从蓄牧业国家向工业化国家发展。专利萌芽阶段影响最大的是 1421 年意大利建筑师布鲁内来西获得的在 Arno 河上运输重物的方法的 3 年独占权。这一时期，专利权主要以独占权（monopoly）为表现形式，用来鼓励建立新工业，但权力经常被滥用。在英国，这种权力经常以专利证书（letters patent）形式授予，意为敞开的证书，证书只在底部盖有封印，而不像普通的证书那样密封，它以官方通知的方式将授予的权力告知公众。

（二）专利制度的形成和发展阶段

1. 专利制度的形成

随着专利制度的建立，在利用专利法律和经济手段鼓励人们进行发明创造，以推动科技进步、促进经济发展的同时，专利文献出现了，专利文献的出现标志着具有现代特点的专利制度的最终形成，可以说专利文献是专利制度的产物。

在韦氏大学词典（Merriam-Webster’s Collegiate Dictionary）的解释中，专利

（patent）一词有两个含义，其一指特定权力，即某种发明的独占权或控制权；其二为官方文件，记录发明人在一定时期内对一项发明所具有的制造、使用和销售的独占权。因此专利既可理解为专利权又可理解为专利文献。

专利（patent）来源于拉丁语 litterace patents，意为公开的信件或公共文献，是中世纪的君主用来颁布某种特权的证明。在有关专利制度起源的早期文献中，人们更经常使用的概念为 monopoly，意为“垄断”“独占”或“专利”[2]。

2. 专利制度的发展

专利制度是随着资本主义工业革命的兴起、商品经济的进一步发展和市场竞争的日趋激烈而从萌芽阶段步入发展时期的。以英国为代表的资本主义国家为适应引进技术、建立新工业的需要，在建立专利法、实行专利制度方面进行了有益的探索，为世界各国树立了典范，带动了世界范围内专利制度的迅速推广。

1474 年 3 月 19 日，威尼斯共和国颁布了世界上第一部专利法，正式名称为《发明人法规》（Inventor Bylaws），从 1475 年到 16 世纪，威尼斯的许多重要的工业发明，如提水机、碾米机、排水机、运河开凿机等被授予 10 年的特许证。1449 年资产阶级工业革命的发源地英国产生了最早的发明专利：亨利六世向佛拉芒人 John of Utynam 授予为伊顿公学制造彩色玻璃的方法专利。

1545 年，德意志国王查理五世颁发了风轮机和水轮机的 12 年专利权。1551 年，测距仪在法国被授予专利权，荷兰和西班牙也涌现一些专利。1552 年英国历史上第 2 件有记载的专利诞生了，是有关诺曼底玻璃的制造方法。

伊丽莎白一世女王统治时期，专利授权活动出现小的高潮，1561—1590 年，英王批准了有关刀、肥皂、纸张、硝石、皮革等物品制造方法的 50 项专利。在威尼斯，数学家、科学家和物理学家迦利略发明的以单匹马提升水的方法在 1594 年被授予专利。遗憾的是，此时的专利制度声望不佳，授权专利的名不符实及专利权人滥用权利的现象普遍存在，于是从 17 世纪开始，英国开始了专利制度改革，首先废除了先前所有专利，1617 年的编号为 1 的专利是英国历史上第1件有专利号的专利。

1624年是专利史上的非常重要的一年，英国的Statute of Monopolies（一般译为《垄断法》）开始实施。《垄断法》宣告所有垄断、特许和授权一律无效，今后只对“新制造品的真正第一个发明人授予在本国独占实施或制造该产品的专利证书和特权，为期14年或以下，在授予专利证书和特权时其他人不得使用”。《垄断法》被公认为现代专利法的鼻祖，它明确规定了专利法的一些基本范畴，这些范畴对今天的专利法仍有很大影响。其后，欧美其他国家纷纷效仿。美国的第一件专利出现于1641年，是关于食盐制造方法的专利。1787年的美国联邦宪法规定“为促进科学技术进步，国会将向发明人授予一定期限内的有限的独占权”。1790年，以这部宪法为依据，又颁布了美国的专利法，它是当时最系统、最全面的专利法。

依据美国专利法授权的第一件美国专利出现在1790年7月31日，是有关碳酸钾的制造方法。法国第一部专利法出现在1791年。这期间各国专利法的共同特征是专利授权时都没有明确的权利要求，而且都不进行检索和技术审查。随后，1800—1888年，大多数国家都颁布了该国专利法，它们是荷兰（1809年）、奥地利（1810年）、俄罗斯（1812年）、瑞典（1819年）、西班牙（1826年）、墨西哥（1840年）、巴西及印度（1859年）、阿根廷及意大利（1864年）、加拿大（1869年）、德国（1877年）、土耳其（1879年）、日本（1885年）。德国的专利法突出了强制审查原则，德国也是最早实行专利审查制的国家。1902年修订的英国专利法规定审查员须对50年来的英国专利进行检索，1905年起英国开始正式实行专利申请检索制度。

1932年修订的专利法又将专利申请的检索范围扩大到英国以外的国家。专利制度在世界范围内发展迅速，据统计，世界范围内实行专利制度的国家在1873年有22个，1990年有45个，1925年有73个，1958年有99个，1973年有120个，1984年有158个。到目前为止，世界上建立了专利制度的国家和地区已经超过175个。专利制度诞生后，世界上许多重要的、对人类文明产生重要影响的发明被授予专利权。例如，1752 年弗兰克林发明的避雷针；1812 年史蒂芬森（Stephenson）发明的火车；1867 年诺贝尔发明的炸药；1887 年爱迪生发明的留声机，1893 年狄塞尔发明的内燃机等。尽管各国专利法各有特点，但都反映了专利制度的两大基本功能：即法律保护和技术公开。以出版专利文献的形式来实现发明创造向社会的公开和传播是专利制度走向成熟的最显著特征。

三、专利制度的国际化发展阶段

1.《保护工业产权巴黎公约》

随着专利制度在世界各国得到了广泛的应用，为了促进国际交流合作和技术贸易，各国先后签订了一些有关保护工业产权的国际公约。1883 年，在巴黎由法国等 11 个国家缔结的《保护工业产权巴黎公约》（以下简称《巴黎公约》）是第一个也是至今为止最重要的国际专利公约，截至 2013 年 7 月，该公约已有成员国 175 个。中国于 1985 年 3 月 19 日正式加入了《巴黎公约》，成为其成员国。

2.WIPO：《专利合作协定》（PCT）

PCT 为 *Patent Cooperation Treaty* 的简写，从名称上可以看出，它是专利领域的一项国际合作条约。自采用《巴黎公约》以来，它被认为是该领域进行国际合作最具有意义的进步标志。但是，它是主要涉及专利申请的提交、检索、审查及其中包括的技术信息的传播的合作性和合理性的一个条约。PCT 不对“国际专利授权”：授予专利的任务和责任仍然只能由寻求专利保护的各个国家的专利局或行使其职权的机构掌握。PCT 并非与《巴黎公约》竞争，而是其补充，它是在《巴黎公约》下只对《巴黎公约》成员国开放的一个特殊协议。

PCT 规定了国际申请的某些标准，按这些标准准备的国际申请才会被所有的 PCT 成员国受理，申请的形式和内容不会因为不同的国家或地区要求（以及产生的费用）而需要相应的修改。PCT 规定不允许成员国对国际申请的形式或内容提出与 PCT 不同的或额外的要求。

3.WTO：TRIPS 协议

TRIPS 协议是《与贸易有关的知识产权协议》（*Agreement on Trade-Related Aspects of Intellectual Property Rights*）的简称。它是关贸总协定乌拉圭回合谈判的 21 个最后文件之一，于 1994 年 4 月 15 日由各国代表在摩洛哥的马拉喀什签字，并于 1995 年 1 月 1 日起生效，由同时成立的世界贸易组织管理。这个文件是知识产权保护的国际标准，规定了保护的最低标准及争端解决机制。

该协议的产生是有一定时代背景的。近年来，知识产权与国际贸易日益紧密地联系在一起，知识产权案件的增多，影响到国际贸易的正常发展。尽管国际社会已签定了一些国际公约，但尚存在三大问题未解决：一是原有的保护知识产权的国际公约和协定，相对迅速发展的知识产权的保护来说，还不够完善和充分；二是这些条约和协定只是针对知识产权国际保护的一般情况缔结的，对国际贸易中知识产权的保护问题所涉不多；三是有效解决国际贸易中知识产权争端和监督管理知识产权的国际保护机制也不够健全。以美国为代表的发达国家极力主张在国际上建立一套高标准、严要求的知识产权保护体系，并提出各国应通过乌拉圭回合谈判在确立更有效的、统一的原则方面达成一致。经过几年发达国家和发展中国家的代表在协商中的激烈辩论和艰巨谈判，1992 年 12 月达成了《与贸易（包括假冒商品贸易在内）有关的知识产权协议》草案，并于 1994 年 4 月在摩洛哥召开的乌拉圭回合谈判成员国部长级会议上进行草签，成为乌拉圭回合谈判最后文件的一部分。它是迄今国际上所有有关知识产权的国际公约和条约中，参加方最多、内容最全面、保护水平最高、保护程度最严密的一项国际协定。

TRIPS 协议涉及的知识产权共有以下八个方面：著作权及其相关权利、商标、地理标记、工业品外观设计、专利、集成电路布图设计、对未公开信息的保权和对许可合同中限制竞争行为的控制。同时，对上述知识产权的可获得性、范围及行使标准、施行、获得与维持程序、纠纷的预防及解决等，协议中均作了详细规定，已超出任何现有的知识产权国际公约，将使知识产权问题与贸易问题密不可分。

TRIPS 要求所有 WTO 成员对包括版权、专利、商标、工业设计、地理标识、集成电路外观设计以及未公开信息在内的、范围广泛的知识产权提供最低限度的保护。如此一来，TRIPS 协议就涵盖了目前存在的、几乎所有的知识产权国际协议，如世界知识产权组织（WIPO）的《巴黎公约》和《尼泊尔公约》，并增加了一些新的义务，诸如地理标识、专利、商业秘密以及政府在知识产权强制性执行方面的义务等。

经济的全球化带来知识产权制度的国际化。作为知识产权制度的重要组成部分，专利制度的国际化也是必然趋势。自 1883 年缔结《巴黎公约》以来，发达国家一直致力于推动专利制度的国际化进程，从制定专利保护的基本原则，到程序上简化和统一申请、审批手续，再到着力协调专利的实体法，最终目的是建立全球统一的专利制度。《专利合作协定》体现了专利程序法方面的国际化，而 TRIPS 协议则包括了程序法和实体法两个方面的内容。发达国家不满足于 TRIPS 协议中的最低标准，进一步提出了《实体专利法条约》，希望建立统一的专利法实体标准和专利相互承认体系，以减少同一专利在不同国家法律适用的不确定性，实质是为最终全球统一的专利制度进行实体法方面的协调。由于各国科技发达程度、专利制度、专利保护水平各不相同，要制定统一的专利实体法条约，涉及众多的法律问题，难度可想而知。其中讨论较多、分歧较大的关键性问题有两方面，一是发达国家之间讨论较为激烈的“技术性”问题，如授予专利权的实质性条件，新颖性、创造性、实用性的审查标准，生物技术、计算机软件、商业方法等专利性主题，对专利权利要求的解释的不同规定等；二是发展中国家在专利实体法协调过程中提出的，但却遭到发达国家强烈抵制的关于“专利与发展”的议题，如授予专利权的例外，传统知识和遗传资源的来源披露、规制对专利权的滥用等。专利制度国际化将在给发展中国家的科技和经济发展带来机遇的同时，也带来一些不利因素。专利制度国际化的进程不可阻挡，发展中国家应该联合起来，争取主动，将“专利与发展”的议题纳入《专利实体法条约》的谈判，争取在专利法国际协调中为发展中国家专利法的制定尽可能预留更多的空间。中国应对专利制度国际化的策略，应结合《专利法》的第三次修改，加强对授予专利的实质性条件、强制许可等的规定，并加快制订关于保护传统知识和遗传资源的法律制度。另外，中国还应该加快专利申请、专利检索等自动化系统的建设，加大对科技创新的投资力度，加大国家知识产权战略实施力度，提高我国的自主创新能力，为未来专利法国际协调做好各方面的准备[3]。

三、中国专利制度的发展历程

专利制度从建立到发展，至今，已有300多年历史。但“专利”一词，早在我国西周时代就出现了。史载前857—841年，曾有一位大臣向周厉王献策，认为应做些赚钱谋利的事。厉王就实行了对山、林、川、泽等的独占政策。此时，大臣黄良夫首先提出了反对贵族统治者凭借政治特权从事专利，认为“匹夫专利，犹谓之盗，王而行之，其归鲜矣”。这里所说的专利，仅仅是指独占自然资源而谋取厚利之权利。在我国古代，虽然“专利”的含义逐渐变化发展成为泛指独占某种产品的生产、经营、流通以便获利的行为，但一直未形成一种专门的、具有法律性质的制度。

中国的专利制度真正的起源应追溯到封建社会末期。第一个将西方专利思想介绍到中国的是太平天国总理洪仁玕。他曾提出具有资本主义色彩的《资政新篇》，鼓励发展私人近代企业。在“兴车马之利”方面，他主张“倘有能造如外邦火轮车，一日夜通行七八千里信以自专其利，限满准他人仿做”。在“兴车马之利”方面，主张以坚固轻便捷巧为妙，例如，轮船“或用火用气用力用风，任凭智自创。首创巧者，尝以自专其利，限满准他人仿做”。他甚至提出在同一专利制度下对发明专利和“小发明”分别进行保护，“器小者赏5年，大者赏10年，益民多者年数加多”。这种思想是我国最早的专利立法指导思想的反映。他的思想未能实现。

中国近代史上第一件专利诞生于1882年8月。光绪皇帝御准资产阶级改良派人物、实业家郑观应等创建上海机器织布局的织布工艺“10年专利”，实际授予开办新兴工业的垄断权。此后，清政府还批准一些新工业垄断权。例如，1895年张謇创办的通州大生纱厂，被批准10年专利。1898年，在著名的“戊戌变法”中，光绪皇帝颁发了《振兴工艺给奖章程》，这也是我国历史上的一部有关专利的法规，但它未能付诸实施。

辛亥革命后，中华民国工商部于1912年公布了《奖励工艺品暂行章程》，规定对发明或改良产品，除仪器和医药品外，授予5年以内的专利权。据统计，1930年之前，依照该章程批准过135件专利。1923年3月，北洋政府公布了《暂行工艺品奖励章程》，该章程把保护对象扩大到制造方法的发明或改进。1928年6月，中华民国农工商部又公布了《奖励工艺品暂行条例》，并于1932年、1939年和1941年三次修改。其中，1939年的条例又增加了“新型”和“新式样”专利。

我国历史上第一部专利法是1944年5月颁布的《中华民国专利法》。该法共分为发明、实用新型、新式样和附则等4章、130条。

中华人民共和国成立后不久，原政务院根据起临时宪法作用的《共同纲领》关于“努力发展自然科学，以服务于工业、农业和国防建设，奖励科学发现和发明，普及科学知识”的精神，于1950年8月通过了《关于奖励有关生产发明、技术改进和合理化建议的决定》，并发布了《保障发明权与专利权暂行条例》。这些决定和条例实行到1957年，曾批准6项发明权、4项专利权。1963年颁布了《发明奖励条例》，《保障发明权与专利权暂行条例》随即被废止，由原来采用的双轨制，即发明证书和专利证权两种保护形式，变为单一的发明证书制度。

十一届三中全会以后，随着改革开放政策的贯彻执行，我国专利法制建设进一步加快。1979年3月，专利法起草小组正式成立。同年，我国颁布的《中华人民共和国中外合资经营企业法》第一次把工业产权作为一种无形财产权规定下来，在《中美贸易协定》中载明，我国承担了保护包括专利权在内的知识产权的义务。1979年底，中国第一份《中华人民共和国专利法（草案）》产生了。1980年1月，国务院批准国家科学技术委员会（1998年改名为科学技术部）《关于我国建立专利制度的请示报告》，成立了中国专利局。1982年9月，国务院常委会议听取了中国专利局的汇报，作出“从全局和发展的观点看，我国应该建立专利制度”的决定。

1984年3月12日，全国人大六届四次会议通过了《专利法》，1985年1月19日，国务院批准了《中华人民共和国专利法实施细则》（以下简称《专利法实施细则》）。《专利法》于1985年4月1日正式施行。《专利法》实施多年的实践表明，《专利法》对鼓励发明创造，促进我国科技进步和经济发展，以及对外科技交流和经贸往来，发挥了积极、重要的作用。但是，由于他们在制定过程中缺乏经验，所以《专利法》在实施过程中暴露了其自身的不完善。同时，国际专利制度也经历了重要变化。当前，专利保护在国际科技、经济、贸易交流中的地位日益重要，国际社会对专利领域一些重要问题进行国际协调的呼声愈加强烈。

1991年6月，世界知识产权组织就《巴黎公约》有关专利部分的补充条约召开了第一次外交会议。我国正积极争取尽早恢复在关贸协定中的缔约国地位，同时还参与了10个发达国家与包括中国在内的发展中国家共同进行的关贸总协定（乌拉圭回合）多边贸易谈判，达成了《与贸易（包括假冒商品贸易）有关的知识产权协议》。1992年1月，中美两国政府签署了《关于保护知识产权的谅解备忘录》。为了使我国的专利保护水平进一步向国际标准靠拢，为了深入贯彻改革开放的方针，进一步发挥专利制度促进科技进步与经济发展的作用，有必要对《专利法》作适当的修改。1992年9月4日，第七届全国人大常委会第二十七次会议通过了关于修改《专利法》的决定，该决定于1993年1月1日起施行。

2000年8月25日第九届全国人大常委会第十七次会议对《对关于修改〈中华人民共和国专利法〉的决定》第二次修正。修改后扩大了专利保护范围，增加了对药品、用化学方法获得的物质，以及食品、饮料、调味品的专利保护；延长专利权的期限，把发明专利的期限由15年延长至20年，新型和外观设计专利的期限由8年延长到10年；加强对专利权的保护，增加了将方法专利的效力延伸到依照这方法直接获得的产品，增加了对专利产品进口权的保护等。这些修改，使我国专利保护水平迅速达到了世界先进水平。这一过程还不到10年的时间，可见我国深化改革、扩大开放和加强知识产权保护的决心。

2005年4月，国家知识产权局启动了《专利法》第三次修改工作的准备工作。2008年1月，《专利法》第三次修改被列入国务院2008年立法工作计划。2008年12月27日，《专利法》进行了第三次修订。修订后的《专利法》于2009年10月1日起施行。与前两次修订相比，这次修订，主要是国家自身发展需要的体现，这突出地表现为提升专利法在促进我国自主创新、建设创新型国家方面的重要作用。《专利法》第三次修订涉及的内容相当多，但其总体原则是基于总结我国专利法制工作经验，出于中国自身发展需要，更加充分地保护国内外专利权人的合法权益并兼顾社会利益的平衡，促进专利制度更好地发挥作用。从具体的修订内容看，此次修订特别重视提升专利法对我国自主创新能力提高的作用，以及在维护公众利益的基础之上加强对《专利权》的保护。鼓励创新能力提高和加强对专利权保护，是这次《专利法》修改的主旋律，贯穿于《专利法》的始终。因此，这也可以视为《专利法》第三次修订的主要特点。

2014年，全国人大常委会开展了《专利法》执法检查工作，指出《专利法》实施中存在如下突出问题：专利质量总体上还处在较低水平，不能适应经济和社会发展的需要；侵权行为时有发生，专利保护实际效果与创新主体的期待存在较大差距；专利运用能力不足，专利的市场价值没有得到充分体现；专利公共和社会服务能力不强，与快速增长的社会需求之间还存在较大的差距。《专利法》执法检查报告进一步指出：《专利法》修改已经列入本届全国人大五年立法规划一类项目；这次执法检查中，国务院有关部门、最高人民法院和各地都对《专利法》提出了一些具体修改意见，建议在修订《专利法》等相关法律时予以重点考虑，同时注重法律之间的协调与衔接，使《专利法》在建设创新型国家中发挥更大作用。

为了落实党中央和国务院有关文件精神，解决全国人大常委会执法检查中指出的我国专利保护和运用中的突出问题，切实维护专利权人的合法权益，增强创新主体对专利保护的信心，充分激发全社会的创新活力，有必要从提高专利质量、加大执法力度、加强专利保护、促进专利运用等方面对《专利法》进行第四次全面修改。

《专利法》的不断修改完善，是我国经济社会的快速发展，加强知识产权保护、提高自主创新能力，加快转变经济发展方式、实施创新驱动发展战略的内在要求。党的十八大明确提出“实施知识产权战略，加强知识产权保护”；十八届三中全会强调要“加强知识产权运用和保护，健全技术创新激励机制”；十八届四中全会提出“全面推进依法治国”“完善激励创新的产权制度、知识产权保护制度和促进科技成果转化的体制机制”。新的形势下，专利工作面临更新更高的任务和要求。

近年来，我国在专利保护方面开展了扎实有效的工作，取得了举世公认的成绩和进步。但是，随着科技发展和市场竞争加剧，专利保护领域的新问题、新矛盾不断出现。在开展“打击侵犯知识产权和制售假冒伪劣商品”专项行动过程中发现，我国目前专利侵权现象较为普遍，特别是群体侵权、重复侵权还较为严重，再加上专利权无形性和侵权行为隐蔽性的特点，导致专利维权举证难、周期长、成本高、赔偿低、效果差，使我国一些创新型企业处境艰难。这些企业既难以从创新中获利，也难以在竞争中获得优势地位。长此以往，专利保护不力问题会严重挫伤我国企业的创新积极性，甚至会导致部分企业丧失对专利保护的信心。

因此，不断对《专利法》进行修改完善是我国社会、经济发展的必然要求，同时也是知识产权保护工作的必然要求。

第二节　专利制度的基本原则

一、基本概念

1. 专利

专利，从字面理解是指专有的权利和利益。来源于拉丁语 *litterae patentes*，意为公开的信件或公共文献，是中世纪的君主用来颁布某种特权的证明，后来指英国国王亲自签署的独占权利证书。在现代，专利一般是由政府机关或代表若干国家的区域性组织根据申请而颁发的一种文件，这种文件记载了发明创造的内容，并且在一定时期内产生这样一种法律状态，即获得专利的发明创造在一般情况下他人只有经专利权人许可才能予以实施。在中国，专利分为发明、实用新型和外观设计三种类型。对于专利的理解在中国具体包含如下三种意思：

第一，专利即专利权的简称，主要是指专利权人对发明创造享有的专利权，即国家依法在一定时期内授予发明创造者或其权利继受者独占使用其发明创造的权利，这里强调的是权利。专利权是一种专有权，这种权利具有独占的排他性。非专利权人要想使用他人的专利技术，必须依法征得专利权人的授权或许可。

第二，指受到专利法保护的发明创造，即专利技术，是受国家认可并在公开的基础上进行法律保护的专有技术。“专利”在这里具体指的是技术方法——受国家法律保护的技术或方案。（所谓专有技术，是享有专有权的技术，这是更大的概念，包括专利技术和技术秘密。某些不属于专利和技术秘密的专业技术，只有在某些技术服务合同中才有意义。）专利是受法律规范保护的发明创造，它是指一项发明创造向国家审批机关提出专利申请，经依法审查合格后向专利申请人授予的该国内规定的时间内对该项发明创造享有的专有权，并需要定时缴纳年费来维持这种国家的保护状态。

第三，指专利局颁发的确认申请人对其发明创造享有的专利权的专利证书或指记载发明创造内容的专利文献，指的是具体的物质文件[4]。

2. 专利制度

专利制度是依据专利法对申请专利的发明，经过审查和批准授予专利权，同时把申请专利的发明内容公诸于世，以便进行发明创造、信息交流和有偿技术转让的法律制度。专利制度是国际上通行的一种利用法律和经济的手段推动技术进步的管理制度。这一制度的建立在于确认和保护发明人的智力成果，公开和利用最新发明成果，从而鼓励发明创造，推广和及早运用技术成果，促进国际技术交流，推进技术进步和经济发展。

3. 专利权

专利权是指专利权人在法律规定的范围内独占使用、收益、处分其发明创造，并排除他人干涉的权利。专利权具有时间性、地域性及法律确认性。此外，专利权还具有如下法律特征：①专利权是两权一体的权利，既有人身权，又有财产权。②专利权的取得须经专利局授予。③专利权的发生以公开发明成果为前提。④专利权具有利用性，专利权人如不实施或不许可他人实施其专利，有关部门将采取强制许可措施，使专利得到充分利用。

4. 专利法

专利法是调整因发明而产生的一定社会关系，促进技术进步和经济发展的法律规范的总和。就其性质而言，专利法既是国内法，又是涉外法；既是确立专利权人的各项权利和义务的实体法，又是规定专利申请、审查、批准一系列程序制度的程序法；既是调整在专利申请、审查、批准和专利实施管理中纵向关系的法律，又是调整专利所有、专利转让和使用许可的横向关系的法律；既是调整专利人身关系的法律，又是调整专利财产关系的法律。主要包括如下内容：发明专利申请人的资格，专利法保护的对象，专利申请和审查程序，获得专利的条件，专利代理，专利权归属，专利权的发生与消灭，专利权保护期，专利权人的权利和义务，专利实施，转让和使用许可，专利权的保护等。

总的来说专利法是调整因发明创造的开放、利用、保护等产生的各种社会关系的法律规范的总和，是实体法与程序法共存一法。

二、基本理论

1. 自然权利论（财产论）

发明人精神创作劳动产生的权利是自然的权利，不可剥夺，其存在与否与国家授权无关。国家法律只保障此权利不受到侵害。国家授权只是证明发明人已有的自然权利。

2. 非物质财产论（财产论）

人们在发明创造时就如同将自己的生命的一部分融入此项发明中，他人对此发明的侵犯被认为是对发明人个人权利的侵犯。这一理论更强调发明劳动成果的思想性质和发明人权利的本质特征，从而把发明人的权利和成果所有人的权利相区别，即将发明人的财产权利和人身权利清楚地划分开来。发明人的财产权是可以转移的，而人身权是同发明人不可分割的，永远属于他本人所有、不能转移的权利。

3．契约论

为了使发明人能够控制对发明创造的利用，发明人应当得到禁止别人利用的权利。为此发明人可与社会签定一项契约。根据此契约，发明人有义务将其技术公开以换取独占使用的权利。所以，按照契约论，专利制度是以国家面貌出现的，是社会同发明人之间签定的一项特殊的契约制度。对发明人来讲，公开技术获得垄断权可以补偿发明创造活动中支出的劳动和费用，还可以获得更大利益。社会得到的利益表现为增加了新知识，这些知识丰富了科学与技术，并成为它们进一步发展的条件。专利权期限结束后，发明便成为社会的公共财富，公众可自由使用。这一理论鼓励一切有创造天赋的人去进行困难的、充满风险的、创立新技术的工作。

4. 竞争论

国家经济政策的调整以开展竞争为主要手段，为经济目的服务的专利法自然也脱离不开竞争机制。竞争的作用在于：及时排除落后的企业，淘汰过时的技术方法和产品，采用新方法生产新产品。竞争的形式不仅体现于市场上的价格、广告、产品的新颖、质量好坏，也包括为市场上的竞争作准备的科研和技术开发方面的竞争。

科研和技术开发已成为竞争过程的决定性因素。专利制度是开展科研竞争的重要手段之一，它不仅促进竞争的开展，也保证竞争者的切身利益。尤其是对于科研周期长、发明起点高的领域，如果能利用专利制度创建的这一竞争机制，用最新、最准确的专利技术情报指导科研和生产，及时淘汰过时的工艺和方法，就能够促使这些领域的技术与世界先进水平保持同步。

5. 产业政策论

专利制度是促进技术和经济进步的手段，它强调的是公众和社会的利益，把发明人的个人利益放在次要地位。它最主要的观点如下：①专利保护能鼓励企业在技术开发和实施发明方面踊跃投资，从而推动社会的技术和经济进步；②专利制度促使发明人将其最新技术公诸于世，使社会尽快了解新技术、新知识，有利于技术情报的交流与传播，进而促进产业发展；③如果对某些关系国计民生的领域授予专利权会造成“权利滥用”或桎梏该国工业的发展，可以暂时排除这些领域，不给以专利保护，待这些领域的科技水平提高后再放宽保护范围，这是从国家整体利益出发的。

6. 利益平衡论

专利法可以被看成是在专利权人的垄断利益与社会公共利益之间的一种利益分配、法律选择和整合。专利法本身是为平衡知识产权人的垄断利益与社会公共利益而作出的制度设计，旨在谋求激励发明创造需求与社会利益之间实现理想的平衡。专利权人的私人利益与公共利益之间的利益平衡，是专利法律制度的基石。在专利法中，存在着专利权人对其发明创造享有的专有权与社会公众对知识产品的合法需求之间的矛盾，对具有公共产品和私人产品双重属性的知识产品的使用、分配和利益分享作出合理的安排，以实现专利法的公平正义价值目标。专利法中规定的对专利权限制的条款，如时间限制、合理使用、强制许可等均是利益平衡的体现。

三、基本原则

中国专利法规定了下述专利申请原则。

（一）书面原则

该原则指专利申请必须以书面形式提交国务院专利行政部门。不仅是申请，以后整个审批程序中的所有手续，都必须以书面形式办理，不能以口头说明或提交实物来代替书面申请，或以口头说明代替对申请进行修补改正。

随着计算机和网络的普及，电子文件提交专利申请将成为未来的发展趋势。不少国家已经开始在此方面试行改革，推行专利申请的电子政务改革。我国早在2004年2月12日，国家知识产权局第三十五号文就发布了《关于电子专利申请的规定》；后又于2010年10月1日经国家知识产权局局务会议再次审议通过并颁布执行《关于专利电子申请的规定》，该规定对我国专利电子申请做了详细的概述。

（二）先申请原则

同样内容的发明创造，只能授予一项专利权。所以，两个以上的申请人分别就同样发明创造申请专利的，专利权授予最先申请的人。如果是在同一天申请的，申请人应当在收到国务院专利行政部门通知后自行协商确定申请人，协商不成的，该发明即成为社会公有技术。

申请日以专利申请文件递交到国务院专利行政部门之日算起，如果是邮寄的，以寄出的邮戳日为申请日。专利申请一旦被受理，国务院专利行政部门立即给予该申请一个编号，称为申请号。此申请号在专利授权后即作为专利号。

（三）优先权原则

1985年的《专利法》即采用了优先权原则，但这一原则只对外国申请人适用，中国申请人在中国申请专利不享有优先权。1992年修改后的《专利法》增加了中国申请人优先权。

优先权的主要内容是，申请人自发明或实用新型专利在外国第一次提出专利申请之日起十二个月内，或自外观设计在外国第一次提出专利申请之日起六个月内，又在中国就相同主题提出专利申请的，依照该国同中国签订的协议或共同参加的国际条约，或依照相互承认优先权原则，可以享有优先权。申请人自发明或实用新型专利在中国第一次提出专利申请之日起十二个月内，又向国务院专利行政部门就相同主题提出专利申请的，可以享有优先权。前者为国外优先权，后者为本国优先权，两者在适用的专利类型、申请地点上，都有所不同。

优先权的实际意义是，以其第一次提出专利申请日为判断新颖性的时间标准，第一次提出申请的日期，称为优先权日，上述特定的期限，称为优先权期限。申请人要求优先权的，应当在申请的时候提出书面声明，并且在三个月内提交第一次提出的专利申请文件的副本；未提出书面声明或逾期未提交专利申请文件副本的，视为未要求优先权。第一次申请被放弃或驳回时，其优先权仍然存在。优先权可以转让，即可以随专利申请权一起转让。

（四）一发明一申请原则（单一性原则）

这是指一件发明或实用新型专利的申请应当限于一项发明或实用新型，一件外观设计专利的申请应当限于一种产品所使用的一项外观设计。由于专利分类极为详细，为保证审查质量，审查员分工也很细，不同的发明创造如果放在一件申请中提出，势必给审查工作带来极大的麻烦。而且办理申请、审批手续都需交费，把不同的发明创造作为一件申请提出，只缴纳一件的费用显然是不合理的。

对于属于同一构造的两项以上的发明和实用新型或用于同一类别并且成套出售或使用的产品的两项以上的外观设计，可以作为一件申请提出，称为合案申请。

国务院专利行政部门经审查认为专利申请不符合发明创造单一性原则时，会通知申请人在规定的期限内将其专利申请分案，即分为几个申请。分案申请保留原申请日，但不得超出原说明书记载的范围。

四、基本特征

专利制度一般含有以下四个特征。

（一）法律保护

实行专利制度的国家必须首先制定自己的专利法。专利法是国内法，大都根据该国的政治、经济以及其他各种因素来制定。但专利法也是涉外法，必须考虑国际上一些共同遵守的惯例及《巴黎公约》规定的一些共同原则。

在目前世界上已建立专利制度的160个国家中，大体分为五个体系：

（1）英国体系，主要影响英联邦国家；

（2）法国体系，主要影响西班牙、葡萄牙、比利时、希腊、土耳其及曾经是法国殖民地的发展中国家；

（3）美国体系，主要影响加拿大、菲律宾等国；

（4）德国体系，主要影响奥地利、荷兰、丹麦、挪威、芬兰、瑞典、瑞士和日本等国；

（5）苏联体系，主要影响东欧国家。

专利法的核心是专利权问题，专利权是一种财产权，也是一种所有权、排他权，是指专利权人在法律规定的范围内独占使用、收益、处分其发明创造，并排除他人干涉的权利。

（二）科学审查

1790年制定的美国专利法，最先采用了审查制，这反映了现代科学技术发展的客观要求。不进行技术审查就很难保证专利的质量，这是专利制度现代化的一个重要标志，也是激励发明创造必须采取的措施。

所谓科学审查，就是对申请专利的发明创造要进行新颖性、创造性、实用性的审查。为此，采用审查的专利局都必须有一批经过训练的优秀专家队伍从事审查工作。据统计，截至1990年，苏联从事专利审查工作的技术专家为2500人，美国为1200人，日本为1180人，西德为650人。审查人员的专业要包括所有的技术领域，按国际专利分类法共包含8大部分、20个分部、118大类、618小类、59000个分组。为满足审查人员的工作的需要，专利局必须拥有世界各主要国家的专利文献，审查工作必须依据专利法制定的实施细则及审查规程等法规进行。这反映了现代科学技术的发展要求有现代化的科学管理办法与之相适应。因此专利审查不能依靠开会讨论，或投票表决，而必须有检索文档，要进行技术审查。

（三）公开通报

“同行是冤家”，相互封锁保密，这在以私有制为基础的封建社会和资本主义社会是不足为奇的。但相互封锁，对需要相互交换的资本主义商品生产来说又是十分不利的。专利制度为解决这个矛盾创造了条件，这就是通过法律保护了发明，通过科学审查又打上“合格标记”，这样就为专利技术这个“无形商品”进入市场打开了绿灯。在这样的条件下就有可能打破封锁，将专利技术的内容以专利说明书的形式向世界公开通报，并每年以100多万件的递增速度增长。

专利说明书主要起两方面的作用：

一是起法律文件作用，公开宣告专利技术属谁所有。对一个科学技术工作者来说，对专利说明书不是可看可不看，而是必须看。因为如果重复做别人已取得专利的研究工作，即使成功了，成果也将得不到法律保护。

二是起技术情报信息的作用。专利说明书是最可靠、最及时的技术情报，制订科研、设计计划时应当参考，具体研究试制某项新产品时也应参考。因此，“以技术本身的公开，换取法律的保护”，已经成为专利制度实践中得到普遍接受并遵循的一个原则，除因为有法律保护以外，还应从发展的辩证的观点来看才可以理解。因为科学技术是不断发展的，人们看了可以互相启发加以改进。今天公开了，明天又有新的东西出来，互相促进、互相启发，使得科学技术发展更快。

正因为专利说明书有这样重要的作用，所以它是其他科技情报资料难以相比的。它促使专利技术的公开，使之成为社会财富，这正是专利制度所起的积极作用。

（四）国际交流

技术既然已商品化，很快就越过国界成为国际技术商品。“无形商品”与“有形商品”，或叫软件与硬件，往往结合在一起。武钢引进的一米七轧钢机就包含了四百多项专利技术。因此在国际经济技术交流中不可避免地要解决专利保护问题，否则输出方因得不到专利保护而不放心。各个国家的专利法，虽然都只在该国范围内有效，该国批准的专利权对别的国家不发生法律效力，但彼此都建立了专利制度，双边来往就可以采取互惠的办法，促进经济技术交流的发展。专利制度的发展过程，固然反映了世界范围内错综复杂的关系中各种政治、经济力量的矛盾，也反映了已经国际化的技术商品对专利制度的影响。

以上四个特征从不同方面反映了专利制度的性质。总的来说，专利制度是适应商品经济的要求和现代化科学技术的特点而产生和发展起来的，是现代化经济、技术管理的一项比较重要的管理制度。这四个特征同中国当前要求加强法治、加强科学管理、实行技术有偿转让及对外实行开放政策等基本方针是一致的。

参考文献

[1] 王春燕 . 略论保护知识产权与发展市场经济 [J]. 知识产权 , 1995（4）.

[2] 王桂玲 . 专利制度的起源及专利文献的产生初探 [Z]. 2016-06-11[2018-08-21]. http://www.docin.com/p-1634333580.html.

[3] 国家知识产权局 . 关于《中华人民共和国专利法修改草案（征求意见稿）》的说明 [Z]. 2015-04-01[2018-08-3]. https://baike.so.com/doc/25061828-26033750.html.

[4] 冯晓青，刘友华 . 专利法 [M]. 北京 : 法律出版社 , 2010.

第二章　专利信息检索及应用

第一节　专利检索基础知识

一、专利检索概念

检索，是指用户为了获取所需文献、信息或数据，所采取的技术性操作手段和方法。可使用特定的专业数据库或公开的网络资源集群。

专利检索，是指用户根据需求，采用特定的专利信息数据库，通过一定的检索策略和技术，获取所需的专利信息集合。

专利检索贯穿专利工作的全部流程。用户可通过专利检索获取全世界特定技术领域的专利申请与授权情况，获取技术路线和技术方案，撰写专利分析报告/评价评估评议报告，专利审查，获取专利与企业、申请人、授权人之间的关系，确定专利布局、专利壁垒、专利侵权，进行专利审查等多方面的专业性工作。专利检索与专利所有工作都息息相关。

近年来，中国的专利申请和授权量不断上升，但是专利质量仍然与发达国家存在一定差距，“中国制造”向“中国智造”跨越，需要专利工作的不断提升，需要专利检索工作的不断钻研和优化。

二、专利检索点

以中国国家知识产权局的专利检索系统（http：//www.pss-system.gov.cn/）为例，在“高级检索”中，系统默认配置的检索点有 14 个，见表 2–1。

表 2–1　国家知识产权局专利检索（高级检索）默认检索点

申请号	申请日	公开（公告）号	公开（公告）日	发明名称
IPC 分类号	申请（专利权）人	发明人	优先权号	优先权日
摘要	权利要求	说明书	关键词	

具体页面显示如图 2–1 所示。

图 2–1　国家知识产权局专利检索系统高级检索（默认）

该系统的“高级检索”一共提供了 40 个检索点，见表 2–2。

表 2–2　国家知识产权局专利检索（高级检索）全部检索点

申请号	申请日	公开（公告）号	公开（公告）日	发明名称
IPC 分类号	申请（专利权）人	发明人	优先权号	优先权日
摘要	权利要求	说明书	关键词	外观设计洛迦诺分类号
外观设计简要说明	代理人	代理机构	申请人邮编	申请人地址
申请人所在国（省）	FT 分类号	UC 分类号	ECLA 分类号	FI 分类号
发明名称（英）	发明名称（法）	发明名称（德）	发明名称（其他）	摘要（英）

续表

申请号	申请日	公开（公告）号	公开（公告）日	发明名称
PCT 进入国家阶段日期	PCT 国际申请号	摘要（法）	摘要（德）	摘要（其他）
PCT 国际申请日期	PCT 国际申请公开号	PCT 国际申请公开日期	CPC 分类号	C-SETS

如图 2-2 所示为国家知识产权局专利检索系统高级检索所有检索点。

图 2-2　国家知识产权局专利检索系统高级检索所有检索点

以上 40 个检索点在其他专利数据库也可进行相应的检索。

与此同时，国家知识产权局的检索系统还提供了不同国家和地区的“范围筛选”：中国（中国发明申请、中国实用新型、中国外观设计、香港、澳门、台湾），主要国家和地区（EPO、WIPO、美国、日本、韩国、英国、法国、德国、俄罗斯、瑞士），其他国家和地区（奥地利、澳大利亚、比利时、荷兰、加拿大……）等。这些国家和地区的分类，也是常用的检索点，可快速缩小专利检索的国家和地区的范围。

在各类专利检索系统中，用户通过以上检索点之间的不同匹配、运算等检索策略，可获取所需的专利信息集合。

三、专利检索方法

专利检索与图书馆学情报学中的文献检索一样，都是在特定的数据库检索界面中，通过词与词之间的组配、运算，获得检索结果。

专利检索方法包括三个方面。①宏观专利检索方法，包括：顺查法、倒查法、抽查法、排除法、限定法、引证法、综合法等；②微观专利检索方法，包括：布尔逻辑检索、截词检索、位置检索、字段限定检索、聚类检索等；③专利专业检索，包括：专利技术主题检索、专利技术方案检索、专利法律状态检索、同族专利检索、专利引文检索、专利相关人检索。

（一）宏观专利检索方法

1. 顺查法

顺查法是指在检索专利的时候，按照时间顺序，由远及近地利用专利检索系统进行专利检索的方法。主要针对“申请日”“公开（公告）日”“优先权日”“PCT进入国家阶段日期”“PCT国际申请日期”“PCT国际申请公开日期”这类时间节点。这种方法能收集到某一技术领域的系统专利文献。

例如，已知某一技术领域的起始日期或年度，用户需要获取其专利文献申请的过程，用顺查法从起始日期或年度开始，逐渐向近期检索。该方法优点是检全率高，但检准率相对较低，检索工作量大。

2. 倒查法

倒查法则是顺查法的倒置使用，根据专利的日期或年度检索点，由近及远，从新到旧，逆着时间顺序地利用专利检索系统对专利文献进行检索的方法。此方法重点关注近期最新的专利文献，以某一技术领域的最新专利文献为主要检索对象。使用这种方法可以最快地获得某一技术领域的最新专利文献，而且近期的专利文献一般涵盖、总结、改良了某一技术领域的前期关键技术，既能了解前期技术，又能反映最新技术发展和动态。这种专利检索方法针对近期的某一技术领域的检全率较高、检准率较低，工作量较小，适用于新技术领域的专利文献检索。

3. 抽查法

抽查法是针对某一技术领域的关键技术特点、关键技术机构、关键技术人，选择与该技术领域有关检索点，或检出频率最多的检索点，进行专利检索，如“申请（专利权）人”“发明人”“摘要”“权利要求”“说明书”“关键词”等。

它适合于检索某一技术领域中的关键要点，通过检索结果对相关技术领域进行二次专利检索可进一步获取该技术领域的其他关键要点，对该技术领域的检准率较高，但检全率较低。

4. 排除法

排除法是针对某一技术领域的专利文献中的日期、年度、地区和国家、人物、机构、关键技术点进行指定的否认，以排除确切的无关专利文献，从而获取较为准确的专利文献。通过这种方法可极大地缩小专利检索范围，提高检准率。

5. 限定法

限定法是相对于排除法而言的，是针对某一技术领域内的专利文献，对日期、年度、地区和国家、人物、机构、关键技术点进行限定，只针对某些专利要点进行检索。该方法的检准率较高，但检全率较低。

6. 追溯法

追溯法是指通过专利文献的引证信息，获取某一技术领域内相关专利信息，用以扩大检索范围、追踪该技术领域的发展脉络。通过专利引证信息可获取某一技术领域内的高价值专利文献。

7. 综合法

综合法是针对某一技术领域，通过循环使用顺查法、倒查法、抽查法、排除法、限定法、引证法等方法，进行一次、二次、三次、多次专利检索，提高检准率，该方法在实际使用中主要与微观专利检索方法组配。

（二）微观专利检索方法

1. 布尔逻辑检索

布尔逻辑检索，是利用逻辑“与”（AND、*）、“或”（OR、+）、“非”（NOT、-）的组配运算符，将同一个检索点（同一个检索框）内的检索词进行逻辑组配，组成检索公式进行检索。例如：逻辑与：A AND B、A*B；逻辑或：A OR B、A+B；逻辑非：A NOT B、A-B。使用相近词或同义词进行组配检索，可提高检全率，例如：番茄 AND 西红柿。

2. 截词检索

截词检索，是截断某个词，用词的局部进行的检索。凡是满足这个截词的所有字符串的记录，都可以检索出来。主要用于西文检索，如同一词干的词集合、单复数词、英美词的不同拼写等。

截词符号包括：“？”（一般表示截断一个字符）、“*”（一般表示截断一组字符）。截断的位置包括：前截断，后方一致（？computer 表示 minicomputer，microcomputers）；中截断，中间一致（？comput？表示 minicomputer，microcomputers）；后截断，前方一致（comput? 表示 computer，computers，computing 等）。

3. 位置检索

位置检索，是指两个词之间插入某些词、符号，进行检索。多用于西文检索，但目前使用率较低。

（1）W 算符。

W 是 With 的缩写，表示在此算符两侧的检索词必须按输入的先后顺序排列，所连接的词之间除可以有一个空格、标点或连接号以外，不得夹有任何其他单词或字母。例如：“communication（W）satellite”时，只检索含有“communication satellite”词组的记录。

Wn（或 nW），表示此算符两侧的检索词必须按照输入的先后顺序排列，两个词之间所连接的词可以是 n 个词。例如：laser（1W）printer 可检索出包含

"laser printer" "laser color printer"和" laser and printer"的记录。

（2）N 算符。

N 是 Near 的缩写，表示在此算符两侧的检索词的位置可以相互对调，所连接的词之间除可以有空格、标点或连接号以外，不得夹有任何其他单词或字母。

Nn（或 nN），表示此算符两侧的检索词的位置可以相互对调，两个词之间所连接的词可以是 n 个词。

4. 字段限定检索

字段限定检索，指定检索词出现的字段，只对指定字段进行匹配运算。例如：在摘要（代码 AB）内检索，在标题（代码 TI）内检索等。

（三）专利专业检索[1]

1. 专利技术主题检索

专利技术主题检索，是指某一相同特定技术领域或其间的特定技术范围的申请专利的发明创造技术方案的集合。

专利技术是指专利中的发明创造技术。技术主题是指技术方案的集合（包含一项以上的技术方案的集合）。

专利技术主题检索主要用于获取相关技术主题的专利文献，其检索点是主题词（或部分关键词）、IPC 分类号。

专利技术主题检索适用于：产业技术分析及技术发展趋势预测、科研立项、技术创新及新产品研发、解决技术难题、先进技术引进等方面。

2. 专利技术方案检索

专利技术方案检索，是指从某个具体的技术方案角度对包括专利文献在内的所有公开出版物进行检索，找出与被检索技术方案相比有新颖性或创造性的对比文件。

每一项具体的技术方案是其对于某一技术主题下的特定方案，多个技术方案可归类在特定的技术主题内。多个具体的专利技术方案是实现某一技术主题的途径和方法，每个具体的专利技术方案在该专利技术主题内都具备特定的新颖性或创造性，相互可形成对比文件。

专利技术方案检索主要用于获取相关技术主题内的具体技术方案性的专利文献，其检索点是主题词（或部分关键词）、IPC 分类号。

专利技术方案检索适用于：申请专利、产品出口、专利预警、成果鉴定、侵权应诉、评价专利权等。

3. 专利法律状态检索

专利法律状态检索是指对一项专利或专利申请当前所处的状态所进行的检索，主要查看专利申请是否授权，专利是否有效等。

法律状态包括：专利权有效、专利权有效期届满、专利申请尚未授权、专利申请撤回或被视为撤回、专利申请被驳回、专利权终止、专利权无效或部分无效、专利权转移。

专利法律状态检索主要确定专利是否有效，其检索点是专利编号。

专利技术方案检索适用于：技术引进、产品出口、专利预警、侵权应诉、市场监管、审查意见参照等。

4. 同族专利检索

同族专利检索是指以某一专利或专利申请为线索，获取与其同属于一个专利族的所有成员。

同族专利检索主要是找出同属于一个专利族的其他成员。其检索点是专利编号、专利相关人、主题词（或部分关键词）。

专利技术方案检索适用于：科研立项 / 技术创新、技术引进、产品出口、专利预警、侵权应诉、产业分析 / 趋势预测等。

5. 专利引文检索

专利引文检索是指查找特定专利所引用或被引用的信息，其目的是为了找出专利文献中刊出的申请人在完成发明创造过程中曾经引用过的参考文献和（或）专利审查机构在审查过程中由审查员引用过并被记录在专利文献中的审查对比文件，以及被其他专利作为参考文献和（或）审查对比文件所引用并被记录在其他专利文献中的相关信息。

专利引文检索的检索点是专利编号。

专利技术方案检索适用于：科研立项或技术创新、侵权应诉、技术发展轨迹分析、核心专利技术分析、专利生命周期分析等。

6. 专利相关人检索

相关人包括：

（1）专利权人。指拥有发明创造专利所有权的人，包括法人（机构）和自然人（个人）。

（2）受让人。以专利转移方式获得发明创造专利申请权或所有权的人（仅在美国专利中使用），包括法人（机构）和自然人（个人）。

（3）申请人。提出发明创造专利申请的人，包括法人（机构）和自然人（个人）。

（4）发明人。完成发明创造的人，仅包括自然人（个人）。

（5）代理人。代理专利申请的人，仅包括自然人（个人）。

（6）代理机构。代理专利申请的人所在的机构。

专利相关人检索的检索点是申请（专利权）人、发明人、代理人、代理机构。

专利技术方案检索适用于：关注竞争对手、挑选合作伙伴、挖掘技术人才等。

四、专利检索步骤

（一）专利检索基本步骤

1. 检索准备

根据专利检索目的，确定专利检索方法，制定检索策略，选择专利检索系统，进行专利预检索（初次检索），调整检索策略。

2. 检索

根据检索策略，在专利检索系统中进行专利检索（二次检索）。

3. 调整

根据专利检索结果，结合检索目的，对检索策略进行调整、对检索系统选取进行调整，以满足专利检索的最终要求（三次、四次检索）。

4. 确定

根据多次检索操作，确定最终检索结果。

（二）专利检索流程详解

1. 分析专利检索目的

当要开展专利检索时，先对检索目的进行分析。判断某是属于专利技术主题检索（或专利技术方案检索）、专利法律状态检索、同族专利检索，还是专利引文检索。不同的检索目的，对应不同的检索策略。

本节以常用的专利技术主题检索为例，介绍专利检索的流程。

一般来说，当确定了专利技术主题，则要对主题进行分析，判断某是属于产品，还是属于方法，或生产某种产品的设备。因为国际专利分类号（IPC）对产品和方法设立了不同的分类号。

针对产品、方法、设备的功能性和应用性而言，IPC 分类号又采取了以功能分类为主，功能分类与应用分类相结合的分类原则。这就要需要分析，检索的技术主题是侧重功能性，而非某些领域的具体应用性；或检索的技术主题是侧重某些领域的应用性，而非功能性。

还有一种情况，用户需要了解某种方法或产品的内容或结构，但这些信息无法通过表面上的主题检索获取，需要进一步去查阅 IPC 分类号，通过主题检索与 IPC 分类号的结合，缩小检索范围。

2. 确定检索词和 IPC 分类号（检索策略、预检索）

在进行专利技术主题检索时，需要选取该技术主题中的常用名称、专业名称、通俗名称作为检索词，包括同义词、近义词也需要考虑。但某些无检索意义的“方法”“技术”“设备”等检索词，不要列入。由于技术主题中，同义词、近义词较多，可采用布尔逻辑检索中的“与”“或”“非”进行组配检索，以提高检全率和检准率。

针对 IPC 分类号检索，如果技术主题较为清晰，可在 IPC 分类号中查找较为准确或接近的类号。如果能确定技术主题的应用领域，可进一步在 IPC 分类号中的该领域下选取对应的技术主题。如果预检索（初次检索）时，发现采用该 IPC 分类号检出的结果较小，可使用该分类号的上位类进行二次检索；反之，如果该 IPC 分类号检出的结果较大，不太符合检索目的，则可再采用该 IPC 分类号的下位类进行二次检索。

该流程属于专利预检索，不是正式的检索工作开展，只是为了进一步完善检索策略，构建较为准确的检索词、IPC 分类号而开展的测试性检索工作。该流程可在常用的或免费的专利检索系统进行检索，也可在已经确定的专利检索系统进行检索，其检索结果不能作为专利检索结果进行使用，除非在本次检索过程中，已经获取到用户想要的某些专利文献，或用户通过该检索过程已经明确获得了所需的大致专利信息。

3. 确定专利检索系统

根据专利检索目的和专利技术主题要求，选择专利检索系统（专利数据库），是专利检索步骤的重要环节，不同语种、不同国家和地区、不同专利检索目的，都将影响专利检索系统的选择。

一般而言，针对普通的专利检索目的，可选择国内外公开的基础性专利检索系统。例如：检索中国专利，可选择中国国家知识产权局的专利检索及分析系统（http：//www.pss-system.gov.cn/）；检索美国专利，可采用美国专利商标局的专利检索系统（http：//patft.uspto.gov/）；检索欧洲专利，则可以使用欧洲专利局的网站（https：//www.epo.org/searching-for-patents.html）。该检索系统可使用英语、德语、法语进行检索，是世界知名的检索系统。同时其提供世界知识产权组织的专利检索（GPI）、亚洲（中国、韩国、日本）的专利检索。

同时，世界知识产权组织的 PCT 体系提供了 PATENTSCOPE 专利数据库（https: //patentscope.wipo.int/search/zh/search.jsf）（可根据 IP 地址自动切换为中文），可检索 166 个国家和地区的 7100 万件专利。

通过以上各类基础性公开性专利数据库，可获取到几乎所有的专利文献。但以上专利数据库，因各种原因，无法做到较好的易用性和较为有针对性的分析功能，为此各商业机构基于以上公开专利数据，研发和推出了一系列付费的专利检索与分析系统，以供专业人员使用，商业付费的专利系统可进行检索、分析、可视化图谱、专利预警、专利布局等功能。例如：innography、incopat、innojoy、patsnap、SooPAT 等系统。

4. 专利检索及检索结果

通过以上各类免费、付费的专利检索系统，配以检索策略，进行二次、三次、四次等检索操作，可获取用户所需的检索结果。

需要说明的是，用户所需的检索结果因不同层次的用户（普通用户或专业用户）的操作，输出的结果会出现较大的差异性。特别是针对特定的领域、方法、产品、设备，特殊的专利检索目的，其输出的结果差异更大。因此，专利检索需要投入较多的精力去学习和实际操作，积累各类专利检索的经验。

第二节 专利检索系统

一、中国国家知识产权局专利检索及分析系统

中国国家知识产权局专利检索及分析系统（http：//www.pss-system.gov.cn/）如图 2-3 所示。

图 2-3　中国国家知识产权局专利检索及分析系统

该系统是中国国家官方权威专利检索及分析系统，涵盖中国专利，同时根据国外接口数据，可检索到美国、日本、韩国、英国、法国、德国、俄罗斯、瑞士、欧洲专利局、世界知识产权专利组织等 103 个国家、地区和组织的专利数据，同时还收录了引文、同族、法律状态等数据信息。中国专利数据：每周二、周五更新，滞后公开日 7 天。国外专利数据：每周三更新。引文数据：每月更新。同族数据：每周二更新。法律状态数据：每周二更新。支持多语种操作。适合所有用户操作。

该系统也支持 IPC 分类号导航；同族专利查询、引证 / 被引证查询、法律状态查询、申请（专利权）人别名查询、分类号关联查询、双语词典等功能。

在专利检索方面，支持常规检索、高级检索、导航检索、命令行检索；还专门有药物检索功能。

在专利分析方面，支持申请人分析、发明人分析、区域分析、技术领域分析、中国专项分析、高级分析。

在专利文本方面，可检索到专利文献的著录项目、说明书全文、外观设计图形、法律状态等。

专利检索是该系统的核心服务之一，主要基于丰富的专利数据资源提供多种检索模式和浏览模式。在专利检索中，用户可以进行查新检索、侵权检索、产品出口前检索等业务操作，为了提升检索效率，还可以通过多种检索辅助工具辅助构建检索式、完善检索思路；可以通过多种浏览辅助工具快速定位专利的核心技术，挖掘技术背后的信息。关于专利检索的核心服务功能如图2-4所示，常规检索、高级检索及其他检索如图2-5 ~ 图2-9所示。

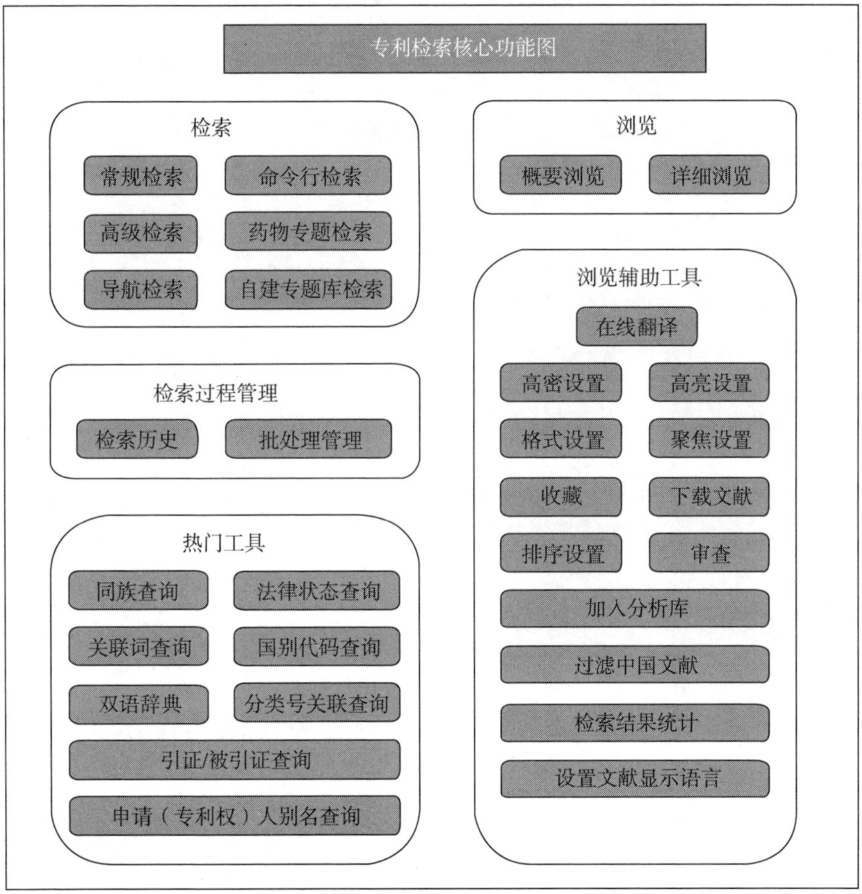

图2-4　专利检索核心功能服务图

图 2-5　常规检索

图 2-6　高级检索

图 2-7　导航检索

图 2-8　药物检索

图 2-9　热门工具

二、中国国家重点产业专利信息服务平台

该平台（http：//chinaip.sipo.gov.cn/）是为配合国务院十大重点产业调整和振兴规划的实施，发挥专利信息对经济社会发展和企业创新活动的支撑作用，由国家知识产权局牵头，在国资委行业协会办公室协调下和各行业协会（中国汽车工业协会、中国钢铁工业协会、中国电子信息产业发展研究院、中国物流与采购联合会、中国纺织工业联合会、中国机械工业联合会、中国有色金属工业协会、中国轻工业联合会、中国石油和化学工业协会、中国船舶工业行业协会）的积极参与下，建设的专利信息服务平台。

其服务的十大重点产业是：汽车产业、钢铁产业、电子信息产业、物流产业、纺织产业、装备制造产业、有色金属产业、轻工业产业、石油化工产业、船舶产业，如图 2-10 所示。

平台在内容上，涵盖有关技术创新重点领域的国内外数十个国家专利文献信息；在功能上，针对科技研发人员和管理人员，提供集一般检索、分类导航检索、数据统计分析、机器翻译等多种功能于一体的集成化专题数据库系统。

利用“信息平台”，行业和企业可以了解竞争对手的技术水平、跟踪最新技术发展动向、提高研发起点、加快产品升级和防范知识产权风险，为自主创新、技术改造、并购重组、产业或行业标准制定和实施“走出去”战略发挥重要作用。

图 2-10 国家重点产业专利信息服务平台

在检索方面，该平台支持中国专利检索、多个国家和地区专利检索、表格检索、布尔逻辑检索、行业分类导航检索（图 2-11）、IPC 分类号检索、中国专利法律状态检索等。

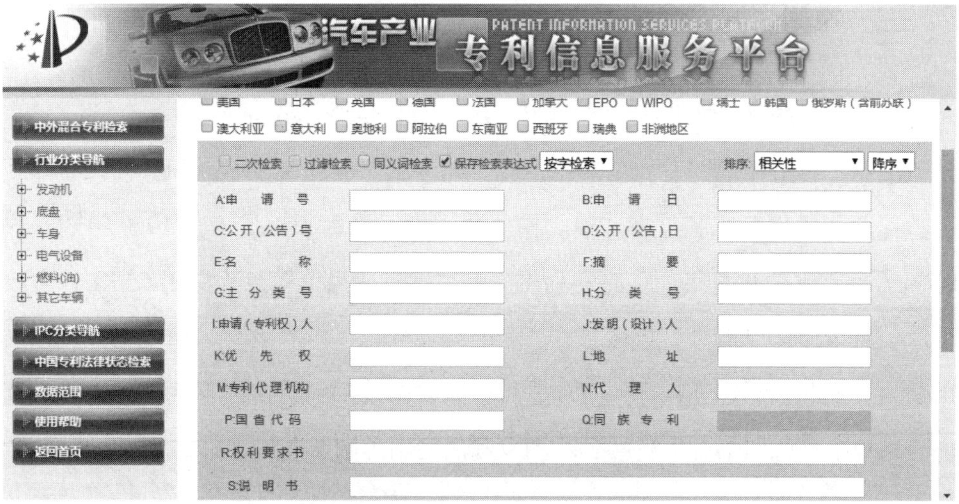

图 2-11 “汽车产业”专利检索

在分析方面，该平台提供趋势分析、国省分析、申请人分析、发明人分析、技术分类分析（图 2–12）、中国专项分析、区域分析。

图 2–12 汽车产业 – 发动机的“机体”趋势分析

三、中国知网专利数据库

中国知网专利数据库（http：//kns.cnki.net/kns/brief/result.aspx?dbprefix-=SCOD），包括《中国专利全文数据库（知网版）》（自 1985 年起，约 2000 万条数据，双周更新）和《海外专利摘要数据库（知网版）》（自 1970 年期，约 9100 万条数据，每月更新）。专利相关的文献、成果等信息来源于 CNKI 各大数据库。可以通过申请号、申请日、公开号、公开日、专利名称、摘要、分类号、申请人、发明人、优先权等检索项进行检索，国内专利一次性下载专利说明书全文，国外专利说明书全文链接到欧洲专利局网站（图 2–13）。

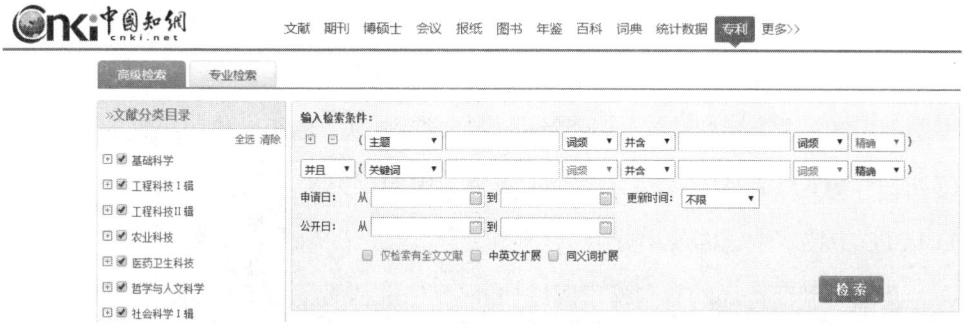

图 2-13　中国知网专利数据库

与通常的专利数据库相比，《中国专利全文数据库（知网版）》和《海外专利摘要数据库（知网版）》每条专利的知网节集成了与该专利相关的最新文献、科技成果、标准等信息，可以完整地展现该专利产生的背景、最新发展动态、相关领域的发展趋势。还可以通过中国知网的其他文献数据库，浏览发明人与发明机构更多的论述以及在各种出版物上发表的文献。

该系统的中国专利按照专利种类分为发明专利、外观设计和实用新型三个类型，其中发明专利和实用新型采用国际专利分类法（IPC 分类）和 CNKI 168 学科分类，外观设计采用国际外观设计分类和 CNKI 168 学科分类。国际专利分类（IPC 分类）和学科分类。

四、美国专利数据库

美国是世界上拥有专利最多的国家，美国专利及商标局负责美国专利的管理。其每年公布的专利达 7 万 ~ 8 万件，许多先进工业国，特别是日本和西欧各国的先进技术涌入美国，在美国申请专利，占领美国市场。外国人在美国申请的专利约占美国专利总数的 28%。因此，美国每年批准的专利数量不仅居世界首位，而且在一定程度上反映了世界技术发展的水平和趋势。美国实行完全审查制，公布的专利质量较高，但出版公布较晚。

美国采用美国专利分类号（USPC）。其依据技术主题将所有从属于该技术主题的美国专利文献及其他技术文献编排整理，形成一定数量范围的文献集合。USPC 中有大类和小类，各大类描述不同的技术主题，而小类描述大类所含技术主题的工艺过程、结构特征、功能特征。“大类 / 小类”的组合成为完整的分类号，例如，标识符“2/456”表示大类 2（服装）中的小类 456（身体覆盖物）。小类是 USPC 中技术主题的最小分组。

美国专利商标局的专利检索网站（http://patft.uspto.gov/）主页如图 2–14 所示。

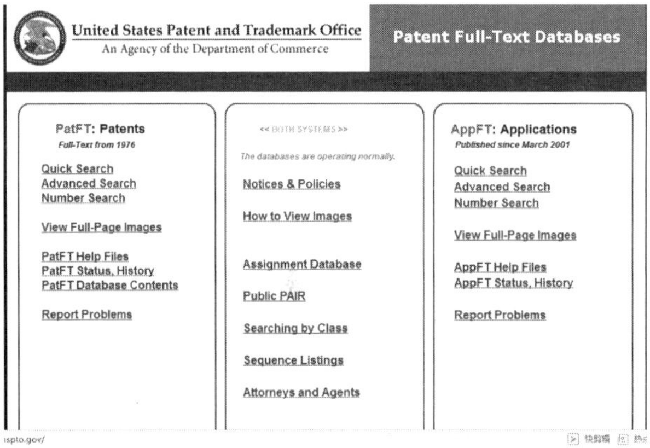

图 2–14　美国专利检索网站

该系统可检索到美国专利授权（1790 年至今）、美国专利申请（2001 年 3 月 15 日至今）、专利法律状态、基因序列检索等。另外，该网站还提供丰富的其他相关信息，如专利动态、专利公报、欧洲和日本专利网站链接、专利维持费用、专利法律状态等，如图 2–15 ~ 图 2–18 所示。

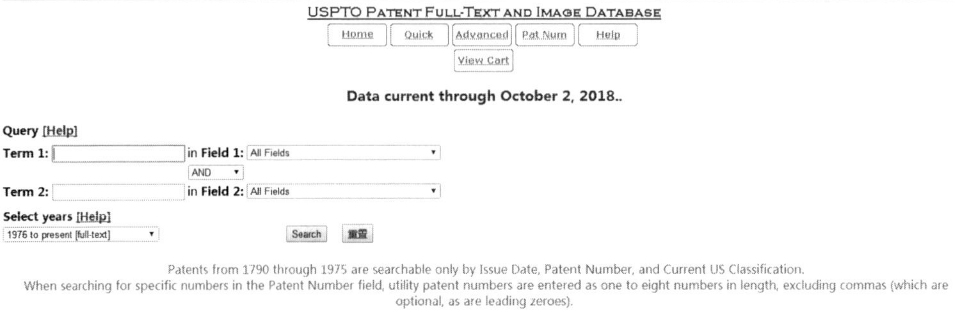

图 2–15　PatFT 授权专利数据库（快速检索）

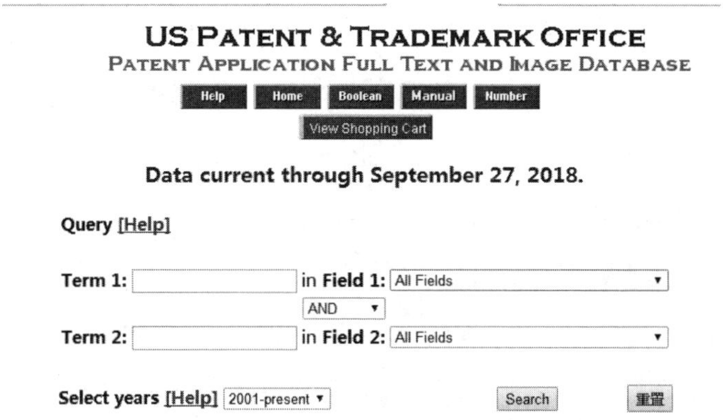

图 2-16　AppFT 申请公开专利检索（快速检索）

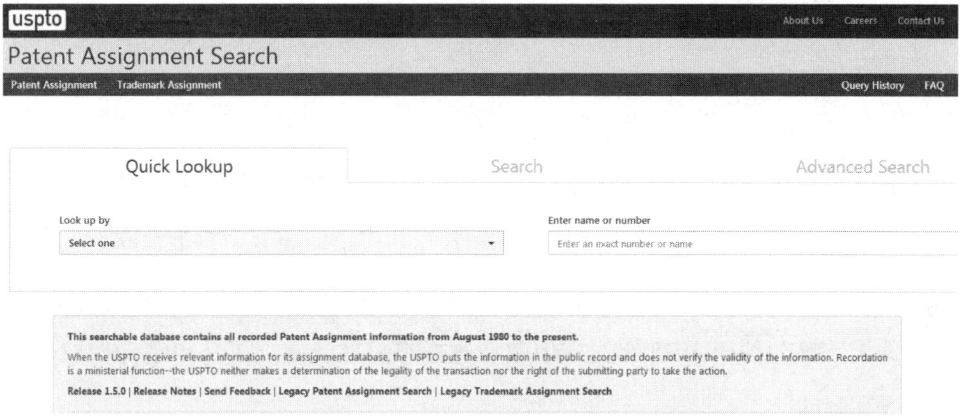

图 2-17　授权转让数据库（Assignment Database）

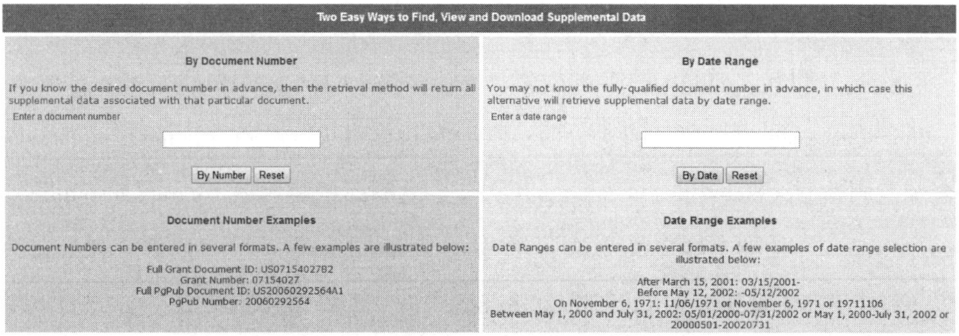

图 2-18　基因序列检索（Sequence Listings）

授权专利数据库（PatFT）收录了1790年至今的美国授权专利文献，每周四更新。其授权专利种类包括：实用专利、外观设计、植物专利、再版专利、防卫性公告、依法注册发明。其检索范围如下：① 1790—1975年：数据只有图像全文说明书，只能从专利号、公告日、美国专利分类号3种途径检索；② 1976年至今：数据除了图像全文说明书外，还提供电子全文检索，用户可以通过题录、文摘、权利要求文本数据等30种途径检索。

申请公开专利数据库（AppFT）收录了2001年3月15日以来公开的美国专利申请文献。其申请公开种类包括：发明专利申请和植物专利申请。其检索范围是电子版全文检索。用户可以通过专利题录、文摘、权利要求及说明书的文本数据等30种途径检索。

五、欧洲专利数据库

欧洲专利局（European Patent Office，EPO）是根据《欧洲专利公约》（EPC）成立的政府间组织，其主要职能是负责欧洲专利申请的审查、批准及欧洲专利授权公告后异议的审理以及文献出版工作。1973年欧洲16个国家签订了《欧洲专利公约》，该公约于1978年正式生效，这标志着欧洲建立了从申请到授权一体化的专利制度。

欧洲专利局的网址为https：//www.epo.org/index.html。该检索系统可使用英语、德语、法语进行检索，是世界知名的检索系统，如图2-19所示。

欧洲专利局（EPO）的专利检索（https：//www.epo.org/searching-for-patents/technical/espacenet.html#tab-1）分为：欧洲专利检索（espacenet patent search）、全球专利检索（global patent index，GPI）、欧洲出版物服务（european publication server）、亚洲专利文献检索（searching Asian documents）、欧洲专利全文检索（EP full-text search），如图2-20所示。

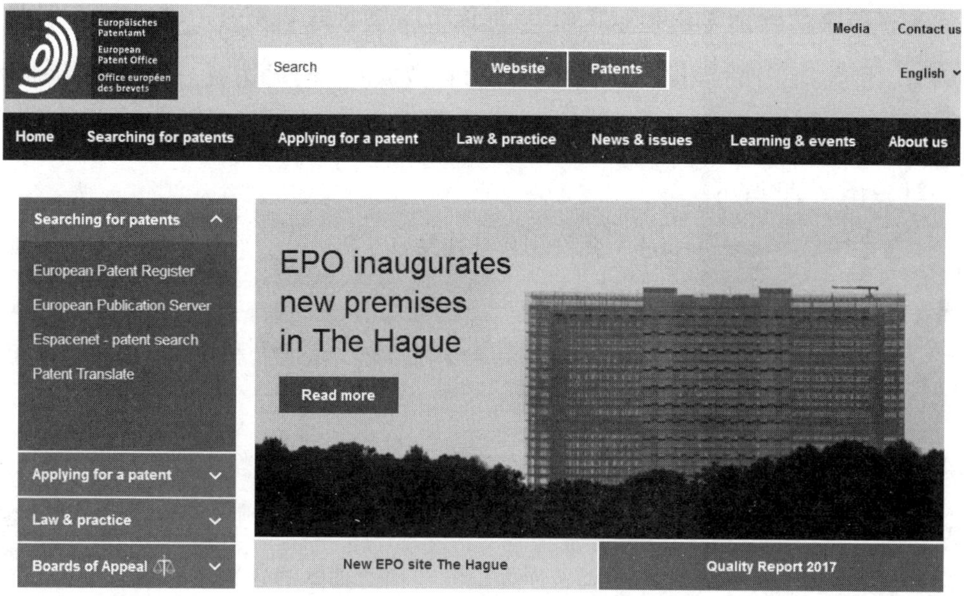

图 2-19　欧洲专利局网站

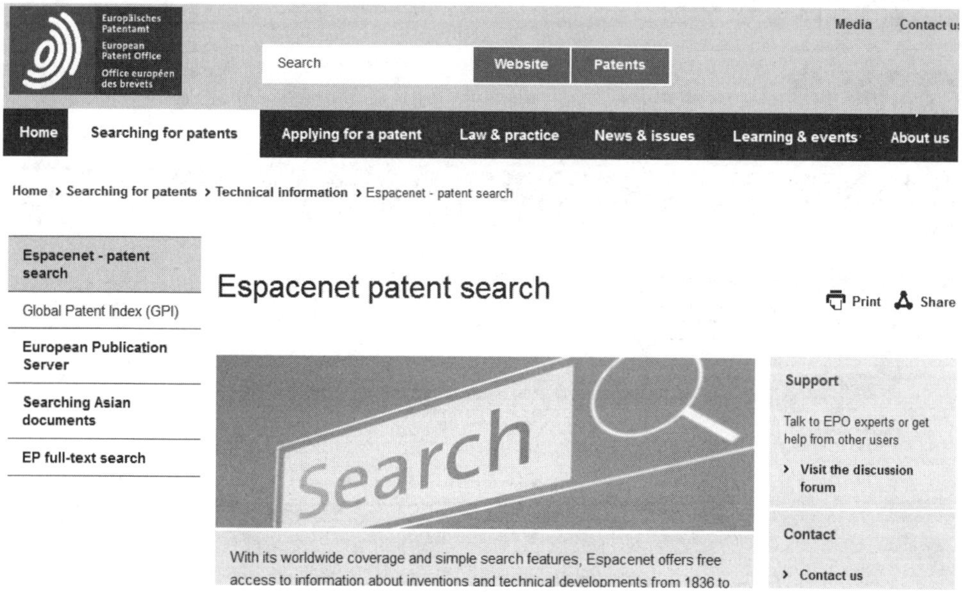

图 2-20　欧洲专利局专利检索分类

欧洲专利检索包括：智能检索（smart search）、高级检索（advanced search）和分类检索（classification search）。新的 espacenet patent search 检索

系统将原来的欧洲专利检索（EP 数据库）、全球专利检索（Worldwide 数据库）、世界知识产权组织专利检索（WIPO 数据库）合并为统一的全球专利检索（Worldwide 数据库），涵盖全球 100 多个国家和地区的专利文献。如图 2-21 ~图 2-23 所示。

智能检索（smart search）允许用户在检索框中输入单个词、多个词，或更加复杂的检索条件。每次最多可以输入 20 个检索词。

高级检索包括：世界专利检索、英语专利检索、法语专利检索、德语专利检索，同时提供多个检索点。

欧洲专利局的分类检索是按联合分类号（CPC）进行分类，如图 2-23 所示。在分类号检索框内输入对应的分类号，点击“search”，可显示对应分类号的全部下位类，在显示的下位类中勾选所要检索专利的具体的分类号，然后在左下角的“selected classifications”处点击“find patents”即可获取对应分类号的所有专利文献，如图 2-24、图 2-25 所示。

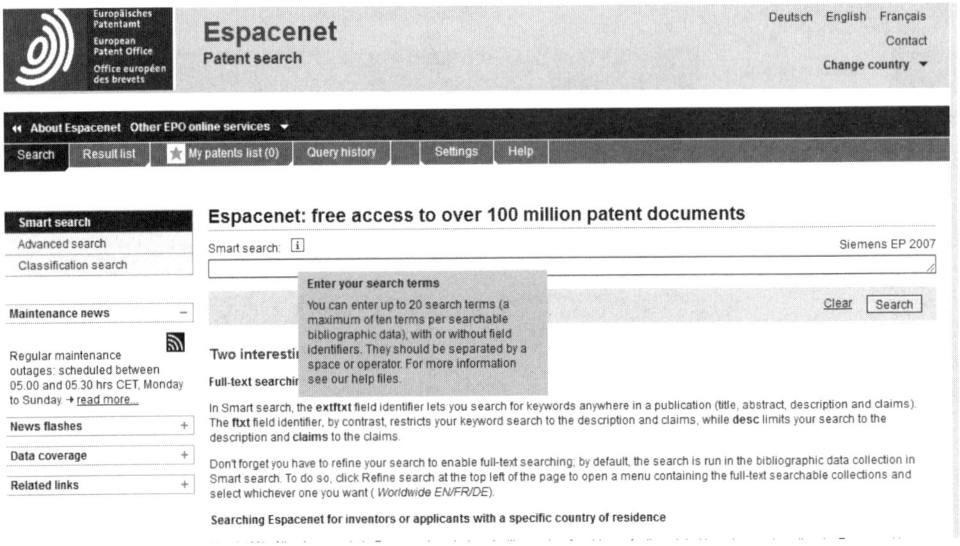

图 2-21　EPO 智能检索

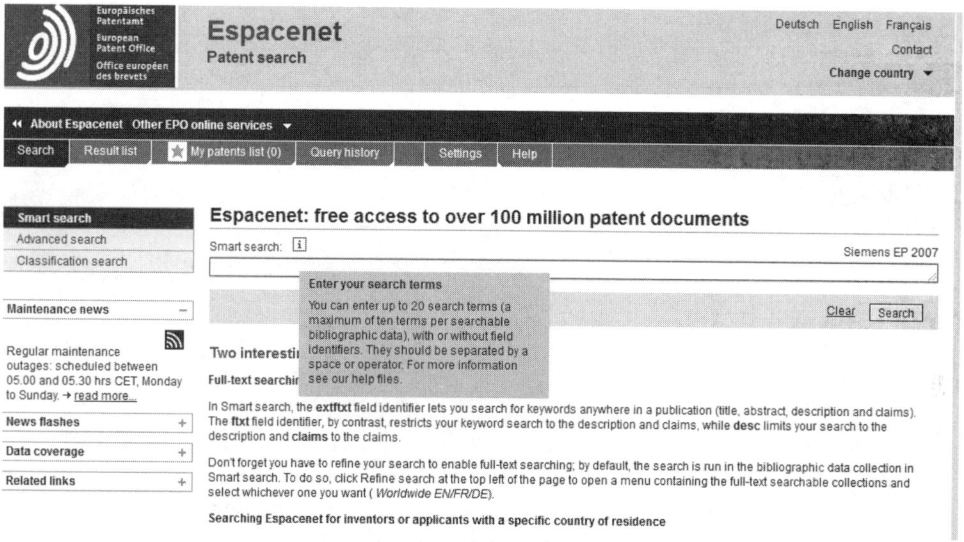

图 2-22　EPO 高级检索

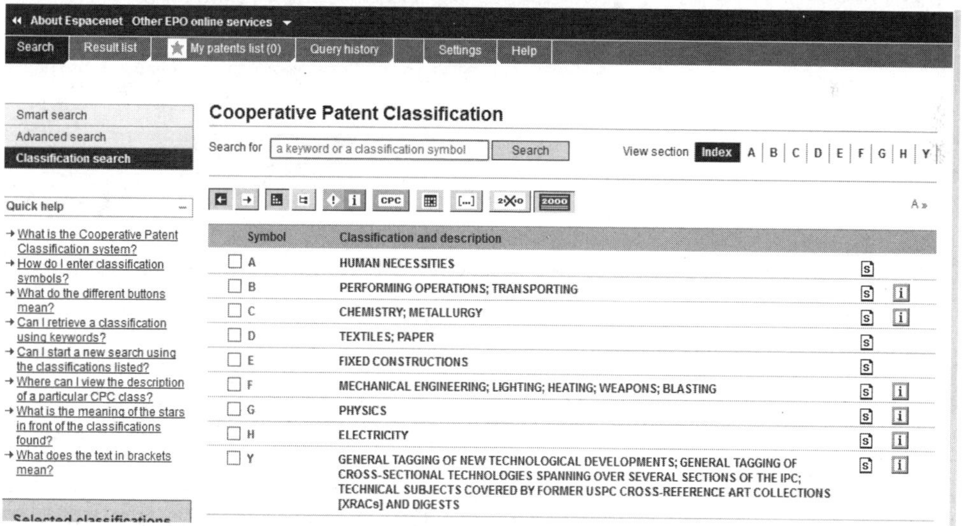

图 2-23　EPO 分类检索

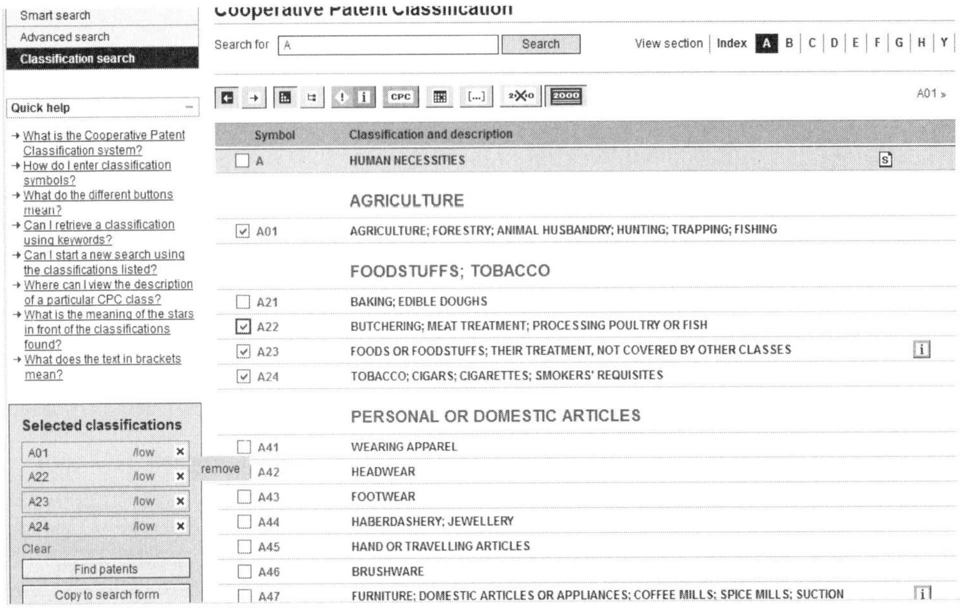

图 2-24 EPO 分类检索（操作 1）

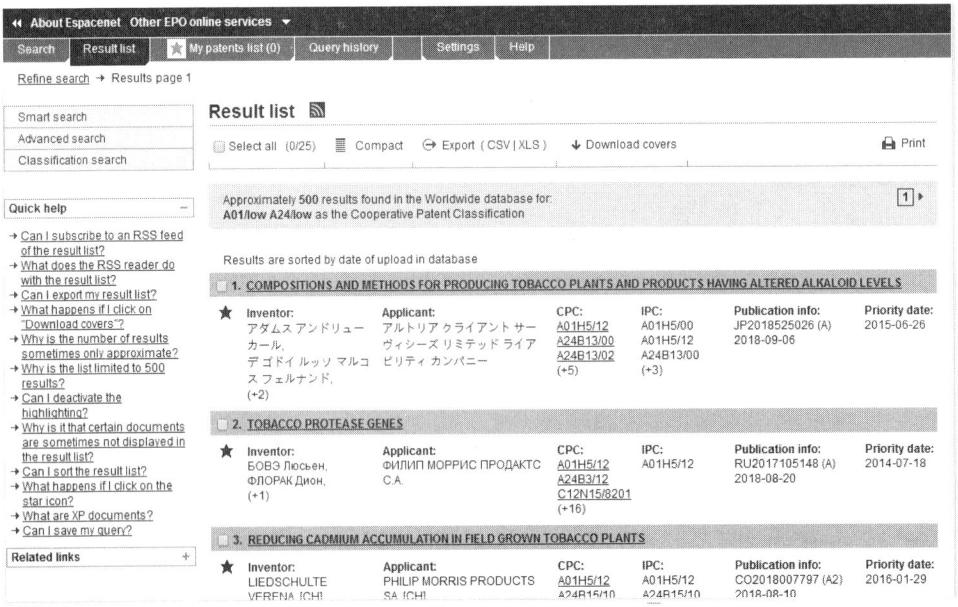

图 2-25 EPO 分类检索（操作 2）

在以上三种检索方式的检索结果列表页面中点击任意的专利名称，可以链接进入该专利申请详细信息页面，页面中可浏览该专利的著录数据（bibliographic data）、说明书（description）、权利要求书（claims）、说明书附图（mosaics）、原始说明书（original document）等信息，还可通过该页面中的各种链接获取被引文献（cited documents）、引证文献（citing documents）、法律状态（INPADOC legal status）、同族专利（INPADOC patent family）等信息，如图 2-26 所示。

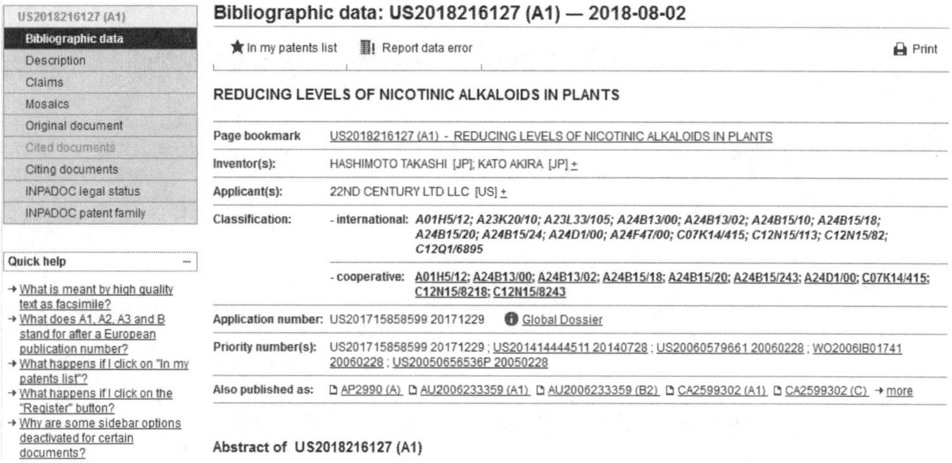

图 2-26 EPO 专利文献详细页面

六、世界知识产权组织专利数据库

世界知识产权组织（WIPO）是关于知识产权服务、政策、合作与信息的全球论坛，是一个自筹资金的联合国机构，有 191 个成员国。WIPO 根据《WIPO 公约》于 1967 年建立。《专利合作协定》方便申请人在国际上寻求对其发明的国际专利保护，帮助专利局作出专利授予决定，便于公众查阅这些发明中涉及的丰富技术信息。根据 PCT 提交一件国际专利申请，申请人可以同时在全世界大多数国家寻求对其发明的保护，目前有 152 个缔约国。

PCT 体系提供了 PATENTSCOPE 专利数据库（https：//patentscope.wipo.int/

search/zh/search.jsf）（可根据 IP 地址自动切换为中文），可检索 166 个国家和地区的 7100 万件专利。

该专利数据库提供了简单检索、高级检索、字段组合、跨语种扩展、化合物等多种检索方式，如图 2-27 ~ 图 2-28 所示。

图 2-27　PATENTSCOPE 专利数据库（简单检索）

图 2-28　PATENTSCOPE 专利数据库（高级检索）

其中字段组合检索，类似于中国知识产权局的专利检索系统，可进行表单组合检索，如图 2-29 所示，检索结果如图 2-30 所示。

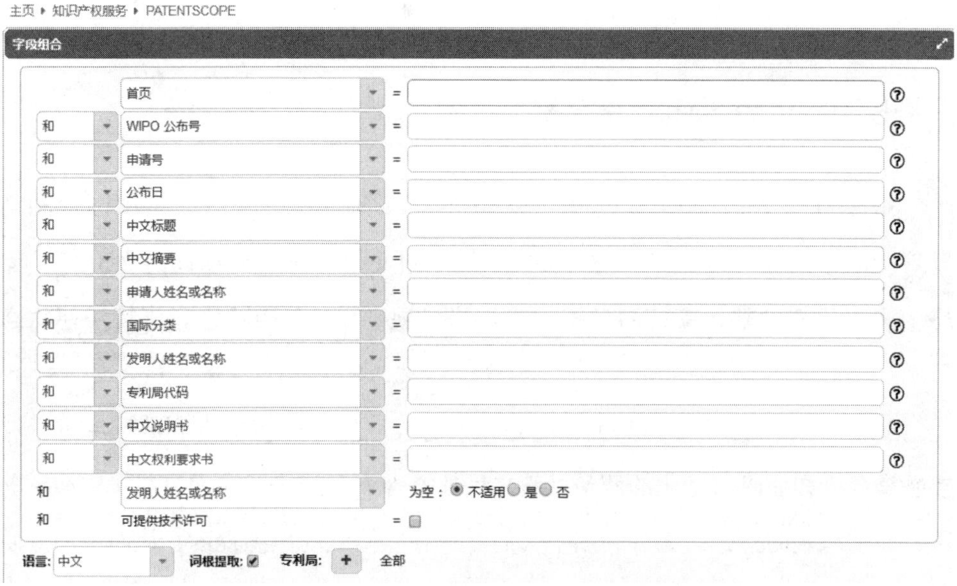

图 2-29 PATENTSCOPE 专利数据库（字段组合）

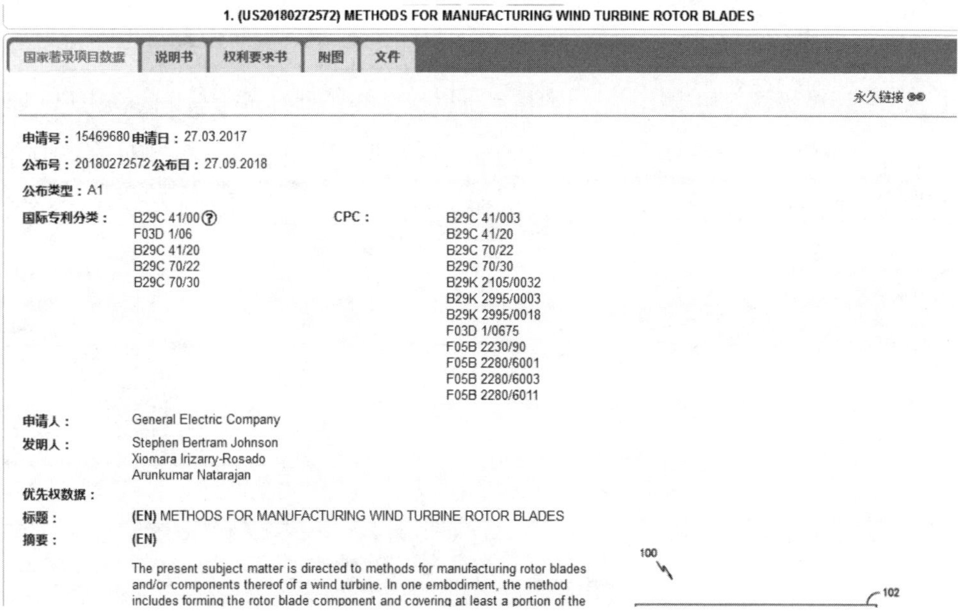

图 2-30 PATENTSCOPE 专利数据库专利文献详细页面

七、SooPAT专利搜索引擎

SooPAT专利搜索引擎（http：//www.soopat.com），可以检索中国专利与世界108个国家和地区的1亿3000万条专利文献，时间跨度超过350年。支持中文和英文检索，支持简单检索、表格检索、IPC分类检索，支持法律状态显示。

SooPAT本身并不提供数据，而是将所有互联网上免费的专利数据库进行链接、整合，并加以人性化的调整，使之更加符合人们的一般检索习惯。它和谷歌进行非常高效的整合，充分利用了人们对于谷歌检索的熟悉程度，从而更加方便使用。

SooPAT的数据链接来自国家知识产权局互联网检索数据库，国外专利数据来自各个国家的官方网站。SooPAT不用注册即可免费检索，并提供全文浏览和下载，且速度极快。初级用户（可充值）可以检索和部分批量下载；高级用户（收费）可以使用批量下载和专利分析等功能。该数据库操作简便，易用性高，但存在页面广告显示，如图2-31～图2-36所示。

图2-31　SooPAT首页

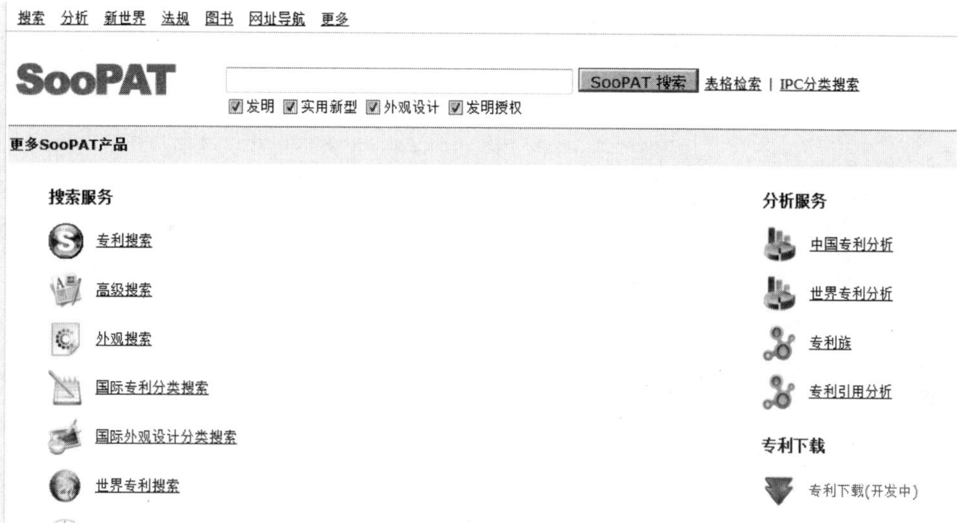

图 2-32　SooPAT 产品功能

图 2-33　SooPAT 专利检索列表

发动机 有权 阅读公开文献

申请号：201480058802.6 申请日：2014-10-10

摘要：本披露涉及一种具有两种运行模式-吸气模式和火箭模式-的发动机，该发动机可以用在航空航天应用中，例如用在飞行器、飞行机器或航空航天运载工具中。可以通过在吸气模式下使用预冷却器安排采用供火箭模式使用的冷燃料输送系统来冷却进气空气而将该发动机的效率最大化。通过引入该预冷却器和某些其他的发动机循环部件、并且如所描述地来安排和操作它们，就可以减轻例如与更高燃料和重量要求以及霜冻形成相关联的问题。

申请人：喷气发动机有限公司

地址：英国伦敦

发明(设计)人：艾伦·邦德 理查德·瓦维尔

主分类号：F02K9/78(2006.01)I

分类号：F02K9/78(2006.01)I F02C7/08(2006.01)I F02K7/18(2006.01)I

在线阅读 专利下载

图 2-34　SooPAT 专利检索详细页面

法律状态

2018-09-18	授权
2016-11-23	实质审查的生效 IPC(主分类):F02K 9/78申请日:20141010
2016-06-15	公开

注：本法律状态信息仅供参考，即时准确的法律状态信息须到国家知识产权局办理专利登记簿副本。

其他信息

主权项	1.一种发动机，包括：用于燃料和氧化剂的燃烧的火箭燃烧室；用于燃料和氧化剂的燃烧的吸气燃烧室；用于将空气加压以供应至所述吸气燃烧室的压缩机；用于将燃料输送至所述火箭燃烧室的第一燃料输送系统；用于将燃料输送至所述吸气燃烧室的第二燃料输送系统；用于将氧化剂输送至所述火箭燃烧室的氧化剂输送系统；其中，该吸气燃烧室和该火箭燃烧室被配置成独立地运行，该发动机能从吸气模式切换至完全火箭模式；且其中，该发动机进一步包括：具有入口和出口的第一热交换器，该第一热交换器被安排成使用热传递介质将有待供应至所述压缩机的空气在其被所述压缩机压缩之前加以冷却；用于所述热传递介质的热传递介质回路；第二热交换器，该第二热交换器被配置成以该第一或第二燃料输送系统所输送的燃料来冷却所述热传递介质。
公开号	105683552B
公开日	2018-09-18
专利代理机构	北京安信方达知识产权代理有限公司 11262
代理人	张华卿 郑霞
颁证日	
优先权	2013.10.11 GB 1318111.0;2014.06.05 US 14/296,624

图 2-35　SooPAT 专利检索详细页面（续 1）

国际申请	2014-10-10 PCT/GB2014/000408
国际公布	2015-04-16 WO2015/052472 EN
进入国家日期	2016.04.26

专利主分类号

F 机械工程；照明；加热；武器；爆破
↳F02 燃烧发动机；热气或燃烧生成物的发动机装置
↳F02K 喷气推进装置
↳F02K9/00 火箭发动机装置，即带有燃料及其氧化剂的发动机；其控制
↳F02K9/74 与另一喷气推进装置联合的
↳F02K9/78 与空气助燃式喷气推进装置联合的

图 2-36　SooPAT 专利检索详细页面（续 2）

总之，SooPAT 是非常适合普通用户操作的专利检索系统。

八、Innography 专利数据库

Innography（https：//app.innography.com/）于 2007 年在美国推出，是世界顶尖的知识产权智能分析与检索软件，在知识产权领域受到全球知识产权专业人士的喜爱并得到全球一流企业及事务所的广泛使用，如图 2-37 ～图 2-39 所示。

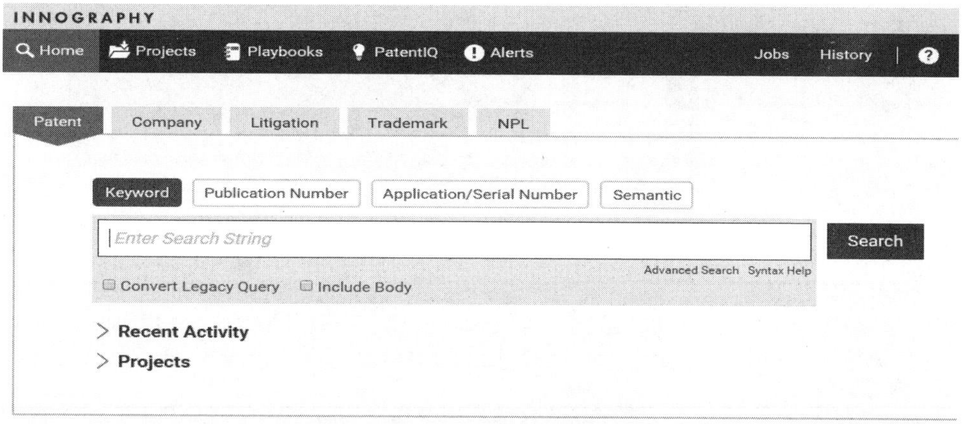

图 2-37　Innography 检索页面

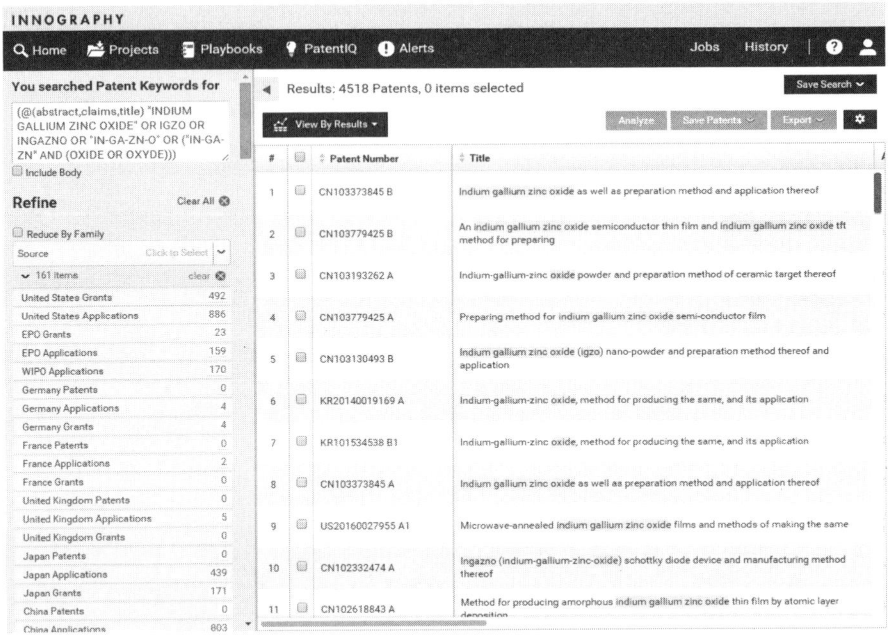

图 2-38　Innography 检索结果列表

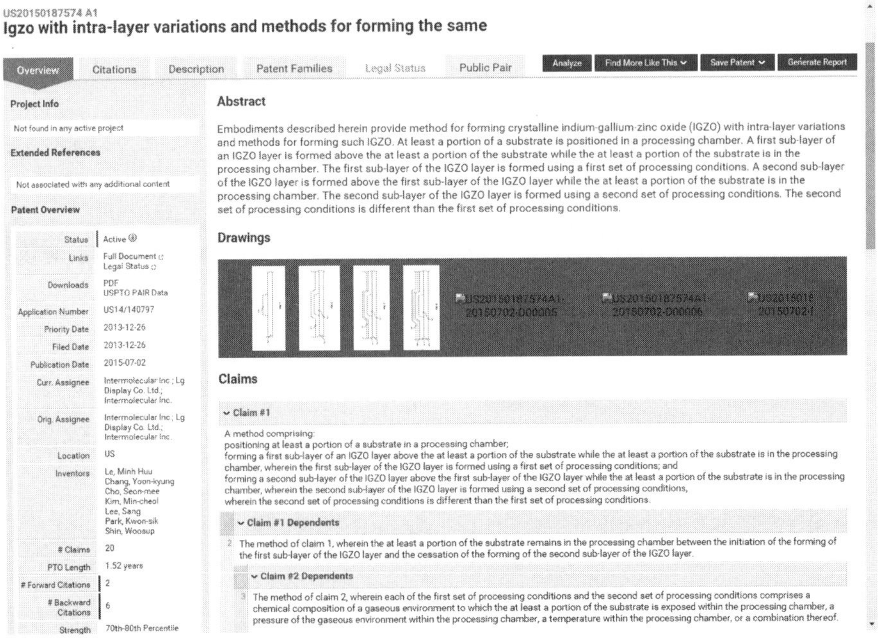

图 2-39　Innography 专利详细页面

Innography 专利检索软件的独特之处在于，它作为功能完备的强大分析平台，既能够满足知识产权专家的专业需求，又能够满足商业用户的业务需求。它具备业界最先进的专利检索和灵活分析能力，既适用于专业用户也适用于商业用户。Innography 凭借其强大而完整的数据库，包括专利、商标、公司、专利诉讼、非专利文献的数据收录以及先进的智能分析功能，可帮助客户完成专利检索、智能 IP 组合分析、专利强度评估、专利策略、诉讼策略、竞争分析、专利地图、研发策略、收购调查等多项任务。

Innography 涵盖 1 亿多件来自 104 个司法管辖区的各国专利数据、将近 900 万条公司及财务信息、大量美国 IP 诉讼资料、来自 100 多个国家的 2000 万发明人信息、近 700 万个美国商标、大量技术标准及非专利文献。同时它还拥有强大的语意检索功能。Innography 数据定期经过严格的清理、标准化和关联化，确保为用户提供最高质量的专利分析。2017 年，Innography 受到谷歌邀请，参与其专利公开数据库项目。

九、合享新创 incoPat 专利数据库

合享新创 incoPat（https：//www.incopat.com/），涵盖了全球专利信息，集成了专利检索、分析、数据下载、文件管理和用户管理等多个功能模块。incoPat 收录了全球 102 个国家 / 组织 / 地区 1 亿余件专利信息，对 22 个主要国家的专利数据进行特殊收录和加工处理。

incoPat 可以检索的字段达到 230 多个，包括了多维度的专利法律、引用、运营信息。incoPat 对全球专利均提供了中英双语的标题和摘要，对中国、美国、俄罗斯、德国等重要国家提供中英双语的全文信息，支持中文检索和浏览全球专利，同时支持用英文和小语种检索和浏览，如图 2-40 ~ 图 2-42 所示。

图 2-40 incoPat 页面

图 2-41 incoPat 高级检索

十、其他专利数据库

除了以上专利检索系统以外，国内市场上还包括：知识产权出版社专利信息服务平台 CNIPR（http：//search.cnipr.com/）、大为 innojoy（http：//www.innojoy.com/search/home.html）、智慧芽 patsnap（http：//analytics.patsnap.com/）、佰腾检索（https：//www.patexplorer.com/）、专利之星（http：//www.patentstar.com.cn/frmLogin.aspx）。

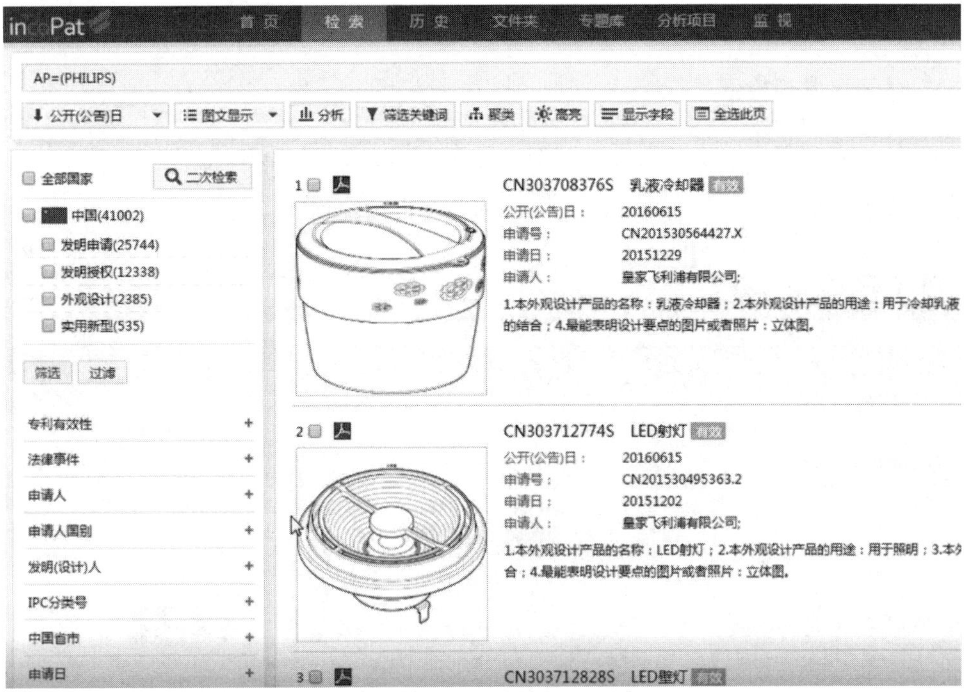

图 2-42　incoPat 检索结果页面

以上各类专利检索系统，各具优势和特点。

第三节　专利检索案例

各大专利检索系统，都具备简单检索（初级检索、常规检索），高级检索（表单检索），布尔逻辑检索（表达式检索）等常用的检索功能。本节以具体示例介绍相关系统或功能的操作及使用。

一、中国国家知识产权局专利检索及分析系统

在浏览器上输入 http：//www.pss-system.gov.cn/，进入中国国家知识产权局专利检索及分析系统。用户可通过免费注册，成为注册用户，可获得更多一些的检索功能。

例如，检索“云南在锗金属方面的专利有哪些？”

（一）常规检索

如果采用常规检索，则可尝试如下操作，如图 2–43 所示。

在输入框内输入“云南 and 锗”，选择“自动识别”。

图 2–43　常规检索界面

返回的检索结果如图 2–44 所示。

图 2–44　“云南 and 锗”检索结果页面

该检索结果共 238 条数据。在“检索式”上，上一个页面的检索词，被自动识别为“符合申请人与发明人 = 云南 and 复合文本 = 锗”。

在左侧“检索结果统计”中，对不同的检索点进行分类统计。例如：可知“云南临沧鑫圆锗业股份有限公司”相关专利最多。

但是，经浏览检索结果页面发现，有一条与本检索主题不相关的专利被检出，如图 2–45 所示。

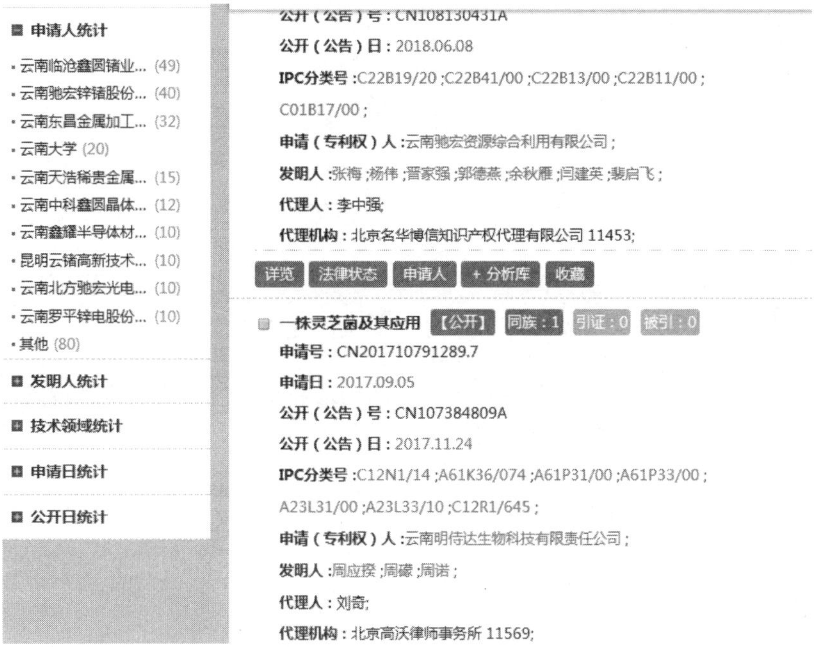

图 2–45　“灵芝菌”作为不相关专利被检出

专利名称为“一株灵芝菌及其应用”的数据被检出，经过后续页面浏览，也发现多条不相关数据被检出。

本次检索可知：通过常规检索，以自动识别的方式去检索“云南 and 锗”，虽然能将大量由“云南”申请的与“锗”有关的专利检出，但是其检索结果也含有“云南”相关的其他专利，这些不相关专利的存在，影响了检索结果的准确性，需要进行二次检索，或采用高级检索，才能更好地获得所需的检索结果。

（二）高级检索

还是以上的检索需求，经过分析可知：“云南”是申请人（一般发明人为自然人），“锗”是专利名称需要包含的对象。在高级检索填写“发明名称：锗；申请（专利权）人：云南”，如图 2–46 所示。

图 2–46　“云南”的“锗”高级检索

同时，可在下方的检索式编辑区，自动生成检索式（布尔逻辑检索），“发明名称 =（锗）AND 申请（专利权）人 =（云南）”。

检索结果如图 2–47 所示。

图 2–47　“云南”的“锗”高级检索结果

该检索操作，可得 183 条专利数据。经多页浏览，均含有“云南”申请的“锗”。

在此基础上，还想进一步了解“云南”申请的“锗”有多少有效的发明专利，则可在此页面基础上采用“过滤”的方式进行操作，如图 2-48 所示。

图 2-48　“过滤”操作

在检索结果页面上“过滤”功能的“文献类型”中，勾选发明类型的“发明”，勾选有效专利的“有效发明”，点击“应用”，其过滤后的结果为 84 条数据。即“云南”申请的“锗”金属，其有效的发明专利共有 84 件。

（三）常规检索

同时，发现“技术领域统计”中，IPC 分类号为 C22B41/00 的专利有 45 件，为 84 件专利中最多的技术领域。需要再研究相关专利是侧重哪些方面的技术，则可以复制该分类号，在“导航检索”中的“分类号”输入“C22B41/00”，如图 2-49 所示。

可见，“C22B41/00”是指：“部——化学；冶金；黑色或有色金属合金；合金或有色金属的处理；金属的生产或精炼（金属粉末或其悬浮物的制取（B22F9/00）；电解法或电泳法生产金属（C25）；原材料的预处理；锗的提取。即可得到：“云南”申请的“锗”金属的 84 件有效发明专利中，有 45 件专利是关于“锗的提取”的专利。

图 2-49　“C22B41/00”的导航检索

二、美国专利数据库

想了解在美国专利中，“日本人”申请多少件关于“锗”金属的专利，则可以在美国专利数据库的专利授权数据库（http：//patft.uspto.gov/netahtml/PTO/search-bool.html）中进行检索。

检索要点如下。

专利名称：“锗”。即“Title：germanium”。

申请人的国家：“日本”。即“inevntor country：JP”。

如需查看检出的专利全文则可选择“1976 to present [full-text]”。点击检索后，其检索式为：TTL/germanium AND ICN/JP。结果如图 2-50 和图 2-51 所示。

可见，检出结果有 116 件专利，即“日本人”申请了 116 件关于“锗”金属的专利（含有专利全文），如图 2-52 所示。

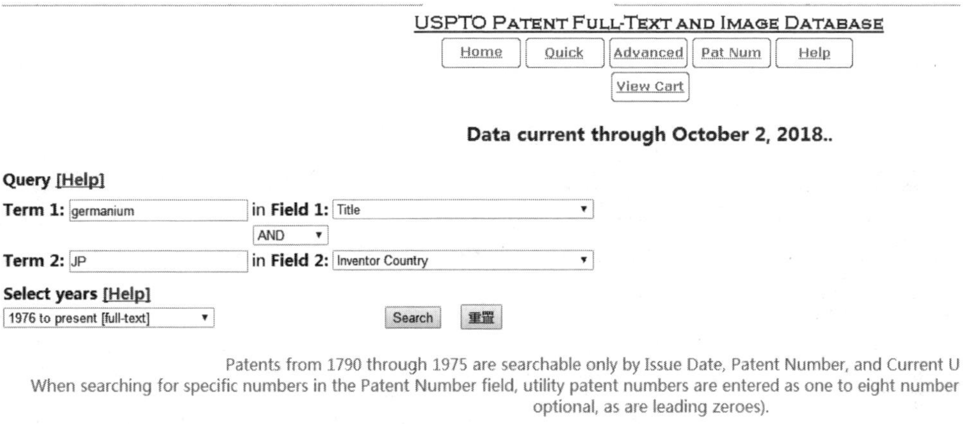

图 2-50 美国专利中“日本人申请关于锗的专利”

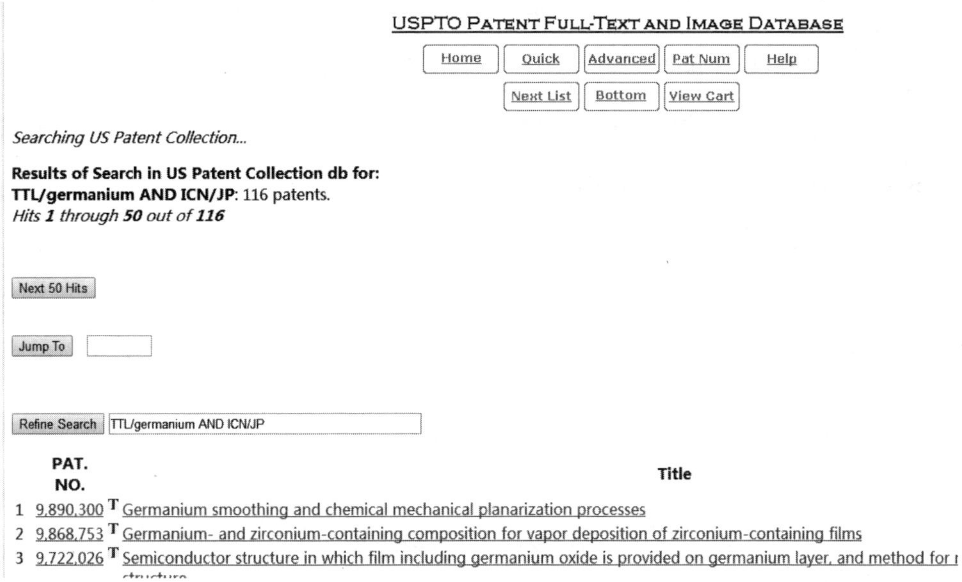

图 2-51 检出结果

United States Patent **4,415,370**
Kagawa , et al. **November 15, 1983**

**Please see images for: (Certificate of Correction) **

Method of beryllium implantation in ***germanium*** substrate

Abstract

A semiconductor device, and a method for manufacturing it in which ions of beryllium are implanted into a germanium substrate to form a layer containing p-type impurity material. There after the substrate is heated at a temperature in the range of 400.degree. C. to 700.degree. C. to diffuse the beryllium ions into the substrate so that the concentration of beryllium at the surface of the impurity layer is in the order of 10.sup.17 cm.sup.-3 or more. In one embodiment, a p-type channel stopper is formed locally in a p-type germanium substrate and an n-type active layer is formed in a region surrounded by, and isolated from, the channel stopper region. In another embodiment, a relatively shallow p-type active layer is formed at one part of an n-type germanium substrate and p-type guard ring regions are formed surrounding, and partly overlapping said p-type active layer. In a further embodiment, a p-type island region is formed at one part of an n-type germanium substrate, and an n-type region is formed within said p-type region. In these embodiments, the p-type channel stopper region, p-type guard ring regions and the p-type island region are all formed by implanting ions of beryllium into the germanium substrate.

Inventors:	**Kagawa; Shuzo** (Kawasaki, *JP*), **Shirai; Tatsunori** (Yokohama, *JP*), **Kaneda; Takao** (Kawasaki, *JP*), **Baba; Yasuo** (Kawasaki, *JP*)
Assignee:	**Fujitsu Limited** (Kawasaki, JP)
Family ID:	**26461586**
Appl. No.:	**06/187,419**
Filed:	**September 15, 1980**

Current U.S. Class:	**438/420**; 257/607; 257/616; 257/E29.086; 438/529; 438/91; 438/530; 257/E21.335; 257/E31.014; 257/E31.057; 438/533
Current CPC Class:	H01L 21/26506 (20130101); H01L 29/167 (20130101); H01L 21/26513 (20130101); H01L 31/103 (20130101); H01L

图 2-52 一篇专利的详细页面

三、欧洲专利数据库

想了解在欧洲专利中，“华为技术公司”申请多少件关于“网络系统”的英文专利，则可以在欧洲专利数据库的 worldwide 数据库（http：//patft.uspto.gov/netahtml/PTO/search-bool.html）中进行高级检索，如图 2-53 所示。

检索要点如下。

专利名称：“网络系统”，即“Title：network system”。

专利权人：“华为公司”，即“Applicant（s）：HUAWEI TECH CO LTD”。

数据库：Worldwide-collection of published applications from 100+ countries。

由图 2-54 可知，华为技术公司在欧洲专利数据库中有 7730 条关于“网络系统”的专利数据。

以其中一条为例，查看细览页面，如图 2-55 所示。

图 2-53 华为网络系统在 EPO 的高级检索

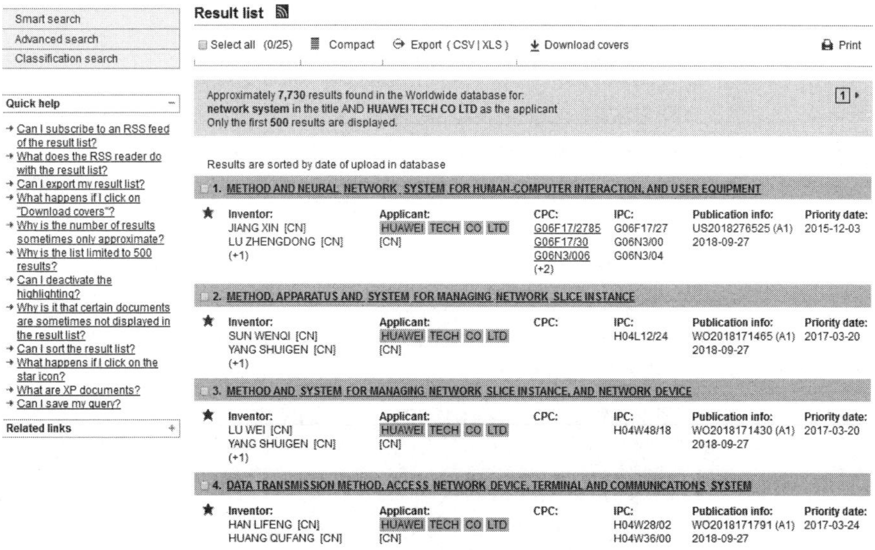

图 2-54 检索结果

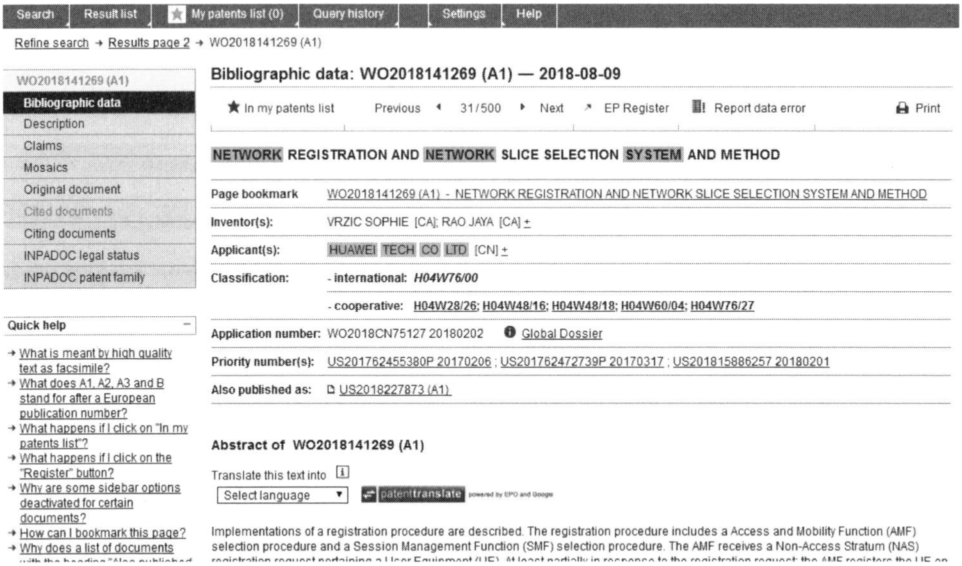

图 2-55　WO2018141269（A1）专利

查看该专利文献的同族专利，则点击该页面的“INPADOC patent family”，如图 2-56 所示。

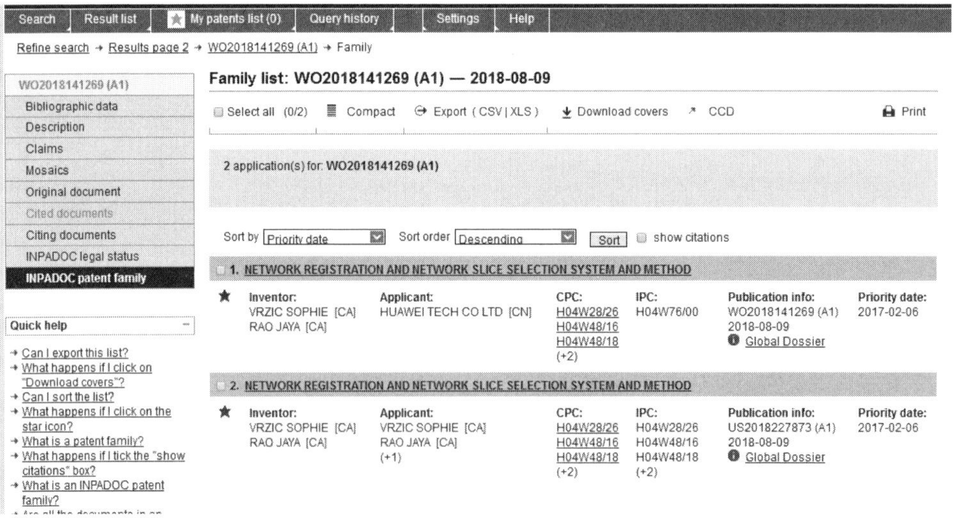

图 2-56　WO2018141269（A1）的同族专利

以上三个案例分别以中国、美国、欧洲专利检索为例，进行了常见的基础专利检索操作介绍。

其他更多的案例介绍和说明，请参看各大专利检索系统的“帮助”页面。

第四节　专利创新点挖掘

随着知识经济的兴起，特别自党的十八大提出创新驱动发展战略并实施以来，以专利为代表的知识产权的重要性已深入人心，企业特别是中小企业对此日益关注，也希望自己拥有以专利为代表的自主知识产权。

只有真正将企业有创造性的技术方案挖掘出来，并告之代理公司，形成自主知识产权，才能真正保护企业的知识产权，促进企业的发展。

将企业有创造性的技术方案找出的过程，就是专利挖掘的过程。专利挖掘是指有意识地对创新成果进行创造性的剖析和甄选，进而从最合理的权利保护角度确定用以申请专利的技术创新点和技术方案的过程[2]。简而言之，专利挖掘就是从创新成果中提炼出具有专利申请和保护价值的技术创新点和方案[3]。

一、发明创造的种类

按专利法的规定，授予专利权的发明和实用新型，应当具备新颖性、创造性和实用性；授予专利权的外观设计，应当不属于现有设计；也没有任何单位或个人就同样的外观设计在申请日以前向国务院专利行政部门提出过申请，并记载在申请日以后公告的专利文件中。

新颖性是指该发明或实用新型不属于现有技术；也没有任何单位或个人就同样的发明或实用新型在申请日以前向专利局提出过申请，并记载在申请日以后公布的专利申请文件或公告的专利文件中；对于实用性，就更好理解了，能够制造或使用，并且能够产生积极效果。

创造性比较难理解，对于发明专利而言，是指与现有技术相比，该发明有突出的实质性特点和显著的进步；对实用新型专利而言，是指与申请日以前的已有技术相比，有实质性特点和进步。

一定意义上可认为，挖掘创新点时，除了技术方案新颖并实用外，主要就是评估是否有创造性。2010 年版的《专利审查指南中》特别以发明专利为例指出如下几种情况一定具有创造性。

（1）开拓性发明：是指一种全新的技术方案，在技术史上未曾有过先例，它为人类科学技术在某个时期的发展开创了新纪元。

（2）组合发明：是指将某些技术方案进行组合，各技术特征在功能上彼此支持，构成一项新的技术方案，并取得了新的技术效果；或组合后的技术效果比每个技术特征效果的总和更优越。

（3）选择发明：是指从现有技术中公开的宽范围中，有目的地选出现有技术中未提到的窄范围或个体的发明并带来预料不到的技术效果。

（4）转用发明：是指将某一技术领域的现有技术转用到其他技术领域中的发明，并带来预料不到的技术效果。

（5）已知产品的新用途发明：是指将已知产品用于新的目的的发明，并带来预料不到的技术效果。

（6）要素变更的发明：包括要素关系发生改变、替代的或省略后，产生了预料不到的技术效果的发明。

另外，解决了人们一直渴望解决但始终未能获得成功的技术难题、克服了技术偏见、取得了预料不到的技术效果、技术特征直接导致商业上获得成功等情况也认为具有创造性。

从上述可以看出，专利能否获得授权，不在于技术方案中是否采用了已知的高精尖的先进技术或设备，而在于采用别人没想过的技术手段并取得预想不到的效果，即便这些技术看起来古老而又落后。

开拓性发明一定具有创新点肯定是不容置疑的。进行专利创新点挖掘时，更应从多技术方案组合、优化选择、借用其他行业技术、变更要素而形成的技术方案中去寻找，同时解决了业内技术难题，克服了技术偏见、取得了预料不到的技术效果、技术特征直接导致商业上获得成功的技术方案也是不容忽视的[4]。

二、不同类型活动的创新点挖掘

将企业有创造性的技术方案找出的过程，就是专利挖掘的过程。企业立项开展科技项目研究开发工作及日常的以解决技术问题的小改革都要是产生创新点的重要环节，也是专利创新点挖掘的重点关注对象。“知己知彼，百战不殆”，只有密切关注行业及市场发展变化，特别是竞争对手发展变化，才能保持竞争优势，跟上时代的发展脉搏，不被市场淘汰，在分析剖析竞争对手专利之时，除可避开竞争对手的专利保护范围，不侵权的同时，也可借鉴竞争对手的专利技术，开发新的专利技术。

（一）以解决技术问题为导向的创新点挖掘

为应对市场竞争、提高经济效益，企业特别是中小企业都会持续对日常工作中存在的技术问题进行改进。在日积月累的改进过程，技术极有可能发生突变与飞跃，这些突变与飞跃就是我们要寻找的创新点。此专利的挖掘以解决技术问题为导向，研究解决问题的各类技术方案，并辅以专利信息检索，筛除已公开的现有技术，余下的就是我们要挖掘的创新点。其工作流程一般如图 2–57 所示。

案例 [2–1]　一种筒形组合砂轮及其加工方法

案例设置目的：理解以解决技术问题为导向的创新点挖掘。

案例背景：作为重要磨具之一的筒形砂轮，广泛应用于金属、玻璃、陶瓷、磁性材料、晶体等材料的磨削加工。筒形砂轮一般由基体及磨轮环组成，其生产工序有三种，其一是先加工基体，然后通过热压的方式将含有磨料、结合剂及添加剂的混合粉料压制烧结在基体上，形成产品；其二是先分别机械加工基体，热压或冷压烧结制成磨轮环，然后通过粘接、焊接的方式将基体及磨轮环联为一体形成产品；其三是一种不太常用的方法，专利 ZL94247095.8 公开了一种螺栓紧固式筒形砂轮，磨轮环一边的端面内设有螺母，螺母通过与法兰盘螺纹旋接而将筒形砂轮紧固在法兰盘上，形成最终产品。

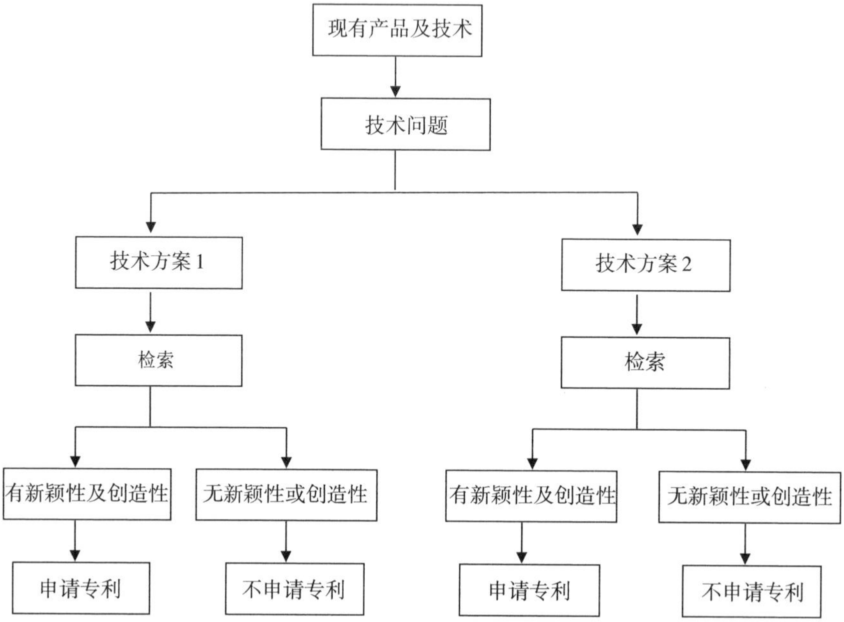

图 2-57　以解决技术问题为导向的创新点挖掘工作流程

第一步：发现现有技术中存在的问题。

对于加工精度要求高，特别是对加工时横向跳动要求小于 0.1mm 的筒形砂轮，必须对砂轮进行后修整，以保证基体装配螺纹或装配孔与磨轮环的同心度。现有的常规工艺是，以基体上的装配孔或装配螺纹为基准，通过磨削的方式对筒形砂轮进行后修整。因为筒形砂轮磨轮环所带磨料硬度与修整砂轮的磨料硬度相近，甚至比修整砂轮的磨料硬度还要硬，故修整砂轮消耗较快并且修整速度过慢。

第二步：分析解决问题的关键技术。

加快后修整速度的方法有两种。其一，可采用电火花进行后修整；其二，可以磨轮环为基准进行后修整。

第三步：检索，排除现有技术。

通过检索得知：电火花进行后修整，磨轮环表层磨料烧蚀严重，缩短了砂轮的使用寿命，且已有文献报道，作为现有技术排除；以磨轮环为基准进行后修整，无同类现有技术，可申请专利。

第四步：根据技术改进点提炼创新点。

筒形砂轮由基体及刀头组合而，将先期生产的磨轮环通过粘接或焊接附着至刀杆顶端，或刀杆与磨轮环粉料一次热压成型，使砂轮环附着在刀杆顶端，形成刀头。以磨轮环为基准，加工刀杆外圆直径及刀杆底部的螺纹至规定尺寸，形成修整完工的刀头。将加工至完工尺寸的基体与修整完工的刀头通过螺纹连接的方式，形成筒形组合砂轮。

第五步：形成包含创新点的具体技术方案。

筒形砂轮由基体、刀头组合而成。基体、刀头所带螺纹分别为牙型、直径与螺距相同，旋转方向相反，相互匹配的一组内、外螺纹中的各一个。基体、刀头可通过螺纹紧密配合并联成一体。刀头由底端带有螺纹的刀杆及附着在刀杆顶端的磨轮环组成。其加工过程如下：

（1）分别加工基体及刀杆，其中基体加工至完工尺寸、刀杆除螺纹及外圆留有外圆直径 0.1 ~ 5mm 的正公差外，其他部位加工至完工尺寸；

（2）将先期生产的磨轮环通过粘接或焊接附着至刀杆顶端，或刀杆与磨轮环粉料一次热压成型，使砂轮环附着在刀杆顶端，形成刀头；

（3）采用磨削或电加工的方式，以磨轮环内孔或外圆的几何中心为基准对磨轮环内孔或外圆进行修整；

（4）以修整好的磨轮环的内孔或外圆为基准，通过磨削或电加工对没有修整的外圆或内孔进行修整，形成修整完工的磨轮环；

（5）以修整完工的磨轮环的内孔或外圆为基准，加工刀杆外圆直径及刀杆底部的螺纹至规定尺寸，形成修整完工的刀头；

（6）将加工至完工尺寸的基体与修整完工的刀头通过螺纹连接的方式，形成筒形组合砂轮。

第六步：形成技术交底材料或自行申请专利（略）。

2011年以《一种筒形组合砂轮及及其加工方法》为名申请发明专利并获授权，以此技术产生的筒形组合砂轮2015年被认定为云南省重点新产品[5]。

（二）以项目研究为导向的创新点挖掘

企业的项目研究既包括老产品的升级换代，也包括新产品的研究开发及特定技术难题的研究。企业项目研究与解决技术问题的差异在于，项目研究是阶段性工作，管理更为正规，存在预研、立项、验收等流程；而解决技术问题是企业技续开展的工作，管理相对宽松，并不存在立项、验收等流程，有新的技术方案就开展，无新的技术方案就暂时停滞。企业一般只对较为重要的创新活动才抽调精兵强将人员组成项目组，以项目研究的方式开展创新活动。

项目研究是企业最有可能产生专利，并且是产生专利最多的环节，在项目研究的全流程都可能产生专利创新点，因此对专利创新点的挖掘应围绕企业研发的全流程而开展，项目研究各环节的工作重点有所差异，产生创新点及挖掘专利创新点的侧重点也应有所不同。

一般而言，企业的研发流程序包括项目调研、项目预研、项目立项、项目实施、中期检查、产品测试（或技术评估）、产品投产上市（或技术实施）、项目验收等过程。

项目调研是项目研究的起点，主要是通过对市场、现有技术及发展趋势的调查，并结合企业所具备的人、财、物及技术条件，分析研究企业项目研究的大致方向。此阶段的大量的信息源于市场、现有技术及发展趋势的调查数据，挖掘专利创新点也应重点关注调查数据，如根据市场的发展趋势及需求，提前申请原型产品的发明专利、实用新型专利及外观设计，以便赢得市场先机。

项目预研承接项目调研而展开，主要是根据项目调研确定的项目的研究方向，利用企业现阶段具备的人、财、物及技术条件，开展摸底试验，验证企业是否具备完成项目研究的能力，如果不具备还需要创造何种条件，进而为确定企业是否开展此项目的研究提供建议，并为确定企业项目研究的具体方向及相应考核指标提供建议。此阶段大量的创新活动围绕为完成项目研究而对企业自身条件的评判而展开，专利创新点挖掘应重点关注企业技术积累向新行业新方向的延伸，同时也应关注为完成预研项目而采用的新检测手段、自制的仪器设备。

项目立项承接项目预研而展开，主要是根据项目预研提出的建议，由企业组成专家进行论证，最终决定是否正式开展研究、研究重点、如何开展研究，并确定相应考核指标及项目组成员，项目组成员与企业签订研究合同，项目研究正式开展。此阶段挖掘专利创新点与项目预研相近，应重点关注企业技术积累向新行业新方向的延伸，并为项目实施阶段的专利创新点挖掘创造条件。

项目实施承接项目立项而展开，是产生专利创新点的最重要环节，此阶段专利创新点挖掘应重点关注所开展的研究重点或必须解决的重点技术难题而选用的技术方案。

中期检查承接项目实施而展开，主要是对项目实施情况进行督促及总结阶段性成果，此阶段的专利创新点挖掘应重点放在对阶段性成果的评估上，如评估出有价值的专利创新点，则尽快申请专利。

产品测试（或技术评估）承接中期检查而展开，主要是原型产品或技术已经研发成功，并对其性能进行测试估计，以确定是否投产。此阶段的创新活动主要围绕测试而展开，专利创新点挖掘应重点放在测试方法及为完成测试自制的测试仪器设备上。

产品投产上市（或技术实施）承接产品测试（或技术评估）而展开，主要是添置设备仪器、改造厂房及生产环境，正式生产产品或实施新技术，并解决正式生产产品或实施新技术进程中存在的技术问题。此阶段的创新活动主要围绕正式生产或实施新技术而展开，专利创新点挖掘应重点放在自制的生产设备仪器及解决正式生产产品或实施新技术进程中存在的技术问题上。

项目验收产品承接投产上市（或技术实施）而展开，主要是总结研究项目实施过程中的经验教训，整理相关技术文件及资料并归档管理，对照项目研究合同，判定项目是否达到立项的预期，企业兑现项目研究合同的奖励。此阶段的专利创新点挖掘应重点放在归档管理的相关技术文件及资料，如评估出有价值的专利创新点，则尽快申请专利。

案例 [2-2] 磨料表面有机化改性提高金属结合剂磨具加工光洁度的方法

案例设置目的：理解以项目研究为导向的创新点挖掘，特别是项目实施阶段的创新点挖掘。

案例背景：金属结合剂磨具是以金属或合金粉末为粘结材料、以超硬材料为磨料，通过粉末冶金的工艺方法而制成的一种磨具，具有结合强度高，成型性好，耐高温，导热性和耐磨性好，使用寿命长，可承受较大负荷等特点，可用于光电元件、金属零件的磨削加工。普通光电元件加工用所用金属结合剂磨具国内已能生产，但一些表面光洁度要求较高的金属结合剂磨具还依赖进口，造成此现状的主要原因是国内生产的金属结合剂磨具质量不稳定，经常会在加工元件表面形成划痕。云南光电辅料有限公司承担并完成的科技部科技型中小企业技术创新基金项目《光电元件高速精密磨削用金刚石系列产品》（09C26215302509）重要的工作就是解决现有光电元件加工用金属结合剂磨具易造成加工工件表面划痕的问题，并替代进口产品。

第一步：分析解决问题的关键技术。

造成加工工件表面划痕最主要的原因是磨具中存在粗颗粒磨料所致，磨具中的粗颗粒来源有两类，其一，磨具中混入粗颗粒磨具；其二，小颗粒磨料聚集成团形成大颗粒磨料。

第二步：检索，排除现有技术。

通过检索得知：磨料分选时控制磨料的粒度分布及品级（晶型），生产及使用流程中加强环境清洁度，防止粗颗粒的混入等技术手段，是控制粗颗粒混入最为常见的技术手段作为现有技术排除。金属结合剂磨具防止小颗粒磨料聚集成团形成大颗粒并无同类现有技术，可申请专利。

第三步：根据技术改进点提炼创新点。

磨料表面有机化改性，可防止金属结合剂磨具中小颗粒磨料聚集成团形成大颗粒。

第四步：提炼包含创新点的具体技术方案。

以硅、钛、铝、锆、硼等元素的有机化合物为活化剂，通过浸渍或机械混合等方法对金刚石、立方氮化硼、碳化硅、刚玉等磨料微粉进行表面改性处理。

第五步：形成技术交底材料或自行申请专利（略）。

此项技术 2009 年以《磨料表面有机化改性提高金属结合剂磨具加工光洁度的方法》为名申请发明专利并获授权，产生了良好的经济效益及社会效益，2017 年获云南省专利三等奖[6]。

（三）以剖析竞争对手专利为导向的创新点挖掘

只有密切关注行业及市场发展变化，才能跟上时代的发展脉搏，不被市场淘汰。竞争对手作为同行，其申请的专利一定程度也代表行业的发展方向。以剖析竞争对手专利为导向的创新点挖掘目的有三：其一，分析竞对手专利，寻找行业发展方向，并提前申请；其二，绕过竞争过手的专利阻碍；其三，针对竞争对手核心专利进行包绕式挖掘和布局，反制竞争对手。

竞争对手的核心专利往往与其核心产品相关联，通过竞争对手核心产品可识别其核心专利。识别竞争对手核心专利后，需调整企业的技术方向，防止侵犯竞争对手的专利技术，避免不必要的法律纠纷；识别竞争对手专利后，通过要素替换等手段，绕过竞争过手的专利阻碍，并评估替换手段的创造性，如替代技术手段具有创新性，可提前申请专利进行布局；识别竞争对手专利后，可从上下游行业的纵向，挖掘创新点，并提前进行专利布局，并从产品的零部件、测试方法、制造工艺挖掘创新点，并提前进行专利布局，全方位包绕竞争对手的核心专利，使竞争对手进行批量化生产或运用专利技术时，极易侵犯企业后期挖掘并申请的专利，迫使竞争对手以交叉许可的方式，与企业共享专利技术，从而绕过竞争对手的专利阻碍。竞争对手的核心专利一般都代表了竞争对手的创新方向，也代表了行业的发展方向，通过对竞争对手的核心专利分析，可一定程度了解行业发展趋势，企业研发人员可沿行业发展趋势进行有针对性的研发，提高研发效率的同时，可产生新的创新技术，进而产生更多的专利。

对竞争对手核心专利要素替换挖掘创新点，一般确定竞争专利技术方案的主要要素，进而找到主要要素的上位要素（包括主要要素的更宽的技术范畴，如金属铜的上位要素是金属），并采用上位要素中与主要要素相近的其他要素替换主要要素，如达到了相近的技术效果，则绕过竞争对手的专利阻碍，评估后如认为替代技术具有创新性，可提前申请专利进行布局。

案例 [2-3]　一种光学真空镀膜机内腔清洁方法

案例设置目的：用于理解以剖析竞争对手专利为导向的创新点挖掘，特别是要素替换的创新点挖掘。此案例为便于解读，对竞争对手的专利内容做了修订。

案例背景：光学元件真空镀膜过程中，镀膜材料蒸气沉积到被镀光学元件的同时，也会沉积到镀膜机内腔及夹具表面，并随镀膜次数及时间的增加，越累越厚。而这些沉积物附着并不稳固，极易脱落至被镀光学元件上，造成被镀光学元件镀膜缺陷。定期清除镀膜机内腔及夹具表面沉积物成为光学真空镀膜工序的重要工作，光学元件镀膜材料多为二氧化硅、二氧化钛、二氧化锆耐蚀氧化物，采用一般的酸洗工艺很难除去，必须采用喷砂、砂布打磨等手段才能清洁干净，效率低并且对镀膜机内腔及夹具损伤较大。

中国专利《蒸镀装置和回收装置》公开了一种回收蒸镀装置，此回收蒸镀装置在真空腔室的防附着板和闸门的被蒸镀蒸镀颗粒的表面的至少一部分上设置有能够从防附着板和闸门剥离的薄膜，薄膜包含熔点、升华点、相对于微生物的生物降解性和光分解特性中的至少一个与在薄膜上形成的蒸镀膜不同的材料[7]。

第一步：理解竞争对手专利的精髓。

通过对现有技术中国专利《蒸镀装置和回收装置》的反复阅读及分析研究，可以看出，此专利最大的创新点是在真空腔室的防附着板表面提前附着一层可剥离的薄膜。

第二步：归纳总结现有技术创新点的上位概念。

反复阅读及分析研究，可以看出，可剥离薄膜与薄膜上形成的蒸镀膜的熔点、升华点、相对于微生物的生物降解性和光分解特性不同，即通过加热熔化及升华、微生物降解、光分解可除去可剥膜，而不破坏薄膜上形成的蒸镀膜，三者归纳所得的上位概念如下：特定条件下可剥膜破坏而薄膜上形成的蒸镀膜不破坏。

第三步：寻找所归纳上位概念之下，现有技术中没有的下位概念。

镀膜材料的性能指标很多，除熔点、升华点、生物降解性、光分解性外，还存在溶解性、机械强度等性能。我们可以在特定溶液（溶剂）中溶解性能不同方面做些工作。

第四步：以新的下位概念替代现有技术中的下位概念，形成新的技术方案。

回收蒸镀装置在真空腔室的防附着板和闸门的被蒸镀蒸镀颗粒的表面设置有特定溶剂条件下，与薄膜上形成的蒸镀膜溶解性能不同的剥离的薄膜。

第五步：提炼包含创新点并将在表述有所调整的具体技术方案形成技术交底材料。

在光学真空镀膜机中镀制隔离膜，隔离膜为可溶于酸性水性清洗液的金属膜、氧化物膜或氟化物膜。

第六步：为提高授权概率，进一步细化技术方案，适当缩小保护范围，并作为从属权利使用。

光学真空镀膜机内腔清洁方法具体步骤如下：①将光学真空镀膜机内腔及夹具清洁干净；②装载外形尺寸合格而其他技术指标不作要求的光学元件，在光学真空镀膜机中镀制，膜层厚度为 20 ~ 200nm，可溶于酸性水性清洗液的金属膜、氧化物膜或氟化物膜中的一种或几种组合的隔离膜；③将镀有隔离膜的光学元件取下，装载合格光学元件，按其技术要求在光学真空镀膜机中镀制膜层；④光学真空镀膜机内腔及夹具达到清洁周期后，取下光学真空镀膜机内腔及夹具在酸性水性清洗液中清洗，除去内腔及夹具表面沉积物；⑤除去光学真空镀膜机内腔及夹具表面残余的酸性水性清洗液，烘干或晾干光学真空镀膜机内腔及夹具，将内腔及夹具装入光学真空镀膜机；⑥按步骤②～⑤开展光学元件真空镀膜下一生产及清洁周期。

第七步：形成技术交底材料或自行申请专利（略）[8]。

（四）其他方式创新点挖掘

颁布实施的标准、政府行业法规指明了行业的发展方向，通过对标准、政府行业法规的解析，可找出为满足标准、政府行业法规要求所必须解决的技术难题，在指明了企业研发方向的同时，也奠定了专利创新点的挖掘方向。

人类对世界的认识不是一蹴而就的过程，而是逐步深入的过程；对于企业而言，企业现有技术、现有专利技术，可能因为当初认识不到位或忽视而没有发现其中的创新点，回头看说不准还有惊喜。

技术功效矩阵图是专利分析最为常用的图表，从技术功效矩阵图中可看出，研究热点代表了行业的发展趋势，沿行业发展趋势开展研发，不但可跟上行业发展的脉搏，也奠定了专利创新点的挖掘方向。技术功效矩阵图中的冷门不见得没有研发潜力，很可能仅仅因为现有条件不具备而不受人关注，冷门同时也意味着研究人少，研究成果少，也就是对比文件少，关注冷门说不准还有更大的惊喜。

三、专利创新点挖掘注意事项

企业特别是中小企业进行专利创新点挖掘时存在许多误区。其一，认为一件产品只能有一项专利。其实即便简单的产品也不是轻易就可以制造出来的，每件产品都包含原材料、零部件、生产组装方法、测试方法、用途、使用方法等诸多因素，这些因素都是专利创新点挖掘的方向。其二，认为只有自动控制、纳米材料等高精尖的高新技术产品才能产生专利，却不知这些技术因为比较成熟而不易创新，一些不起眼、不为人知的小窍门、小改革反而符合专利的三性，而具有申请专利的资质。其三，认为失败的研究项目没有创新点。其实任何失败的研究项目都经过了研发人员的创造劳动，其中的一些技术方案虽然没有实现产业化或达到研究的目的，但也解决了一些技术难题，自然也有了进行专利创新点的挖掘价值[9-11]。

第五节　专利布局

专利布局是指依据自身的经营目的和发展战略，综合考虑产业、市场、技术、法律等因素，在技术领域、专利申请地域、申请时间、申请类和申请数量等方面进行针对性、策略性和前瞻性的专利申请或其他方式获取专利的规划和动态部署。其目的是实现专利价值和利益最大，对企业而言，最终是为了形成支撑和促进企业经营和发展，提升市场竞争力相对有利的专利保护网[12]。简而言之，专利布局就是通过最优化的方式申请专利或获取专利，以实现企业的利益最大化。从此意义上可以认为，专利布局包括以优化权利要求书而实现保护范围最大化的专利微布局，以多个国家及地区申请的专利地域布局，以专利群为基础的专利群布局。

专利布局与专利创新点挖掘两者都是企业知识产权管理的重要环节，两者既有区别，也有联系。良好的专利布局，可为专利创新点挖掘指明方向，从而避免专利申请的随意性，与此同时，只有通过专利创新点挖掘，找出申请专利的亮点，并申请专利，专利布局才能落到实处，真正形成支撑和促进企业经营和发展、提升市场竞争力相对有利的专利保护网。

一、专利布局的基本原则

专利布局是企业经营发展战略在专利领域的体现，只要能最大限度地实现企业利益的最大化，可采用不同的方法及策略进行规划和动态部署，但其也应遵循一定的基本原则。

（一）目的性原则

申请人进行专利布局的根本目的，是实现专利价值和利益最大，以相对有利的专利保护网提升企业市场竞争力。所有的布局都是围绕申请人利益最大化而开展，而不以追求数量为目的。如果盲目申请专利，不但劳民伤财，甚至可能泄露技术秘密、错失申报时机，从而为竞争对手提供可乘之机。

（二）前瞻性原则

申请人进行专利布局是为了在未来的市场竞争中取得先机，并形成竞争优势。在新技术层出不穷、市场变化莫测的今天，不可能轻松预见技术及市场的发展方向，只有通过细致的前瞻性分析研究，才能了解技术及市场的发展方向，并确定布局方案。

（三）针对性原则

专利布局的运用场景主要是以专利侵权诉讼、规避竞争对手专利、交叉许可等方式阻击或削弱竞争对手的竞争力，从而提升申请人的竞争力。为此进行专利布局时一定对开展布局的目的有清晰的认识，针对运用的不同合理进行布局。

（四）匹配性原则

申请人进行专利布局所选择的方案一定要与所处行业特点、技术特性及申请人自身的特点相适应。

（五）价值性原则

专利布局的效果并不以数量取胜，而是以质量定乾坤。只有拥有高质量的专利才能做到，攻可以告对手侵权、守可以经住对手无效。另外专利也分为核心专利及其衍生的外围专利，进行布局时应将资源重点应用于基础专利，以达到价值最大化。

（六）体系原则

专利布局如同排兵布阵一样，需要围绕核心专利层层布防，从而以专利群实现保护。以产品类的专利布局为例，纵向上讲有纵深有层次，从横向上看要多角度、全方位，在地域要考虑全面和侧重，在时间上要考虑延续性，从而形成完整的保护体系。

（七）策略性原则

基于成本的考量，专利布局不可能做到求全求美的完全覆盖。作为商业竞争的手段及战略储备，基于有限资源和特定商业需求，专利布局一定要讲究策略性，以尽可能低的成本实现利益最大化。

（八）持续改进原则

专利保护期有限是专利制度的一大特点，随着时间推移，所布局中专利会失去保护作用，保护体系必然会出现漏洞，另外随着技术及市场的变化，一些技术失去了布局的价值，另外一些以前关注度小的技术市场价值日益呈现，专利布局应当与时俱进，持续改进。申请人实际情况发生变化时，专利布局更应进行调整以适合申请的实际要求。

二、基于专利权利要求书及简要说明的专利微布局

专利法规定，发明或实用新型专利权的保护范围以其权利要求的内容为准，说明书及附图可以用于解释权利要求的内容。外观设计专利权的保护范围以表示在图片或照片中的该产品的外观设计为准，简要说明可以用于解释图片或照片所表示的该产品的外观设计。合理撰写权利要求书及简要说明，使其保护范围最大化是实现专利价值最大化最为简洁的方式。对应于以专利群进行布局实现专利价值最大化，以权利要求书或简要说明实现专利价值最大化，借用专利行业导航与专利企业微导航的概念，可将好的权利要求书及简要说明的撰写定义为专利微布局。

《专利法》《专利法实施细则》《专利审查指南》等法律法规中仅指出了权利要求书及简要说明的基本格式及撰写要求，对于如何通过权利要求书及简要说

明进行布局并没有好的建议。每个撰写人都有自己的撰写风格。对于同一技术方案，不同的撰写人所撰写权利要求书及简要说明各不相同，但只要保护范围最大化，即可达到布局的目的。

权利要求书的撰写一定要以主权力要求为中心堡垒，从属权力为外围城堡，通过合理的引用关系将中心与外围城堡联为一体从而形成严密的防御阵地，步步设防，从而实现保护范围最大化，达到微布局的目的。

每年的代理人考试都有权利要求书撰写的相关试题，理解代理人考试权利要求书的标准答案，可学习领悟基于专利权利要求书及简要说明的专利微布局的策略和技巧。

案例 [2-4]　国家知识产权局条法司 2012 年专利代理人考试

实务新申请专利权利要求书参考答案

案例设置目的：以思维导图的方式解析新申请专利权利要求书参考答案中的权属关系，理解通过权利要求书进行专利布局实现保护范围最大化。

案例基本情况：客户提出了一个新的技术方案，具体情况如下。

一种由硬质保温材料制成的冷藏桶，包括桶本体 1、盖体 2 和上盖 3。桶本体 1 的顶部开口，盖体 2 盖合在桶本体 1 的开口上，以打开和关闭该开口。盖体 2 上开有窗口 4，上盖 3 能打开和盖合窗口 4，以便在不打开盖体 2 的情况下，就能取、放物品。作为冷源的若干个密封的冰块包或蓄冷剂包放置在桶本体 1 内，最好以可拆卸的方式例如通过粘扣等与桶本体 1 连接。

如图 2-58（A）、（B）所示，上盖 3 为圆形薄盖，盖合在盖体 2 上，上盖 3 开有口部 5。平时，口部 5 与窗口 4 彼此完全错开，上盖 3 除口部 5 以外的其他部分盖合在窗口 4 上。当取、放物品时，将上盖 3 相对于盖体 2 水平转动，使窗口 4 完全露出，从而打开窗口 4。

如图 2-58（C）、（D）所示，上盖 3 为薄片状，其外形尺寸能盖住窗口 4，上盖 3 通过设置在盖体 2 上的竖直转轴 6 与盖体 2 连接。平时，上盖 3 盖合在窗口 4 上。当取、放物品时，将上盖 3 以竖直转轴 6 为轴相对于盖体 2 水平转动，从而打开窗口 4。

如图 2–58（E）、（F）所示，上盖 3 为薄片状，其外形尺寸能盖住窗口 4，上盖 3 通过设置在盖体 2 上的水平转轴 7 与盖体 2 连接。平时，上盖 3 盖合在窗口 4 上。当取、放物品时，将上盖 3 以水平转轴 7 为轴相对于盖体 2 向上转动翻开，从而打开窗口 4。

可以采用现有技术中的已知手段，例如通过相互配合的粘扣、磁性件等使上盖 3 紧密盖合在盖体 2 上，以获得更好的冷藏效果。此外，窗口 4 的大小可以设置成不同规格，以适应取、放不同物品的需要。

新的技术方案解决的技术问题是：现有冷藏箱／桶，在使用过程中存在必须打开整个盖体取、放物品，以及蓄冷剂包固定放置或冰块包不固定放置等带来的不便。

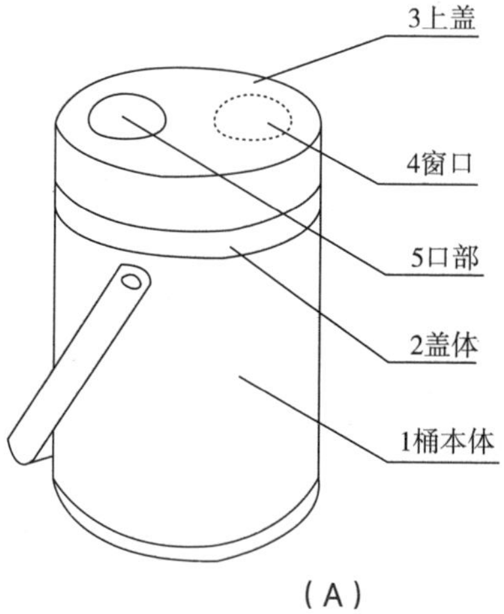

（A）

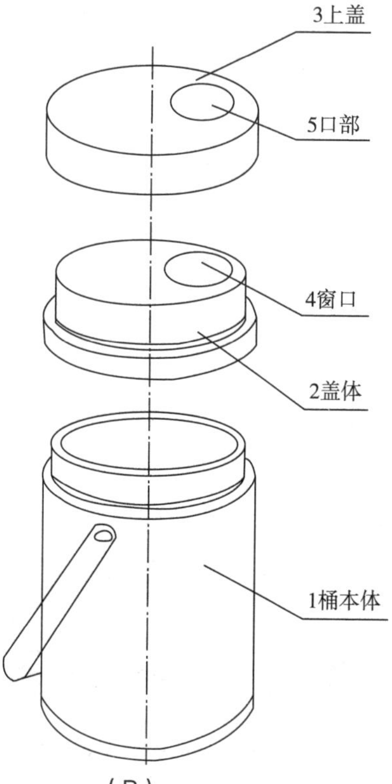

（B）

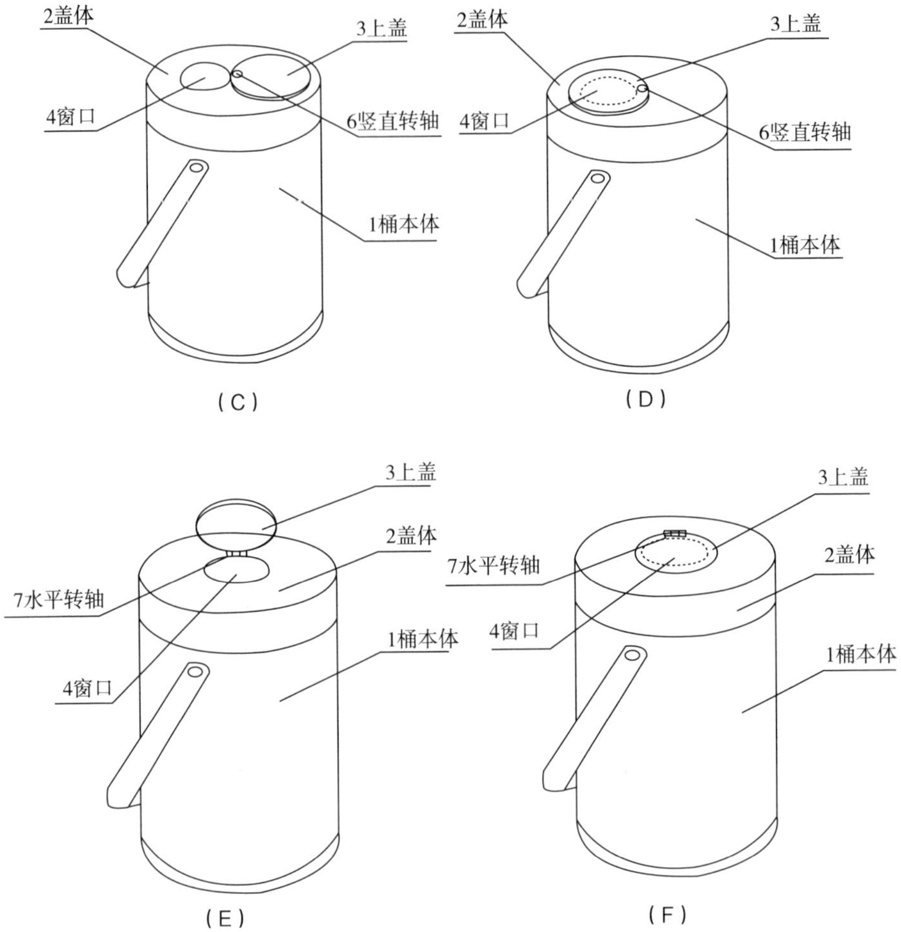

图 2-58　新技术方案图

专利权利要求书参考答案如下。

（1）一种冷藏桶，由硬质保温材料制成，包括桶本体 1、盖体 2，桶本体 1 的顶部开口，盖体 2 盖合在桶本体 1 的开口上，在桶本体 1 内设置有冷源，其特征在于：盖体 2 上开有窗口 4，并设有上盖 3，上盖 3 能打开和盖合窗口 4。

（2）如权利要求（1）所述的冷藏桶，其特征在于：上盖 3 能够相对于盖体 2 转动，以打开和盖合窗口 4 。

（3）如权利要求（2）所述的冷藏桶，其特征在于：上盖 3 能够相对于盖体

2 水平转动，以打开和盖合窗口 4 。

（4）如权利要求（3）所述的冷藏桶，其特征在于：上盖 3 为圆形薄盖，盖合在盖体 2 上，上盖 3 开有口部 5，将上盖 3 相对于盖体 2 水平转动，能够使得口部 5 与窗口 4 彼此完全错开。

（5）如权利要求（2）所述的冷藏桶，其特征在于：上盖 3 为薄片状，其外形尺寸能盖住窗口 4，上盖 3 通过转轴与盖体 2 连接。

（6）如权利要求（5）所述的冷藏桶，其特征在于：上盖 3 通过设置在盖体 2 上的竖直转轴 6 与盖体 2 连接，上盖 3 能以竖直转轴 6 为轴相对于盖体 2 水平转动。

（7）如权利要求（5）所述的冷藏桶，其特征在于：上盖 3 通过设置在盖体 2 上的水平转轴 7 与盖体 2 连接，上盖 3 能以水平转轴 7 为轴相对于盖体 2 向上转动翻开。

（8）如权利要求（1）至（7）中任一项权利要求所述的冷藏桶，其特征在于：冷源可拆卸地与桶本体 1 连接。

（9）如权利要求（8）所述的冷藏桶，其特征在于：通过粘扣将冷源可拆卸地与桶本体 1 连接。

（10）如权利要求（8）所述的冷藏桶，其特征在于：所述冷源为若干个冰块包或蓄冷剂包。

（11）如权利要求（9）所述的冷藏桶，其特征在于：所述冷源为若干个冰块包或蓄冷剂包。

（12）如权利要求（1）、（2）、（3）、（5）、（6）、（7）中任一项权利要求所述的冷藏桶，其特征在于：上盖 3 通过相互配合的粘扣或磁性件紧密盖合在盖体 2 上[13]。

专利权利要求书参考答案思维导图如图 2–59 所示。

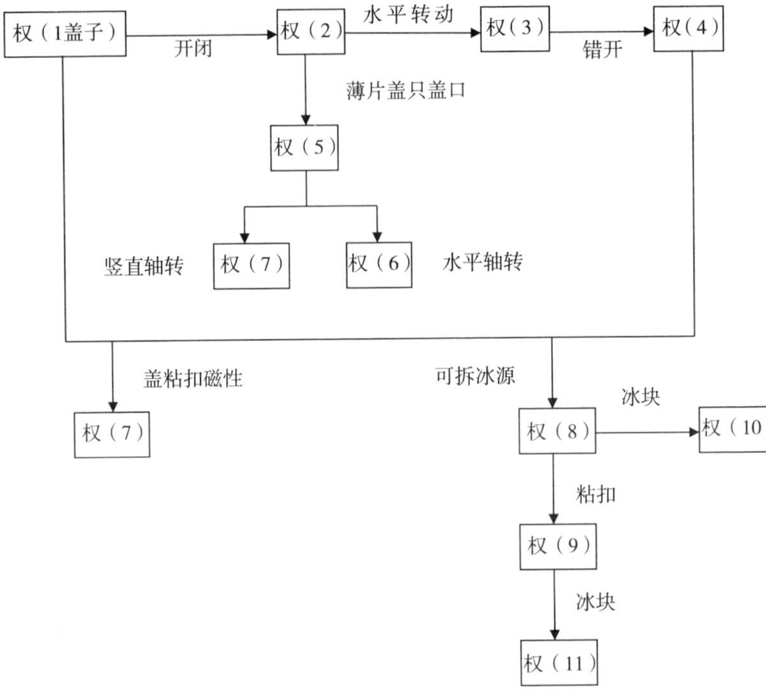

图 2-59　专利权利要求参考答案思维导图

三、基于地域的专利布局

专利同其他知识产权一样，具有“地域性”特点，即一个国家或地区授予的专利权，仅在该国或该地区才有效，在其他国家或地区没有任何法律约束力。因此，一件发明若要在多个国家或地区得到法律保护，必须分别在这些国家或地区申请专利。

申请人基于地域开展专利布局时需注意如下事项。

（一）确定目标国家及地区

专利布局的终极目标是实现专利价值和利益最大。选择布局目标国家及地区依照申请人的实际需求而定，一般而言，如果已在当地开展产品生产、商品销售或服务的国家或地区必须进行专利布局；产品及服务有意向进入的国家及地区必须提前进行布局准备；创新产品在当地具有较大市场或应用场景的国家及地区也要提前进行布局。

（二）了解当地法律制度

对于专利制度，虽基本原则全球基本相同，但细节还是有所不同，如美国的发明专利保护期为20年，并最多可延长5年，而中国专利并无延长的说法。在海外开展专利布局时，一定要先了解当地法律制度，依法实现专利价值最大化。

（三）确定申请途径

申请人在海外申请专利进行布局时，一定要根据申请人的实际情况及需求选择合适的申请途径，是选用《专利合作协定》途径还是《巴黎公约》途径，依据申请人的实际情况而定。

（四）确定申请时间及代理机构

无论是PCT还是《巴黎公约》途径，海外申请专利都能享受优先权利的待遇，进行专利布局一定不能超出优先权的期限。另外，申请海外专利时，涉及申请的文件及各种通知书的翻译，一定要选择实力较强的代理机构。

四、基于专利群的专利布局

（一）包围式专利布局

包围式专利布局是指企业在掌握该行业的基础专利或核心专利的情况下，针对该专利技术申请大量的外围专利，将基础专利紧紧包围，严密保护起来，防止竞争对手进入。如果基础专利由竞争对手掌握，但对方还未实施包围式专利布局，企业也可以采取“地方包围中央，乡村包围城市”的战略方针，利用大量外围专利包围竞争对手的基础专利，有效抑制竞争对手的基础专利向外拓展，削弱竞争对手的基础专利价值，并通过与竞争对手的基础专利进行交叉许可的方式保证企业在市场上的竞争力。这些外围专利既可以是针对基础专利或核心专利的技术改进，也可以是对基础专利或核心专利的市场化应用。这种专利布局比较适合没有足够的技术和资金实力的情况。

案例 [2-5] 焦炉石墨清除装置

案例设置目的：理解包围式专利布局。

案例背景：焦炉炼焦过程中产生的荒煤气，在高温作用下会使一些大分子碳氢化合物分解成甲烷，甲烷继续受高温作用，裂解出游离碳和氢气。游离碳极易附着在焦炉炭化室的炉墙和炉顶上，最终形成石墨。而当石墨过度沉积后，将对焦炉生产造成不利影响，如使炭化室变窄，增加推焦难度；或使炉墙热阻变大而加大能耗。尤其是炉顶的石墨堆积过量时，将会损坏炉顶，甚至产生更为严重的后果。目前清除炭化室石墨的方法主要有用推焦杆端部的刮刀进行清除的方法。此法虽然简单，但无法清除墙面石墨。另外，由于是在推焦的同时除去石墨，增加了推焦阻力，对炉顶危害较大。清除炭化室石墨的方法还有压缩空气燃烧石墨的方法。此法虽效果明显，操作简单，但需要在推焦杆上安装空气管道，并在推焦杆尾端安装卷扬机，因此设备较为复杂。另外空气喷头距炉顶砖较近，压缩空气在吹烧石墨的同时也冲击着砖面和砖缝，易造成炉顶砖剥蚀或炉顶窜漏。昆明钢铁集团有限责任公司焦化厂龙菊兴等人研究发现，推焦结束，加煤之前由加煤车从上至下向炭化室吹空气，可很好地除去炉顶堆积的石墨[14]。

第一步：分析创新技术方案的特点，确定专利申请种类。

本发明的最大亮点是“推焦结束，加煤之前由加煤车从上至下向炭化室吹空气”，属方法类发明，应当申请发明专利，因为必须具备与新工艺相配套的专用装备才能完成此技术方案，可申请专利装备的实用新型专利及发明专利。

第二步：厘清创新技术方案所涉及环节，分析每一个环节变化对技术实施效果的影响。

向炭化室吹空气的工艺过程，需控制空气吹入的时间点、持续时间及空气吹入量，故可从时间节点的选取、空气吹入控制装置方面进一步挖掘创新点及申请专利。本技术方案至少可申请一个“推焦结束，加煤之前由加煤车从上至下向炭化室吹空气”的基础发明专利，空气吹入时间点、持续时间及空气吹入量的工艺参数类的发明专利，自动控制空气吹入装置的实用新型专利、手动控制的空气吹入装置的实用新型专利，自动控制的实用新型专利又可依照控制的手段是电脑控制还是机械联动分别申请实用新型专利，手动控制又可分为球阀控制、闸阀控制，可分别申请实用新型专利。

第三步：检索分析，评估单案申请与分案申请的利弊。

没有检索到与基础专利相近的现有技术，基础专利具有创造性，故在基础专利基础上衍生的专利均具有创造性，都可进行分案申请。

第四步：确定并提炼包含创新点的具体技术方案形成技术交底材料。

（二）垄断式专利布局

垄断式专利布局是指申请人为解决特定的技术目标通过研发获得技术解决方案，并决定以此技术方案申请专利进行保护，为防止竞争对手寻找替代方案回避拟申请的专利，申请人以拟申请的技术方案为起点，通过要素替代等手段，充分研究解决此技术问题的技术方案，不留任何的遗漏，尽可能收集和整理出能实现这一技术目标的全部解决方案，并申请专利，不给竞争者任何寻找替代方案或进行回避设计的机会。进行垄断式专利布局要求申请人知识面广，能找出尽可能的替代要素。

（三）布雷式专利布局

布雷式专利布局是指申请人为解决特定的技术目标通过研发获得技术解决方案，并决定以此技术方案申请专利进行保护，通过充分的深层次的专利挖掘获得大量的可专利性技术方案，将它们全部申请专利，形成类似于布雷区的专利布局。这种专利布局方式可以通过采用将专利中的权利要求同时布局到产品和方法中，从小组件布局到大系统，从核心组件布局到应用产品的战略，有系统地在每一步中用专利形成布雷区，有效保护企业技术，防止竞争对手进入。对于强行侵入技术领域的竞争对手，可以通过专利诉讼等方式将其驱出保护区。采用布雷式专利布局需要企业在该技术领域内有较强的研发能力，能够有大量的资金和研发人力配合，各种研发方向都有研发成果产生，同时需要企业有系统的专利策略，避免专利泛滥，无法发挥预期保护效果的情况。这种专利布局方式比较适用于研究过程中专利产出较多，而专利重要性尚未明朗化的新兴技术企业。

（四）行业延展式专利布局

行业延展式专利布局是指申请人为解决特定的技术目标通过研发获得技术解决方案，并决定以此技术方案申请专利进行保护时，通过分析相近行业的技术特点，研究在其他行业应用此技术的可能，如果有可能，则将此技术方案适当变通后部署于相近行业，并申请专利。行业延展式专利布局时需考虑本行业与相近行业归纳总结后可否得出具有同样技术要求的上位行业，如存在上位行业，可直接以上位行业作为实施行业申请单一的专利，也可单列各行业进行行业延展式专利布局。选择以上位行业申请专利或进行行业延展式布局，需评估各相近行业中是否存在技术方案被公开或存在技术启示的问题，

案例 [2-6]　烧结成型磨具两次烧结工艺

案例设置目的：理解行业延展式专利布局。

案例背景：陶瓷磨具又称陶瓷结合剂磨具，是以低熔点玻璃粉、高岭土等无机粘接剂为结合剂，加入磨料、填充材料、添加剂等材料，通过混合配料、成型、晾干、加热固化以及后修整等过程而制成。陶瓷磨具后修整时，因为陶瓷磨具已彻底烧成，陶瓷磨具硬度与修整工具相近，甚至比修整工具还要硬，故修整工具消耗较快并且修整效率低。云南光电辅料有限公司通过研究发现，采用两次烧结的工艺，可以解决现有陶瓷磨具进行后修整时，修整工具消耗较快，修整效率低的问题。初次烧结时，烧结 K 氏温度只为最终固化 K 氏温度的 60% 至 90%，初次烧结后虽然磨具也具有一定的机械强度，但机械强度不高，易于后修整，后修

整到规定要求后，再次进行烧结温度为最终温度的二次烧结后，陶瓷磨具达到最终要求性能。两次烧结的工艺陶瓷磨具，虽然工序由一次固化变为两次，工序烦琐，但因为后修整时陶瓷磨具机械强度不高，修整效率高、修整工具消耗小，反而提高了生产效率。

第一步：寻找创新技术方案所属技术领域的上位技术领域。

按结合剂的不同，磨具可分为陶瓷磨具、金属结合剂磨具、电镀磨具、树脂磨具、菱苦土磨具等多种磨具，陶瓷磨具是磨具中的一种，磨具为陶瓷磨具的上位技术领域。

第二步：确定上位技术领域中可应用创新技术方案的具体技术领域。

根据磨具的加工工艺，陶瓷磨具、金属结合剂磨具、树脂磨具加工过程中都涉及烧结（或加热固化）的工艺过程，可借用陶瓷磨具两次烧结创新技术。电镀磨具、树脂磨具及菱苦土磨具不涉及烧结工艺过程，不能借用陶瓷磨具两次烧结的创新技术。

第三步：根据可应用创新技术方案的具体领域确定可应用本创新技术方案的上位技术领域。

可借用陶瓷磨具两次烧结创新技术的磨具均需涉及烧结（或加热固化），可将创新技术方案的上位技术领域定义为烧结成型磨具。

第四步：检索分析，评估单案申请与分案申请的利弊，并最优化实施。

通过检索发现，两次烧结在金属结合剂磨具行业也有报道，虽没提及两次烧结的目的是为便于后修整，但为防止不必要的麻烦，还是选择以不同的结合剂分案进行申请。

第五步：根据具体技术领域理论推论并试验，确定并提炼包含创新点的具体技术方案。

根据两次烧结创新技术，理论推导，并设计金属结合剂磨具、树脂磨具的两次烧结温度试验方案，通过试验找出最佳的第一次烧结温度及时间，适当扩大范围形成相应的技术方案，并形成最终的技术交底材料。

一种陶瓷磨具生产方法如下：①以无机粘接剂为结合剂，加入磨料、填充材料、添加剂，混合配料；②成型；③烘干；④初次烧成，烧成K氏温度为最终烧成K氏温度的60%至90%；⑤后修整；⑥二次烧成，烧成温度为最终烧成温度；⑦检验、包装、备用。

一种热固化树脂磨具生产方法如下：①以树脂为结合剂，加入磨料、填充材料、添加剂，混合配料；②成型及初次热固化，热固化K氏温度为最终固化K氏温度的80%至95%；③后修整；④二次热固化，热固化温度为最终固化温度；⑤检验、包装、备用。

一种烧结型金属结合剂磨具生产方法如下：①以金属粉为结合剂，加入磨料、添加剂，混合配料；②成型及初次烧结，烧结K氏温度为最终烧结K氏温度的60%至95%；③后修整；④二次烧结，烧结温度为最终烧结温度；⑤检验、包装、备用。

第六步：形成技术交底材料或自行申请专利（略）。

云南光电辅料有限公司采用分案申请的方式，同日申请了《一种热固化树脂磨具制备方法》《一种陶瓷磨具制备方法》《一种烧结型金属结合剂磨具生产方法》三项发明专利，其中《一种热固化树脂磨具制备方法》及《一种陶瓷磨具制备方法》两项发明专利获得授权，最大限度保护了创新成果。

为防止审查员在审查过程中扩大技术领域范围，以专利群中的专利为对比文件，评判其他专利的新颖性及创造性，专利群中的所有专利必须同日申请[15-17]。

五、专利布局注意事项

企业特别是中小企业进行专利管理特别是开展专利布局工作时存在许多误区。其一，忽视专利布局，因为所处技术领域窄并且经济总量小，申请了核心专利，就乐观地认为可以高枕无忧。殊不知，竞争对手针对企业核心专利全方位挖掘后，可形成包绕式专利群，不但可避开企业专利的阻碍，而且可以技术方案细节所申请的专利反制企业自身专利的实施，逼迫企业专利交叉许可，从而使企业失去了申请专利的意义。其二，贪大求全，为专利布局而布局，失去了专利布局的初衷，加重了企业专利管理负担。其三，一次布局就一劳永逸，企业对专利进行了一次布局就不管不问，殊不知，随着技术的进步、时间的推移，特别是部分专利走完保护期，之前布局已出现漏洞，已不足以支撑和促进企业经营和发展。

参考文献

[1] 国家知识产权局人事司，中国知识产权培训中心 . 专利文献与信息检索 [M]. 北京 : 知识产权出版社 ,2013.

[2] 马天旗 . 专利挖掘 [M]. 北京 : 知识产权出版社 ,2016.

[3] 杨铁军 . 企业专利工作实务手册 [M]. 北京 : 知识产权出版社 ,2013.

[4] 国家知识产权局 . 专利审查指南 [M]. 北京 : 知识产权出版社 ,2009.

[5] 吴云峰 , 杨俊宏 , 和光 , 等 . 一种筒形组合砂轮及及其加工方法 : 中国 ,1110450351.9[P]. 2009-12-16.

[6] 句红兵 , 杨俊宏 , 李妹明 , 等 . 磨料表面改性改善金属基磨具加工光洁度的方法 : 中国 , 2009 10094670.3.[P].2012-06-27.

[7] 园田通 , 川户申一 , 井上智 , 等 . 蒸镀装置和回收装置 : 中国 ,201180062667.9[P].2013-08-28.

[8] 訾云旭 , 句红兵 , 杨勇 , 等 . 一种光学真空镀膜机内腔清洁方法 : 中国 ,201510723567.6 [P].2016-02-03.

[9] 国家中小微企业知识产权培训（南海）基地 . 中小企业专利管理实务 [M]. 北京 : 知识产权出版社 ,2016.

[10] 于复生 , 等 .TRIAZ 工程题解与专利撰写及创造性争辩 [M]. 北京 : 知识产权出版社 ,2009.

[11] 梁宏 . 浅谈企业如何挖掘专利和进行专利布局 [J]. 中国发明与专利 ,2015(1).

[12] 马天旗 . 专利布局 [M]. 北京 : 知识产权出版社 ,2016.

[13] 国家知识产权局条法司 .2012 年全国专利代理人资格考试试题解析 [M]. 北京 : 知识产权出版社 ,2013.

[14] 龙菊兴，毛云海，张昆华，等. 焦炉石墨清除装置：中国，02276060.1[P].2003-08-27.

[15] 杨俊宏，马忠云，句红兵，等. 一种热固化树脂磨具制备方法：中国，201310731220.7[P]. 2014-03-19.

[16] 句红兵，马忠云，杨俊宏，等. 一种烧结型金属结合剂磨具生产方法：中国，20131073126 3.5[P]. 2014-03-19.

[17] 句红兵，马忠云，杨俊宏，等. 一种烧结型金属结合剂磨具生产方法：中国：201310731263.5[P]. 2014-03-19.

第三章　专 利 申 请

第一节　专利直接申请

专利工作是一项专业性很强的工作，工作人员既要懂技术又要懂法律和政策，从事专利工作的人员应当保持相对稳定，否则容易因人员的流动或对政策的不了解给专利权人造成不必要的损失。

专利申请有关实务的内容，根本依据是《专利法》《专利审查指南》和国家知识产权局各时段公布的部门法规。作为一名专利工作者，应当对相关的内容熟悉，并经常关注以下网站：

国家知识产权局（http：//www.cnipa.gov.cn/）；

中国专利电子申请网（http：//cponline.sipo.gov.cn/）；

专利事务服务系统（http：//cpservice.sipo.gov.cn/index.jsp）；

中国及多国专利审查信息查询系统（http：//cpquery.sipo.gov.cn/）；

各省、自治区、直辖市知识产权局官网；

网站上公布的办事指南和相关政策也是重点关注的内容。

一、什么是专利申请

“以公开换取保护”是专利制度的根本思想，其目的在于保护发明创造者的创造性劳动、激励发明创造、避免重复研发，推动全社会的技术进步。专利申请是获得专利权的必须程序。专利权的获得，要由申请人向国家专利管理部门提出申请、提交申请文件，经审查合格后批准并颁发专利证书。

二、申请专利的主要目的

一是通过法定程序确定发明创造的归属关系，从而有效保护发明创造的成果，以此换取最大的经济利益，及时申请专利就是防止其发明创造成果被他人随意使用，丧失其应用的价值；二是及时申请专利是为了在市场竞争中确保自身产品生产与销售的安全可靠性；三是为了符合国家有关政策，通过评审、认定等目的申请专利。

申请人应当首先明确申请专利的目的，根据技术内容确定专利申请的种类、公开的范围和程度，提出合理的权利要求，为撰写专利申请文件做好前期准备。

三、专利的种类

我国的专利分为发明、实用新型和外观设计三种类型。《专利法》第二条规定：

发明，是指对产品、方法或其改进所提出的新的技术方案。

实用新型，是指对产品的形状、构造或其结合所提出的适于实用的新的技术方案。

外观设计，是指对产品的形状、图案或其结合以及色彩与形状、图案的结合所作出的富有美感并适于工业应用的新设计。

发明专利权保护期限为 20 年，实用新型专利权和外观设计专利权的保护期限为 10 年，均自申请日起计算。

申请人应当根据自己的发明创造内容，确定申请专利的类型。

同日申请：申请人也可以同日对同样的发明创造既申请实用新型专利又申请发明专利（申请时分别说明对同样的发明创造已申请了另一专利，在发明专利授权审查通过后，主动放弃实用新型授权可以获得发明授权）。一般实用新型专利授权要快于发明专利，有利于获得专利保护和转化实施专利。但是需要注意的是，同日申请的发明专利如要申请专利优先审查，需要主动撤回实用新型申请。

四、专利申请授权的条件

不属于《专利法》第五条和二十五条所述内容。

《专利法》二十二条规定：授予专利权的发明和实用新型，应当具备新颖性、创造性和实用性。

新颖性：是指该发明或实用新型不属于现有技术；也没有任何单位或个人就同样的发明或实用新型在申请日以前向国务院专利行政部门提出过申请，并记载在申请日以后公布的专利申请文件或公告的专利文件中。

创造性：是指与现有技术相比，该发明具有突出的实质性特点和显著的进步，该实用新型具有实质性特点和进步。

实用性：是指该发明或实用新型能够制造或使用，并且能够产生积极效果。

授予专利权的外观设计，应当不属于现有设计，也没有任何单位或个人就同样的外观设计在申请日以前向国务院专利行政部门提出过申请，并记载在申请日以后公告的专利文件中。

授予专利权的外观设计与现有设计或现有设计特征的组合相比，应当具有明显区别，不得与他人在申请日以前已经取得的合法权利相冲突。

现有技术（设计），是指申请日以前在国内外为公众所知的技术（设计）。

为了保证申请的专利能够充分地获得保护并授权，并保证专利权的稳定，申请人应当对申请内容所属的技术领域有充分的研究和了解，对申请内容的新颖性、创造性和实用新能够充分的理解和把握。

技术查新是文献检索和情报调研相结合的情报研究工作，它以文献为基础，以文献检索和情报调研为手段，以检出结果为依据，并与查新点对比，对其新颖性作出结论并出具查新报告。技术查新能为科技人员进行研究开发提供快捷和可靠、丰富的信息，也能为专利申请提供客观依据。

建议申请专利之前，对申请内容做充分的技术研究，有条件的最好进行技术查新。根据申请人的条件，可以申请人自己做查新工作，也可以委托有关单位来做。

五、专利申请文件

（一）应当提交的申请文件

（1）申请发明专利的，申请文件应当包括：发明专利请求书、说明书摘要（必要时应当提交摘要附图）、权利要求书、说明书（必要时应当提交说明书附图）。

涉及氨基酸或核苷酸序列的发明专利申请，说明书中应当包括该序列表，把该序列表作为说明书的一个单独部分提交，并单独编写页码，同时还应提交符合国家知识产权局专利局规定的记载有该序列表的光盘或软盘。

依赖遗传资源完成的发明创造申请专利的，申请人应当在请求中对遗传资源的来源予以说明，并填写遗传资源来源披露登记表，写明该遗传资源的直接来源和原始来源。申请人无法说明原始来源的，应当陈述理由。

（2）申请实用新型专利的，申请文件应该包括：实用新型专利请求书、说明书摘要及其摘要附图、权利要求书、说明书、说明书附图。

（3）申请外观设计专利的，申请文件应当包括：外观设计专利请求书、图片或照片（要求保护色彩的，应当提交彩色图片或照片）以及对该外观设计的简要说明。

（二）其他文件

申请人可在提交申请文件之前办理专利费用减缴备案手续或之后提交《专利

费用减缴请求书（申请日后提交适用）》。

申请人可以在提交申请的同时或之后提交专利代理委托书、发明专利提前公布声明、实质审查请求书、优先权证明、优先权转让证明、不丧失新颖性的公开的证明文件（须在申请文件中注明）、生物材料保藏证明（生物材料的保藏应在申请日之前）等其他文件。

（三）具体要求

（1）请求书：确定发明、实用新型或外观设计三种专利申请的依据，应当按规定要求填写相关内容。

（2）说明书：应当对发明或实用新型作出清楚、完整的说明，以所属技术领域的技术人员能够实现为准。

（3）权利要求书：应当以说明书为依据，清楚、简要地限定要求专利保护的范围。

（4）摘要及摘要附图：摘要应当简要说明发明或实用新型的技术要点（限300字以内）。说明书有附图的，申请人应当提交一幅最能说明该发明技术方案主要技术特征的附图作为摘要附图。摘要附图应当是说明书附图中的一幅。

（5）说明书附图：发明专利申请说明书可以有附图。实用新型专利申请说明书应当有附图。

（6）外观设计专利的有关图片或照片应当清楚地显示要求专利保护的产品的外观设计，要求保护色彩的，应当提交彩色图片或照片。简要说明应当写明外观设计产品的名称、用途、设计要点，并指定一幅最能表明设计要点的图片或照片。

专利申请提交的文件应使用国家知识产权局专利局统一制定的表格。“国家知识产权局官网（http：//www.cnipa.gov.cn/）> 政务服务平台 > 表格下载”一栏有与专利业务相关的所有表格，申请人可以根据自己的需要下载。一般表格后附有填写说明与要求，如有不清楚，可以再查阅《专利法实施细则》《专利审查指南》中有关的章节。

六、专利申请提交

申请人可以自行提交专利申请并办理相关手续，也可以委托依法设立的专利代理机构办理专利申请手续。

（1）以书面形式提交专利申请：将申请文件及其他文件面交或寄交至昆明代办处办理，也可以面交至国家知识产权局专利局受理窗口或寄交至国家知识产权局专利局受理处。

（2）电子文件形式提交专利申请：应当登录中国专利电子申请网（www.cponline.gov.cn），注册成为电子申请用户后，通过其电子申请系统向国家知识产权局专利局提交申请文件及其他文件。

专利电子申请具有手续简便、安全快捷、节约成本、绿色环保等优势，专利电子申请用户随时随地均可以通过专利电子申请系统提交各类业务办理请求，且部分业务只受理电子申请的专利，如优先审查。

七、专利电子申请

有关专利电子申请的内容，可以访问中国专利电子申请网（http://cponline.sipo.gov.cn/），也可以访问各省级知识产权局官网，如“云南省知识产权局网站（http://www.ynipo.gov.cn/）> 办事指南 > 专利申请”下的“专利电子申请指南”中的内容。

电子申请需要对计算机的操作比较熟悉，对计算机使用环境的配置、文档和图片的处理有丰富的操作经验，初次使用可能会遇到很多问题，但是成功办理一件申请后，后续的专利工作效率会提高很多。

电子申请用户应当注意的几个问题：

（1）电子申请用户（临时电子申请用户除外）的注册不需要提交纸件材料，直接在网上申请即可。

（2）电子申请用户的账号和密码应当妥善保管，如有遗失可以在系统中通过注册时预留的邮箱找回（暂不支持 QQ 邮箱），如失败可通过向国家知识产权局专利局受理处提交“电子申请用户注册事务意见陈述书”（纸件）取回。

（3）数字证书只能下载一次，下载后应妥善保管，因保管不慎造成数字证书丢失、忘记密码或密码泄露的，可以通过向国家知识产权局受理处提交“电子申请用户注册事务意见陈述书”（纸件）请求重新签发数字证书。数字证书重新签发后，用户可以登录电子申请网站重新下载数字证书，并把证书权限调整到新的证书下。

八、申请日

专利申请日是判别专利申请是否具备新颖性和创造性的时间基准，也是判定多个专利申请人就同样的发明创造申请专利时，专利权依法应当授予谁的事实根据。同时，申请日也是专利缴费日期、滞纳金计算的时间基准。

《专利法》及其实施细则规定：国务院专利行政部门收到专利申请文件之日为专利申请日，如果申请文件是邮寄的，以寄出的邮戳日为申请日。通过快递公司及面交的专利申请，以文件收到日为申请日；通过邮局递交平信、挂号信、EMS 的专利申请以信封上寄出的邮戳日为申请日；通过电子文件形式向专利局提交的专利申请，以系统收到电子文件之日为申请日。

九、申请号（专利号）

申请号：在专利申请人向国家知识产权局提出专利申请，国家知识产权局给予专利申请受理通知书，并给予专利的申请号。

专利号：专利申请人获得专利权后，国家知识产权局颁发的专利证书上专利号为：ZL（专利的首字母）+ 申请号。

申请号（专利号）是专利的唯一有效标识，在办理专利查询、缴费、许可、质押等业务时，应当以申请号（专利号）为依据。

十、是否委托代理机构

对国内（不包括港澳地区）的申请人，申请专利是否委托代理机构不做强制要求。专利申请是操作性、专业性较强的工作，需要申请人对计算机操作、相关技术领域、申请文件的撰写、专利申请和审查程序、申请后续的管理工作有充分了解和把握。如果没有专门的专利管理人员，建议委托代理机构申请专利。

申请专利应当委托在专利管理部门登记备案过的代理机构。委托前，应当与代理机构就委托内容、权限、保密责任、时限等内容通过书面的形式做充分的确认。

为了避免不必要的损失，如与代理机构的委托关系出现问题，应当向国家知识产权局提交著录项目变更申报书并缴费，对所委托的专利及时解除代理关系，将有关著录项目信息（联系人）变更。

正规的代理机构可到国家知识产权局网站（http：//www.cnipa.gov.cn/）进行查询。

十一、受理机构

国家知识产权局专利局受理处：北京市海淀区蓟门桥西土城路6号，邮编：100088，咨询电话：010-62356655。

代办处是国家知识产权局专利局在各省设立的专利业务派出机构，是行政事业单位，并非代理机构，不从事代理业务。目前云南省只有昆明代办处一家。

昆明代办处：云南省昆明市北京路542号省科技大楼12楼，邮政编码：650051，咨询电话：0871-63100572。

十二、专利费用

根据《专利法》第四十三条，专利权人应当自被授予专利权的当年开始缴纳年费；《专利法实施细则》第九十条，向国务院专利行政部门申请专利和办理其他手续时，应当缴纳相应费用。以上所述的专利费用，应当与专利代理费用区别开来。

专利费用包括申请费，发明专利申请审查费，复审费，著录项目变更手续费，优先权要求费，恢复权利请求费，无效宣告请求费，办理权登记手续相关的费用（专利登记费、印刷费、印花税），年费等，具体标准和用途可参考《国家知识产权局专利收费标准》和相关说明。

专利费用可以通过邮局汇款、银行转账、面交或网上缴费（电子申请用户）的方式缴纳。

应当根据专利审查的流程和状态，以通知书为准，按时足额缴纳，否则会产生滞纳金或导致权利的丧失。

专利费用缴纳金额和时限可到中国及多国专利审查信息查询系统（http://cpquery.sipo.gov.cn/）中自行查询。

十三、专利缴费注意事项

（1）缴费人通过银行或邮局汇付专利费用时，应当在汇款单附言栏中写明正确的申请号（专利号）、费用名称及分项金额等必要信息，通过邮局汇款的，还应当要求邮局工作人员录入完整的通信地址、联系电话和邮政编码。汇款人收到银行或邮局汇款凭证应认真核对申请号或专利号及缴费人的电话、通信地址、邮政编码，避免因银行或邮局工作人员录入错误造成必要缴费信息丢失。通过邮局汇款的，一个申请号（或专利号）应为一笔汇款。

（2）如果未在汇款时注明申请号（或专利号）、费用名称及联系电话等必要缴费信息的，可以在汇款当天通过传真或网上信息补充系统进行补充，补充完整缴费信息的，以汇款日为缴费日。当天补充不完整而再次补充的，以收到正确信息之日为缴费日（注意缴费日的确定时间）。因逾期补充缴费信息或补充缴费信息不符合规定，造成汇款被退回或入暂存的，视为未缴纳费用。

（3）网上缴费的缴费日以网上缴费系统收到银联在线支付平台反馈的实际支付时间所对应的日期来确定。

（4）缴费人还可以通过专利缴费信息网上补充及管理系统进行补充，网址为 http：//fee.sipo.gov.cn。同时网站提供安卓版本的手机 APP 下载，还提供使用说明和操作手册下载。

（5）向国家知识产权局专利局（代办处）缴纳专利费，其后续的“补充缴费信息”“收据邮寄”和其他事项，只能向相应的部门办理或咨询。

（6）通过汇款单附言栏、传真或网上补充缴费信息只需选一种，但应保证信息的完整，如收据面取应当注明。

（7）专利收费只提供国家财政部印制的《国家知识产权局专利收费收据》，没有发票。

（8）为了确保可靠，不管通过何种方式补充缴费信息，都应当电话进行确认。

（9）电子申请用户通过网上缴费系统缴纳专利费时，对公支付平台的主页面，列示了缴纳专利费用的金额及手续费金额，关于银行的对公账户网银设置和手续费相关问题可拨打客服电话 4008809888-8 进行咨询。

（10）电子申请的注册用户，可以登录中国专利电子申请网（http：//www.cponline.gov.cn/）进行网上缴费。如有操作方面的问题，请咨询国家知识产权局专利局收费处，电话为：010-62356655。

（11）面交专利费，可以用现金、银联 pos 机和支票的形式，但支票缴费应当到银行进账后带上进账单和缴费清单。

（12）未足额缴纳或费用信息不全，视为未交费。如果专利费重复或多交，费用将会留存在相应的费用项目中，也可申请退费。

（13）缴费人对多缴、重缴、错缴的专利费用，可以自缴费日起三年内，向国家知识产权局专利局提出退款请求，自缴费日起三年后才要求退款的不予退款。退款请求人应当为缴费人本人。申请人（或专利权人）、专利代理机构作为非缴费人请求退款的，应当声明是受缴费人委托办理退款手续。办理退款需提交以下材料：①《意见陈述书——关于费用》（可到国家知识产权局网站下载）；②《国家知识产权局专利收费收据》复印、邮局或银行出具的汇款凭证等证明文件。提供邮局或银行的证明应当是原件，不能提供原件的，应当提供出具部门加盖公章确认或经公证的复印件；退款材料邮寄至国家知识产权局专利局费用管理处。

（14）在中国没有经常居所或营业场所的外国人、外国企业或外国其他组织应当委托依法设立的专利代理机构缴纳专利费用。

（15）服务大厅收费时间是法定工作日：上午 9:00—11:30，下午 13:30—16:00，与国家知识产权局专利局同步，其他业务 17：30 结束。

十四、专利缴费受理机构

国家知识产权局专利局收费处：北京市海淀区蓟门桥西土城路 6 号，邮编：100088，传真：010-62088065，缴费信息当天拨打 010-62356655 进行确认。

开户银行：中信银行北京知春路支行

户名：中华人民共和国国家知识产权局专利局

账号：7111710182600166032

邮局汇付信息

地址：北京市海淀区蓟门桥西土城路 6 号

邮政编码：100088

收款人：国家知识产权局专利局收费处

商户客户号：110000860（可代替地址邮编）

昆明代办处

传真（收费业务咨询、缴费信息确认）：0871-63100573

开户银行：中国工商银行昆明市北京路支行

户名：国家知识产权局专利局昆明代办处

账号：2502014029201011428

（收费时间是法定工作日　上午：9:00—11:30，下午：13:30—16:00）

十五、专利费用减缴

根据《专利收费减缴办法》（财税〔2016〕78号）的规定，自2016年9月1日起，申请人或专利权人请求专利收费减缴的，需通过专利事务服务系统在线填写并提交费减备案信息，经审批合格的，在一个自然年内申请专利或缴纳专利费用的，可依照《专利收费减缴办法》的规定请求减缴相应比例的专利费用，无须逐件提交专利费用减缴证明材料。

《国家知识产权局关于停征和调整部分专利收费的公告》（第272号）中也说明：为进一步减轻社会负担，促进专利创造保护，根据《财政部国家发展改革委关于停征、免征和调整部分行政事业性收费有关政策的通知》（财税〔2018〕37号）精神，国家知识产权局将于2018年8月1日起停征和调整部分专利收费。

云南省关于专利费用减缴的条件、范围、比例和办理方式可以参阅“云南省知识产权局网站”中相关内容，以下对有关内容做进一步说明：

（1）对于符合费减条件的申请人，建议先办理费减备案，再提交专利申请。在提交专利申请文件时，在专利申请请求书中勾选“请求费减且已完成费减资格备案”并填写费减备案证件号，无须提交费用减缴请求书，由系统自动与费减备案信息进行匹配校对，如匹配成功，则可按规定享受相关费用的减缴。

（2）在“专利事务服务系统”中提交费减备案请求后，第二天就可提交专利申请，无须等费减请求备案合格结论。系统默认给予费减，如不合格会补发缴费通知。

（3）申请人或专利权人在申请日后请求费减的，则需提交《费用减缴请求书（申请日后提交适用）》，并填写专利费减备案证件号。申请人或专利权人只能就尚未到期的专利费用得到减缴，并且应当在有关费用缴纳期限届满日的两个半月之前提出费用减缴请求。

（4）自网上备案之日起20个工作日内，应将纸质证明材料面交或邮寄至网上备案时选择的费减备案受理部门。对于未能在规定期限内向指定审核机构提交相关证明材料或经审核机构审核认定审核不合格的，其费减请求不予批准。对于费减备案不合格或逾期失效的，申请人或专利权人可以重新进行备案。

十六、专利优先审查

为了促进产业结构优化升级，推进国家知识产权战略实施和知识产权强国建设，服务创新驱动发展，国家知识产权局于2017年6月27日公布实施了《专利优先审查管理办法》，对满足的专利申请可以办理优先审查。提交优先审查申请的条件、材料和同意优先审查的专利申请的结案时间等内容在《专利优先审查管理办法》和“云南省知识产权局网站”里有详细的叙述。以下是对有关内容的进一步说明与提示。

（1）办理优先审查的专利必须是电子申请，申请人必须是云南省区域内。

（2）发明专利申请应当进入实质审查阶段；实用新型和外观设计专利申请应当已发出受理通知书且已按规定足额缴纳专利申请费。

（3）对专利申请提出优先审查请求，应当经全体申请人同意（专利优先审查请求书应当由全体申请人签章）。

（4）对于提交了同日申请的发明专利办理优先审查，应当需要主动撤回实用新型专利申请，并获得视为撤回通知书。

（5）专利优先审查范围，以下六个方面的专利申请（优先审查理由）可以请求优先审查：

①涉及节能环保、新一代信息技术、生物、高端装备制造、新能源、新材料、

新能源汽车、智能制造等国家重点发展产业。

②涉及各省级和设区的市级人民政府重点鼓励的产业。

③涉及互联网、大数据、云计算等领域且技术或产品更新速度快。

④专利申请人已经做好实施准备或已经开始实施，或有证据证明他人正在实施其发明创造。

⑤就相同主题首次在中国提出专利申请又向其他国家或地区提出申请的该国首次申请。

⑥其他对国家利益或公共利益具有重大意义需要优先审查。

（6）材料包括：

①向云南省知识产权局提交优先审查申请（无固定格式）。

②《专利申请优先审查请求书》，国家（省）知识产权局下载，申请人与签章一致。

③现有技术材料（检索报告、专利对比文献、期刊文献、论文等，专利文献提供专利申请文件首页，其他材料提供关键页复印件，材料单面打印）。

④根据优先审查理由 1 ～ 6 提交证明材料，只选一项，详细说明参考云南省知识产权局网站《专利申请优先审查办理指南》。

（7）由代理机构代理的优先申请，应当是该代理机构代理的专利申请；由申请人提出的优先申请，应当是所有人签章。

（8）国家知识产权局自收到优先审查请求之日起 3 个至 5 个工作日向申请人发出是否同意进行优先审查的审核意见。

（9）优先审查请求是否同意最终以国家知识产权局专利局的审核为准，并发至专利申请时的客户端。

（10）代办处不受理专利复审及无效的优先审查请求，请直接向国家知识产权局专利复审委员会提交。

十七、怎样评价专利的优劣

（一）技术本身的创新程度

技术本身的创新程度指专利的技术方案相对于现有技术的改进程度。例如，在目前都是有线通信的情况下发明了无线通信，即属于开拓性发明，是改进很大的发明。当然目前开拓性发明很少，主要还是改进型发明，改进程度越大越有价值，相对于现有技术改进很小或无改进，则价值很小。

（二）专利涉及技术的市场价值

专利涉及技术的市场价值指专利的技术方案在市场上的运用程度，如考虑前景如何，是未来技术的趋势，还是属于已经很成熟的技术领域，或是即将淘汰的方案。如考虑地域，TD-SCDMA 相对于 WCDMA 的运用地域范围小，市场价值相对而言也小。

（三）专利涉及技术的可规避程度

专利涉及技术的可观规避程度指他人为解决相同的技术问题，是否可以采用其他方案，规避该方案的容易程度。如果是唯一解决方案，不能规避，则价值最大。如果是可选解决方案，但相对于其他现有解决方案具有较大技术优势，就比和其他现有解决方案效果持平的可选方案价值大。技术效果不如其他现有解决方案的可选解决方案相对于上面两种可选方案价值就要小。

（四）侵权证据是否容易获得

侵权证据是否容易获得指如果他人侵权，获得对方侵权证据的难易程度。非常容易获得侵权证据价值最大，通过公开资料等即能获取侵权证据次之，通过反向工程等技术手段能获得的侵权证据再次之，难以取得侵权证据相对而言价值最小。可以打赢专利诉讼官司的专利，就是好专利。

（五）专利权的稳定性

专利权的稳定性指专利是不是存在瑕疵，是不是容易被无效。例如，新颖性、创造性是否没问题，专利是不是能够实现等。

十八、关于计算机软件申请专利

不是所有的计算机软件都可以申请专利，如智力活动规则就不能申请专利，许多计算机软件就属于这一类。软件知识产权常见的是软件著作权。软件著作权自软件创造完成后自动产生，保护其内容不被抄袭。单纯的计算机软件已无法取得专利权。

只有当软件伴随着计算机的硬件变化也发生变化时，两者结合申请发明专利，才可以获得专利权。但是为了解决技术问题，利用技术手段，并可以获得技术效果的涉及计算机程序的发明专利申请属于可给予专利保护的客体。

软件专利则必须在提出专利申请通过审查后才可能获得授权，保护方法是不被盗用。也就是说，软件著作权保护的是软件本身，软件专利保护的是软件的设计思想，软件专利权必须申请才能享有，但软件专利的保护力度更大。软件专利申请同样遵循“先申请原则”，以申请日判定先后，同样的设计思想只给先申请的人授予软件专利权。

按照《专利审查指南》的规定：“凡是为了解决技术问题，利用技术手段，并可以获得技术效果的涉及计算机程序的发明专利申请属于可给予专利保护的客体。”

根据软件专利申请的审查要求，可以获得专利权的软件包括：

（1）工业控制软件，如控制机械设备动作的软件；

（2）改进计算机内部性能的软件，如提高计算机运行速度的软件；

（3）外部技术数据处理的软件，如数码相机图像处理软件。

虽然软件的设计思想被允许申请专利，但对其申请文件的撰写要求较高。申请文件要突出该设计思想的创造性，使其符合专利申请的“三要素”（新颖性、创造性、实用性），还要以技术方案的形式描述软件构思。

第二节 专利代理

一、专利代理的概念

（一）专利代理

专利代理是指委托专业人员将专利申请人的发明创造向国家知识产权局专利局提出申请专利或代为办理申请人的专利事务。当发明创造人不能按照专利局的规定办理专利申请等各种专利事项时，可以委托专利代理机构办理有关事项。

专利代理是一种委托代理，它是指专利代理机构受当事人的委托，委派具有专利代理人资格的在专利局正式授权的专利代理机构中工作的人员，作为委托代理人，在委托权限内，以委托人的名义，按照专利法的规定向专利局办理专利申请或其他专利事务所进行的民事法律行为。专利代理人资格是经特定考核后取得的，任何其他机构和个人无权接受委托，不能从事专利代理工作。专利代理机构可以承办专利咨询、代写专利申请文件、办理专利申请、请求实质审查或复审的有关事务请求撤销专利权，宣告专利权无效等有关事务办理专利权的转让，解决专利申请权、专利权归属纠纷等事务。专利代理工作在整个专利工作体系中是不可缺少的一环。专利代理工作对推动专利制度的建设和发展起着重要的作用[1]。

（二）选择专利代理的原因

由于专利制度的复杂性，办理专利事务是一项复杂而细致的工作，它涉及法律、经济、科学技术及科技文献等多方面的知识，如果申请人不熟悉专利相关的法律规定及怎样申请专利，又不委托专利代理人，就无法有效地维护自己应有的权利，甚至会丧失本应该得到的权利。所以专利代理在专利制度及专利办理中起着重要作用。在申请专利前，要对所申请专利内容的实施前景作出预测，并判断所申请专利能够带来的经济价值，以确定需要申请专利的地区和国家，同时还需要根据所要申请专利的内容准备专利申请文件、技术交底书、专利请求书、权利要求书和说明书。专利申请文件的质量决定专利申请流程的顺畅程度以及所申请专利的保护范围。专利代理人熟悉专利法律、法规及如何申请专利，又受过专门训练，具有丰富的撰写经验，能准确、清楚描述所申请专利的内容，能达到有效维护专利申请人应有的权利的目的。专利申请文件撰写得好，可以减少修改、补正的次数，即一次合格率高。否则，会延长专利审批时间，并且浪费人力、财力，甚至使本来可以获得批准的专利不能被批准。委托专利代理能及时获取专利审查意见，配合申请人作出有效处理；能准确把握专利申请流程，提醒并帮助申请人处理相关流程事务，以缩短整体申请时间，尽早取得授权获得保护。由于专利申请的复杂性，委托专利代理可以为专利申请人节省人力、财力。同时，在取得专利权以后，在专利无效、专利维权诉讼中，也可为委托人提供有效建议。

（三）专利代理的优点

1. 代理机构的优点

专利申请文件的撰写不同于技术性文章或论文，文件的填写要规范，尤其是权利要求书和说明书是发明和实用新型专利申请文件中最重要的两个部分，它们的撰写是一项法律性、技术性很强的工作，其撰写质量直接影响发明创造能否获得专利授权及专利申请在专利局的审批速度，权利要求书的撰写质量还将决定专利权保护范围的大小。所以这些文件的撰写还是交给经验比较丰富的专利代理人比较好。专利代理机构需要掌握相关法律法规，专利代理机构是从事知识产权保护的专业性机构，其从业人员一般都受过知识产权法律法规的专门培训，掌握相关法律知识，能掌握各种申报材料的填报要求，起到初审作用，能正确解答有关知识产权方面的法律咨询。专利代理机构的成功率高，专利从申请到授权需要一系列的程序。例如，申请发明专利会经过形式审查、公开、实质审查、下发审查意见等阶段，一般个人或企业大多不知道其中规定，没有精力一直监控申请的流程，导致专利视为被撤回。如果中途审查不通过，需要对审查意见进行答复，如果答复不及时，专利就会失效。另外，专利授权后，会下发《专利授权通知书》及《办理登记印刷通知书》，申请人除了得知专利授权，这需要交费办证。如果错过了，辛辛苦苦申请的专利就会失效。专利代理人对专利申办流程比较熟悉，授权成功率高，可有效避免驳回、补正、重新申报等情况。专利申请的一个核心原则是：以公开换保护，也就是说所有的申请文件最终会呈现到公众面前，任何人都可以查阅到。所以申请材料的撰写是一项极富技术性的工作，什么可以写，什么不能写，写多写少，都需要把握好尺度。有经验的代理人在撰写申请材料的时候，除了会模糊化处理一些核心数据、步骤之外，还会采用不同方式保护企业的专利，尽可能扩大专利要求的保护范围，让申请人的利益最大化。专利代理人掌握专业知识，经验丰富，办事效率比较高，节省了时间成本，节省了反复申办的费用，避免了成本的浪费。专利代理人凭借自己专业的知识对于遇到的问题及时沟通、进行解决，及时提醒申请人专利年费缴纳，避免忘记缴纳专利保护费而导致的专利权丧失。

2. 提高了专利审查机关的工作效率

专利审查机关受理申请、审批、颁布专利等的工作效率，除了与工作人员的业务素质等有关外，还与专利申请人提供的申请文件的质量有关。因为，一件申请文件不合要求，就要修改、补正，就会给审查工作带来困难，拖延审批时间，有的还会给以后发生专利纠纷留下隐患，所以，专利代理人出色、有效的工作，是专利审查机关提高工作效率的重要因素之一。

3. 向外国申请专利必须通过专利代理

《专利法》第二十条规定：任何单位或个人将在中国完成的发明或实用新型向外国申请专利的，应当事先报经国务院专利行政部门进行保密审查。保密审查的程序、期限等按照国务院的规定执行。中国单位或个人可以根据中华人民共和国参加的有关国际条约提出专利国际申请。申请人提出专利国际申请的，应当遵守《专利法》第二十条规定。

二、专利代理的种类[2]

（一）按专利种类划分

专利分为发明专利、实用新型专利和外观设计专利三种，与之对应的专利代理有三种：发明专利代理、实用新型专利代理以及外观设计专利代理。发明专利代理主要是对产品的结构、组成、配方、比例和产品的生产工艺及产品制造方法进行专利的代理申请。实用新型专利代理是对产品的形状、构造或其结合所提出的适用于实用的新的技术方案进行专利的代理申请。外观设计，顾名思义是对产品的外观，包括形状、图案、色彩或其结合所作出的富有美感并适于工业上应用的新设计进行的专利代理申请。

（二）按代理机构分类划分

我国专利代理机构分为三类，是国防专利代理机构、普通代理机构和涉外代理机构。国防代理的业务主要是从事对涉及国防利益和对国防建设具有潜在作用并需要保密的发明专利的申请代理。例如，我国的核工业专利中心，其主要业务就是进行国防专利申请的代理。普通代理是为我国自然人、法人，从事国内专利事务的委托代理（也包括为台湾自然人在大陆申请专利等有关专利事务进行的委托代理）。涉外代理是为国外企事业或个人和台湾企事业单位和其他组织来中国大陆进行专利申请及办理专利相关事务，以及国内的企事业单位或个人到国外申请专利及办理专利相关事务进行的委托代理。

（三）按行业划分

根据行业领域的不同，可以将专利代理划分为不同的种类，例如，信息技术专利代理、生物技术专利代理、航空国防专利代理、汽车制造专利代理等。

（四）按专利发明人性质划分

按专利发明人的性质可以将专利代理划分为院校专利代理、科研单位专利代理、企业专利代理和机关专利代理。换言之，为大专院校代理专利事务的属于院校专利代理，为科研单位代理专利事务的属于科研单位专利代理，为工矿企业代理专利事务的属于企业专利代理，为机关团体代理专利事务的属于机关专利代理。目前，我国企业专利代理量是最大的。

（五）按专利申请途径划分

按专利申请途径划分分为PCT代理和非PCT代理。PCT（即《专利合作协定》）是专利领域的一项国际合作条约，是对《巴黎公约》的补充，其目的是为了简化专利申请人在几个国家同时申请发明专利保护。在引进体系前，在几个国家都保护发明的方法是向这几个国家的每一个国家都单独提交申请，每个国家都要对申请进行单独处理，因此申请过程重复性很大，影响专利保护的时效性和专利发明人的经济效益。而引进体系以后，成员国的发明人只需提交一次国际申请，其授权结果在成员国中都有效，不需要逐个单独申请。按照PCT代理途径申请的代理为PCT代理。

三、专利代理的三个层次

（一）文案层次

文案层次即拿到技术方案，按照专利法、专利审查指南的要求，修改成“表面”符合要求的申请文件。这个层面的工作，相当于把一个技术文件，从形式上改为专利“法律”文件。其核心就是做形式上的审查和修改，对于技术方案不会做过多的探究。至于能否授权、能否保护发明人的成果，这些都要等审查员给出审查意见后，才会去应对。

（二）证书层次

对技术方案进行简单的检索，并根据检索结果，对专利文件进行修改，其目的是提高授权概率。这个层次的工作，相当于把审查员的审查工作前置，使发明人能够在专利申请之初就能发现和避免一些问题，而不至于一直耽误到收到审查意见通知书，才发现有问题或不能授权。这个时候的修改“答复”，往往已经错过了最佳的修改时机；最糟糕的是，在该方案提交后，也就在这段等待的时间内，本来可以通过该申请“占位”的权利，就在“审查过程中”，被别人给抢占。这里的“可以通过该申请占位的权利”是指，技术方案中其实是有的，但权利要求中没有，或权利要求撰写用词不当或出现偏差，而实际上没能达到保护效果。

（三）价值层次

在价值层面，考虑的是如何发挥及进一步提升本申请的价值。其考虑的因素包括：技术维度、法律维度、市场维度、战略维度、经济维度等。技术维度：主要考虑技术的先进性、独立性、不可替代性、应用前景和广度等；法律维度：主要考虑权利的稳定性、维权的可执行性；市场维度：主要考虑市场情况、竞争对手情况、产业政策等；战略价值：主要考虑在占领市场、维护市场份额的对抗策略等；经济价值：主要考虑专利运营方面的一些配合策略等。

四、专利代理机构

专利代理机构是指接受委托人的委托，在委托权限范围内，办理专利申请或办理其他专利事务的服务机构。该类代理机构是按照《专利代理审批事项服务指南》的规定，经相关部门审核后，经国家知识产权局批准设立的，通常称之为注册专利代理机构，他们可提供专利申请、复审、无效、专利诉讼等中介服务，是我国专利制度有效运转的重要支撑。在专利代理机构工作的专利代理人是既懂专利技术、又懂专利法及有关规定的专门人才。所以，到专利代理机构委托专利代理人办理专利申请及其他相关专利事务，不仅可以避免不应有的损失，而且可以提高专利申请的质量，加快审批速度，提高审批通过率。从专利代理行业的发展与需求来看，专利代理机构主要存在以下问题。

一是不能满足高端市场和行业做大做强的需要。近年来，我国的专利代理行业取得了长足发展，一些专利代理机构逐步形成了运行流畅、规范有序的管理模式和工作机制，涌现出一批专业特长突出、服务周到、信誉较好、实力较强、效益显著、具备一定规模的专利代理机构。但是与律师、注册会计师等中介服务行业发展相比，我国的专利代理机构整体上仍处于初级发展阶段。绝大多数专利代理机构的成立时间较短，总体上专利代理机构的数量少、规模小，专利代理服务的专业水平参差不齐，低价恶性竞争的现象比较普遍，这一行业整体上仍处于积累经营实力、扩展市场份额的阶段。因此，2017 年，国家知识产权局深入贯彻落实习近平新时代中国特色社会主义思想和党的十九大精神，加大专利代理领域“放管服”改革力度，加强事中事后监管，提升专利代理服务质量，促进专利代理行业健康发展。截至 2017 年年底，专利代理机构达到 1824 家。

二是对大众普遍服务的现实需求供应不足，即对于偏远地区和中小企业的服务有限。目前，我国专利代理行业在分布上呈现出向东部集聚的态势，西部欠发达地区经济相对落后，专业代理行业发展比较薄弱，专利代理机构数量较少，专利代理人存在人数不多、年龄结构偏大、知识结构老化、管理经验不足等问题，极不适应西部地区专利事业的发展。这些地区的专利代理人十分缺乏，但是近年来这些地区专利申请量急剧上升，现有专利代理机构的专利代理服务和专利代理能力不能适应专利申请量增长、市场主体运用专利参与市场竞争的需求。

三是大多数专利代理机构缺乏规范化、体系化、科学化的内部管理制度。专利代理机构是督促专利代理人独立、客观、公正地执业的重要保障，其自身的内部管理是否严谨规范，决定着机构能否实现长期的平等竞争、快速发展。从行业现状来看，部分代理机构的内部管理比较混乱，既缺乏详尽的业务流程管理机制、良好的工作激励机制和明确的责任追究机制，也没有积极稳健的发展理念和前瞻开拓的长远规划，甚至中西部地区的一些机构还是家庭作坊式经营，处于随意管理、粗放发展的状态。但是随着我国企业专利意识的提高及国际专利业务和专利纠纷案的增加，专利代理人的能力水平和服务质量与市场主体的客观需求相比尚有较大差距，缺乏能为我国企业参与国外市场竞争提供综合性、深层次和高质量专业服务的专利代理机构。对于那些不断发展壮大、逐渐参与国际竞争的专利代理机构而言，为数众多的出资人之间可能无法保持传统的人和企业要求的相互熟悉、认同、信赖的关系，为了进一步做大做强必须完善自身的内部治理。因此在支持我国专利代理机构做大做强的战略中，政策引导、法规支持必不可少，所以，需要从明确机构内部各岗位的职责、完善流程管理的制度规范、建立不同岗位之间的监督约束机制等方面加强专利代理机构的企业治理。

五、专利代理的行业现状

中国专利代理行业伴随着中国专利制度的建立而诞生，《专利法》自1985年4月1日开始施行以来，中国专利代理行业经过了30多年的产生、发展、改革和壮大。

当下社会已经进入以现代科学技术为核心的知识经济时代，如何最大限度地利用先进知识进行技术创新进而推动经济社会发展已经成为各国的共识。专利代理行业是协助企业进行技术创新、促进创新成果向专利转化、维护创新主体知识产权和实施知识产权战略的重要支撑，专利代理服务的水平和质量对提高国家的自主创新能力具有重要影响。随着专利事业的蓬勃发展，我国的专利代理行业发展迅速，逐步建立起了“自愿组合、自主经营、自我发展、自我约束”的发展机制，有效地促进了我国知识产权制度的实施。

专利代理行业呈现出规模逐渐壮大、服务能力不断提升、服务范围不断拓展、运行体系更趋健全的良好发展态势。因此，专利申请数量可以折射出我国专利代理行业的发展状况，专利的申请数量越多，我国专利代理机构的业务数量就越多，我国专利代理事业就越发达。

（一）专利代理机构的数量

如图3-1所示，专利代理行业规模持续扩大，截至2017年年底，我国专利代理机构共有1824家。2008—2012年，全国专利代理机构以平均每年50家左右的数量平缓增长。从2013年开始，全国专利代理机构数量突破1000家，开始呈现大幅增长趋势，之后的几年，每年新增专利代理机构均在100家。2017年，专利代理机构数量增长最为迅速，较2016年增加313家，增长率20.71%。截至2017年年底，全国专利代理机构总量达到1824家，与2008年相比增加了159.09%。

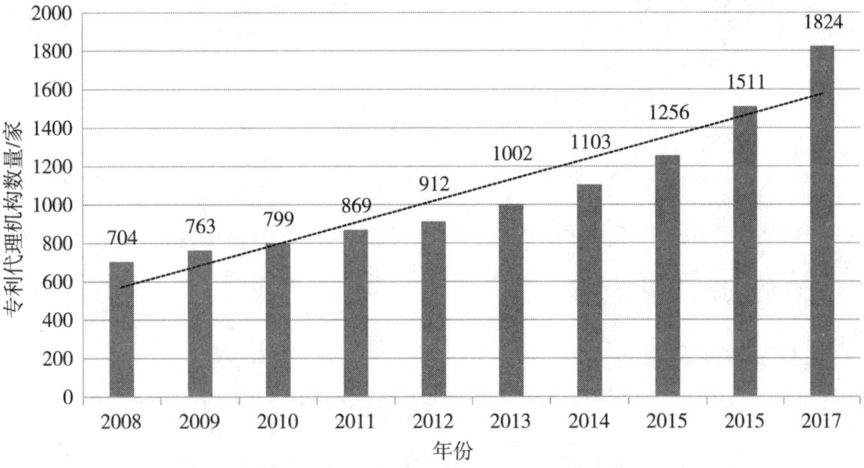

图3-1 2008—2017年我国专利代理机构数量趋势图

注：数据来源于国家知识产权局

（二）专利代理人的数量

如图3-2所示，近10年来我国执业专利代理人数量整体呈现逐年增长的趋势。2008年，我国执业专利代理人为5742人，此后平均以8%左右的速度增长。到2011年，执业人数增长速度加快，提高至11%左右。2014年执业专利代理人数量超过1万人，之后以每年新增2000人左右的趋势上涨。2017年，执业专利代理人达到1.6367万人，新增1492人，增长率为10%。执业专利代理人队伍呈持续快速增长趋势，体现了我国专利代理行业人员规模持续扩大的良好势头。取得专利代理人资格证书的人数也呈现逐年增长的态势。2009年，取得专利代理人资格证书的人数首次超过1万人。从2013年开始，其平均增速从13%提升至20%左右，到2017年，总计3.72万人获得了专利代理人资格证书。

图 3-2　2008—2017 年专利代理人数量趋势图

注：数据来源于国家知识产权局

（三）专利代理现存问题

1. 主体资质有待厘清

按照我国现行法律和行业规定，专利代理机构从事专利代理服务必须要获得国家专利行政主管部门的批准，专利代理人也必须要具有特定的资质，即必须是通过特定考核后依法取得专利代理人资格和执业凭证的自然人。专利代理事务除依法获得专利代理资质的机构和人员能够从事外，任何其他机构和个人均无权接受他人委托从事专利代理事务。从行为主体上对专利代理进行限制，不仅有利于发明创造者的智慧成果准确、及时、便捷、高效地获得预期效果，切实为委托人谋取利益，也有利于专利审查和提高专利审查机关的工作效率。由于我国在专利代理人资质上并没有专利代理人和专利律师之分，在办理具体专利事务过程中，委托人对专利代理主体的资质往往并不清楚，更不了解专利代理与其他诉讼代理的本质区别，以至于在签订委托代理合同时，由于委托人缺乏专利代理相关知识和经验，有的委托事项可能并非委托人的真实意思表示，会出现委托代理人无权代理或越权代理专利服务等情形。

2. 代理服务能力亟待提升

从我国现实来看，目前大部分专利代理机构的主要业务是从事专利申请代理，即大多数专利代理人主要集中于权利取得层面的常规代理事项。少数机构的专利代理人具有专利复审、专利权无效宣告、专利纠纷等业务的代理能力。而具有从事专利运营、专利咨询服务、专利信息服务能力的机构和代理人极少。这严重影响到专利代理业务范围和专利代理质量，制约了我国专利服务行业的良性发展，无法满足我国加快知识产权强国和创新型国家建设的现实需求，也无法实现我国专利代理行业发展中长期规划所要求的专利代理行业朝着规范化、规模化、专业化、国际化方向发展的目标。

（四）完善专利代理的建议[1]

1. 制定和实施专利代理服务标准

专利代理服务标准是专利代理机构和专利代理人及其工作人员在专利代理服务活动中所遵循的规则、准则的总称，是社会认可和人们普遍接受的具有一般约束力的行为规范。专利代理服务行为标准的内涵在于通过保障行为规范的实施以实现专利代理机构的基本职能、专利代理人的职业道德、专利代理服务规定流程，确保专利服务质量和委托人满意及专利代理行业自律。这一目标的实现主要通过以下几方面的工作：一是要对专利代理服务流程制订通用规则，如专利代理机构应依法遵守服务、遵守相关基本职业要求、提供专利代理机构信息和代理人信息、鉴定委托合同等。这些基本要求贯穿于专利代理服务整个过程，专利代理机构和代理人必须遵守。二是要根据专利代理服务内容的不同，分别制订不同流程的服务标准，如专利申请流程、专利复审流程、专利无效宣告流程、专利纠纷服务流程、专利运用服务流程、专利咨询服务流程、专利信息服务流程及其他专利事务流程等，国家立法已有规定的，应按照相关规定执行，如专利电子申请流程。三是要制定专利代理服务变更或终止流程的具体行为标准，即从动态视角使专利代理机构和专利代理人提供专利代理服务的全程都有标准可循。

2. 加强专利代理队伍建设

加强专利代理队伍建设是专利代理服务及其他各项工作的前提和基础。无论是专利代理人数量不足，还是专业服务能力不够，都属于队伍建设的问题。因此，必须大力推进专利代理队伍正规化、专业化、职业化建设。为实现这一目标，一是要从思想上强化专利代理人的职业责任感，切实提高专利代理在知识产权创造、运用、保护、管理和服务过程中的地位与作用，在专利代理人培养模式、培养流程、培养机制等方面全方位打造适应我国知识产权强国需求的专利代理机构和专利代理人团队。二是要持续推进专利代理队伍专业化建设，努力提高代理服务能力服务质量。网络技术和高科技的飞速发展、我国专利代理行业规模的不断壮大、专利代理兼备法律和技术双重属性的专业环境，必然带来专利代理队伍专业化的不足。三是专利代理管理机构和行业管理部门应当加强专利代理机构和机构人员分类管理，创新专利代理团队培养机制，努力使专利代理人和其他专利服务人员具有良好的职业素养、丰富的专利代理知识、较高的专业水平和高尚的职业操守。

参考文献

[1] 国家知识产权局 . 专利审查指南 [M]. 北京 : 知识产权出版社 ,2009:91,92.

[2] 国家知识产权局 . 关于修改《专利审查指南》的决定 (2017)(第 74 号)[EB/OL].(2018-05-26) http://www.kjzxfw.com/i/_O1DUIj0M.html[2018-09-27].

第四章　专利管理

企业专利管理，是企业专利管理机构与专利管理人员，在企业相关部门的配合和支持下，为在企业贯彻国家专利制度、促进企业技术进步和创新、促进企业提高经济效益而对专利事务进行的战略策划、规划、监督、保护、组织、协调等活动的总称。企业专利管理是一种市场行为，是企业管理现代化的重要标志。本章从企业初级管理和企业知识产权管理贯标两方面介绍企业专利管理工作。

第一节　初级管理

一、专利管理部门组织架构

企业专利管理工作通常隶属于知识产权管理部门。企业知识产权管理机构的设置，须与企业产业特点及公司规模相协调。根据知识产权管理部门在企业组织架构图上的位置，通常分为集中型、分散型、综合型三种[1]。

（1）集中型：企业设立单一专门的知识产权管理部门，统筹管理所有的知识产权相关业务，直属于决策层。该模式将知识产权管理部门定位于总裁或总经理之下，与法务等部门平级设置，通常适用于知识产权数量庞大、管理复杂的大型产业多元化集团企业或跨国公司。其特点是可以直接参与公司高层决策，对高层发挥较大作用。不足之处在于不能及时掌握研发部门的信息，以及与其他部门保持良好沟通的成本较高。一般而言，当企业面临的外部竞争者的知识产权压力越大，或需要有效对外部竞争者施加知识产权压力时，越会趋向于集中型的管理模式。此外，知识产权部门也可作为法务部的一部分，知识产权管理人员与法务人员同属于法务部门或兼任法务人员。

（2）分散型：指企业各个研发或生产部门各自设立知识产权管理部门，各自独立运作，互不干涉，通常隶属于技术研发部门。这种将知识产权部定位于产品技术研发部门之下的模式优点在于更易聚焦于该研发事业部门本身的技术领域及产品特性，清楚了解技术创新和产品开发的重点，量身订制相关的知识产权策略与布局，做到决策和开发同步进行。并且专利人员通常为该研发部门的技术人员，同时精通专利知识与技术，能有效地发掘部门的技术创新点，准确地描述或撰写技术交底书，对部门专利质量与方向把握较好，利于专利分析与布局可节约开发成本，避免沟通成本高及不必要的侵权风险。但由于知识产权管理部门编制位于研发部门之下，位阶较低，具有无法直接参与企业决策、无法了解企业整体目标，难以对企业进行整体知识产权管理的缺点。该模式适用于企业发展初期或各个产品差异性很大的企业。

（3）综合型：介于集中型与分散型之间的架构模式，既有中央知识产权管理部门，又有各地区、各分公司的知识产权管理部门。分工上，凡属于“促进创新”及“掌握知识产权”为目标的业务活动，由各分工上的知识产权管理部门负责执行，如专利分析、专利布局、专利提案等；以创造价值为目标的业务活动则由中央知识产权管理部门来担当，如整体目标制定、专利运营等。

很多跨国企业因地域因素大部分采取综合型管理架构。若企业以专利许可、技术服务、产品研发为主，知识产权等无形资产占总资产比例较高，则偏向主从架构，分公司知识产权部门可视为中央知识产权管理部门派驻研发部门的服务人员或单位，其预算编制及考核均由中央知识产权部门负责。若企业以有形资产为主、知识产权为辅，则往往采取伙伴关系，中央知识产权管理部门则扮演统筹协调的角色。

二、专利管理目标

企业专利管理部门的目标可概括为增强自主创新能力、加强知识产权保护、规范知识产权管理、促进知识产权运用。根据企业经营目标不同而侧重点不同。专利管理部门目标与职能应根据所处阶段并结合企业经营目标来制定。

专利管理初级阶段：专利申请以“冲量”为主，迅速积累大量专利为企业提供竞争筹码。该过程因申请专利数量较多，无法辨别专利是否符合专利布局需要及是否能创造价值，很多专利属于低价值或无价值专利。这是任何企业开展知识产权竞争不可避免的必经阶段，关键在于企业能否尽快提升专利质量、缩短学习时间。对于有些产业而言，冲量策略是企业不得不行使的手段，如半导体或电子行业等属于专利丛林形态的产业，其专利有很强的互补性，必须获得一定量的专利筹码才能实现交叉许可并取得参与竞争的“门票”。此外，管理人员应充分运用已获权的专利申请各种政策和资金支持，如高新技术企业认定、国家及省市知识产权示范、优势企业等。

专利管理中级阶段：当专利数量越来越多却与所创造的价值不符时，企业将开始思考转型，从“冲量”向“质量并重”转变。这个阶段注重专利质量把控，引入专利导航和专利布局，形成专利群，期望产出能为企业带来更大价值的专利。

专利管理高级阶段：该阶段引入专利运营概念，实现专利产业化、专利许可、转让、质押融资等目标，实实在在为企业带来经济效益。同时企业也要注重专利维权，善于利用无效、交叉许可等法律武器提升竞争力。所以“质优于量”是该阶段重点工作目标。

三、专利管理职能

专利管理职能主要包括以下几方面。

（一）专利制度建设

企业在设计专利管理制度时应以“促进创新”为首要考虑的因素，通常包括专利管理办法、专利奖励办法、专利保密规定等。

专利管理办法应以专利法及实施细则为依据，结合企业实际情况，确定管理目标、机构设置、工作职能、实施流程、经费来源、监督责任等。专利奖励办法应根据《专利法》第十六条、第十七条第一款、《专利法实施细则》第七十七条、第七十八条中规定的发明人获得奖励的方式、时限、最低金额等要求来制定，明确奖励范围、奖励形式、奖励标准、申请流程等。专利奖励办法制定过程中，应充分考虑到专利获得授权、带来效益存在的不确定性和延迟性问题。所以奖励的方式可根据不同阶段采用不同的奖励措施。除经济奖励，企业还可通过建立专利墙、广播宣传、年终表扬等形式给予发明人荣誉奖励。

此外，专利管理部门应与人力资源部门、法规部门共同制定保密条款、竞业禁止条款。在与国内外单位或个人进行委托研究、委托开发或合作研究、合作开发时，签订的书面合同中必须有关于知识产权保护的条款。

（二）专利信息管理

专利信息是指以专利文献作为主要内容或以专利文献为依据，经分解、加工、标引、统计、分析、整合和转化等信息化手段处理，并通过各种信息化方式传播而形成的与专利有关的各种信息的总称。专利文献是指包括专利公报、专利申请文件、专利说明书、专利索引、专利分类表、专利文摘等在内的有关专利的资料，是集技术、经济、法律于一体的信息资源。专利文献除了具有数量巨大、内容广泛等特点外，还具有新颖性、可靠性、详尽性和规范性。灵活运用专利文献进行专利分析可减少 90% 的研发时间，降低 65% 的研发风险 [2]。

专利管理人员应掌握专利信息检索及分析方法，充分利用专利文献整理、分析行业及竞争对手的技术要点，关注相关政策变化，为企业经营决策提供政策与数据支持；及时归档企业专利文件，更新专利信息，配合研发人员做好申请前的专利检索工作。

（三）专利申请与维持

配合研发人员发掘专利、撰写申请文件、答复审查意见，提出专利复审或无效，缴纳年费等。

（四）专利维权

专利管理人员发现企业被侵权后，应向侵权人寄发侵权警告函，并与企业法务或代理机构律师沟通，寻求可行的对策；对于他人的侵权指控，应考虑无效、协商、交叉许可等方式积极应对，确保企业利益。

（五）专利运营

所谓专利运营，指以实现知识产权经济价值为直接目的，促进知识产权流通和利用的商业活动行为。具体模式包括知识产权的许可、转化、融资、产业化、作价入股、专利池集成运作、专利标准化等。企业可根据自身实际制定不同的运营方案，发展初期可以专利申请、专利布局为主；产品进入市场后可考虑专利融资、作价入股；当企业发展到产业阶段，应当积极考虑构建专利池、参与技术标准、许可转让谈判等。

（六）专利政策收集与项目申请

专利管理部门还应肩负收集整理国家和所在省市专利政策、申报相关国家项目课题的任务，积极为企业争取政府资金支持。

（七）教育培训

定期开展企业内部知识产权基础知识培训、维权意识普及培训、研发人员专利检索与专利撰写培训等，提高企业管理者及员工对知识产权工作重要性的认识。

（八）知识产权管理贯标

《企业知识产权管理规范》是针对企业的知识产权管理各项活动预先设定基本流程和控制要点的标准文本，是企业开展知识产权管理贯标工作的主要依据。企业可根据自身实际开展该工作，配合认证机构实现贯标认证并获得证书。

四、专利文件管理

（一）专利申请文件质量管控

专利申请文件是表述专利申请人向国家机构请求独占性权力保护范围的法律文件，是整个专利审查的基础。它客观上决定了该专利申请要求保护的类型、保护范围大小和具体保护内容，也决定了该专利申请能否最后获得授权。同时，专利权的稳定性、是否存在侵权或被侵权风险等都由申请文件直接决定。

专利申请文件包括请求书、权利要求书、说明书、附图、说明书摘要等。申请文件中常见错误有以下几种[3]。

1. 权利要求书错误或缺陷

权利要求的主题名称不准确，含有模糊性词语或非技术性词语；权利要求中非标准技术术语未定义而使用；独立权利或从属权利中存在非必要技术特征；从属权利要求缺乏引用基础或引用关系不合理导致保护范围过窄；从属权利要求的保护范围超出了其直接或间接引用的权力要求的保护范围；权利要求中上位概念概括不合理且没有得到说明书中实施例的支持；权利要求记载的技术特征过多，没有全部反映或记载在说明书中等。

实用新型专利的权利要求中仅列出产品的各部分名称，但未限定各部件间的连接关系、相互作用关系或信号传送关系等；权利要求缺乏单一性，即各权利要求间不存在相同或相应的特定技术特征；方法的技术特征与结构的技术特征未分开，造成同一个独立权利要求中既包含结构特征也包含方法特征，导致类型混淆不清。

2. 说明书的错误或缺陷

说明书名称与请求书、权力要求的主题名称和类型不一致；说明书中出现人名、地名、商标或型号；非化学领域说明书名称超过25个字；技术领域定义不准确，范围过于宽泛或狭窄；背景技术对现有技术描述不客观或没有关联性；背景技术中包含本发明创造无法解决的问题；对发明创造产生的有益效果夸大其词或使用广告宣传语；有附图的情况下，未给出附图说明，或附图说明与附图不对应。

实施例未充分体现本发明创造的发明点；实施例中采用上位概念或数值采用阈值；实施例数量不足以覆盖权利要求中出现的端点值，且中间值数量较少；数值未标单位。

3. 说明书摘要错误

说明书摘要中未写发明名称和所属技术领域；摘要中缺少技术方案要点；摘要中使用宣传性词语；字数超过 300 字；说明书中有附图，摘要中没有或不能说明发明技术方案主要技术特征。

4. 说明书附图错误

附图尺寸及布置方式不符合审查指南要求；两幅以上附图的编号错误；说明书文字部分未提及的附图标记在附图中出现，或附图中未出现的附图标记在说明书文字部分中提及；附图标记编号不统一；流程图、框图作为附图时使用附图标记来代替必要的文字说明；附图不清晰或直接采用照片作为附图（金相结构、组织细胞或电泳图谱除外）；实用新型专利未附图。

高质量的申请文件应具备以下特征：①主题准确，新颖性、创新性突出；②权利要求书及说明书描述清楚、语言准确；③权利要求书及说明书公开充分的程度与专利寻求保护的范围和内容相匹配；④独立权利要求与从属权力要求间层次分明，数量合理，保护范围恰当，无非必要特征；⑤背景技术引用恰当；⑥实施例及附图能充分支持权力要求。

为此，笔者所在企业根据自身情况并参考其他公司的管理方式制定了专利申请文件质量评估表（表 4–1），即可作为专利申请前的检查对照表，也可用于评估代理机构服务质量。

表 4–1 专利申请文件质量评估表

序号	评价内容	质量评估结果
1	代理人或撰写人是否充分理解技术交底书中的技术方案	
2	根据技术员提供的对比文件或代理人或撰写人初检结果，权利要求是否有足够的新颖性	

续表

序号	评价内容	质量评估结果
3	根据企业提供的对比文件或代理人初检结果，权利要求是否有足够的创造性	
4	权利要求 1 中是否写入非必要技术特征	
5	权利要求 1 中是否对技术有过窄的限定	
6	权利要求 1 开放式或封闭式，是否适合本技术方案	
7	对于技术交底书中提供的所有技术方案，是否有足够的从属权利要求进行保护	
8	权利要求是否有从大到小的保护梯度	
9	权利要求中是否避免上下位概念是并列关系	
10	权利要求中是否存在模糊性描述	
11	权利要求的布局是否考虑到总工艺或上下游工艺	
12	权利要求是否需要方案	
13	对非标准技术术语是否先定义后使用	
14	技术领域是否分类正确	
15	背景技术是否详细，最接近的现有技术是否选择正确	
16	说明书是否包括以下内容：存在问题、解决方案、实施效果	
17	实施例的实施效果是否能充分体现本专利的发明点	
18	实施例是否为具体点值，而不是数值范围和上位概念	
19	实施例的数量是否足以覆盖权利要求中出现的两端点值和尽量多的中间值	
20	如有百分比数值，是否有说明为质量、摩尔和体积	
21	如有数值，是否标有单位	
22	如有百分比数值，是否验证过单组分的含量上限 + 其余各组分的含量下限 ≤ 100%，且单组分的含量下限 + 其余各组分的含量上限 ≥ 100%	
23	对比例与实施例相比，是否严格控制发明点为单一变量	
24	说明书中是否涉及附图且描述清楚	
25	附图中是否标号欠缺，或未在说明书中提及	
26	是否有引导技术员做进一步的技术启发和专利挖掘	

（二）专利文件档案管理

专利文件档案中可以包括专利申请审批表（表 4–2）、专利申请文件、授权通知书、办理登记通知书、专利证书、专利费用缴纳记录（表 4–3）、检索报告等。

表 4-2 专利申请审批表

<table>
<tr><td>发明创造名称</td><td colspan="5"></td></tr>
<tr><td>发明人</td><td colspan="5"></td></tr>
<tr><td>第一发明人</td><td colspan="2">姓名：</td><td colspan="3">身份证号码：</td></tr>
<tr><td>申请种类</td><td>□发明 □实用新型
□外观设计</td><td>联系人</td><td></td><td>联系电话</td><td></td></tr>
<tr><td>发明人
所在部门</td><td></td><td>共同申请外单位名称</td><td colspan="3"></td></tr>
<tr><td colspan="6">发明内容及新颖性、创造性、实用性简述：</td></tr>
<tr><td colspan="3">部门意见：

年 月 日</td><td colspan="3">共同申请单位意见：

年 月 日</td></tr>
<tr><td colspan="6">归口管理部门意见：

年 月 日</td></tr>
</table>

表 4-3 专利费用缴纳记录表

序号	申请号	专利名称	申请日期	缴费时间	金额	费用种类	备注
1							
2							
……							

每个专利均应单独建立档案，并在计算机中归类留底。当对外提交文件时，管理员应制作复印件，并在文件的右上角标注提交日期和相关编号，便于日后查找核对。专利缴费完成后，应将收据复印件、汇款申请、审批流程单等一并放入档案中，并填写年费缴纳记录及是否存在滞纳金等。如该专利获得政府部门资助，也应将相应资料一起保存，尤其是专利较多的企业，可节省大量统计时间。

五、专利事务管理

专利管理过程中常涉及费用缴纳、答复、复审、无效等内容，企业可根据自身情况自己管理或委托代理机构代管。无论采用何种方式，企业专利管理人员均应熟悉各类事务的具体要求，避免因遗漏导致专利申请权或专利权丧失。

工作中常遇到各种期限问题，如答复期限出错，致使因申请文件存在缺陷未被修改而视为放弃；缴费期限出错，造成该缴纳的费用未缴，产生滞纳金或需要恢复权利，更甚者被视为撤回或终止；申请被驳回后启动救济的期限出错，使本可通过复审获得授权的专利得不到救济而被驳回。此外，缴费种类及金额也易发生漏缴或错缴，以及缴费时未写明费用种类及专利名称或实际缴费金额与应缴纳费用不符等问题。

表 4-4　专利有关期限[3]

序号	有关期限的详细内容	延误期限的直接后果	延误期限的间接后果	能否回复权力	相关法律条款
1	缴纳申请费、公布印刷费和必要的申请附加费：自申请日期 2 个月内或在收到受理通知书之日起 15 日内	申请视为撤回		能	《专利法实施细则》第九十五条
2	优先权：发明和实用新型自第一次申请起 12 个月内；外观设计 6 个月内	不能要求优先权		不能	《专利法》第二十九条
3	提出优先权要求的时间：申请的同时在请求书中声明	视为未要求优先权	不能享受优先权	不能	《专利法》第三十条
4	优先权要求费：自申请之日起 2 个月内与申请费同时缴纳	视为未要求优先权	不能享受优先权	能	《专利法实施细则》第九十五条

续表

序号	有关期限的详细内容	延误期限的直接后果	延误期限的间接后果	能否回复权力	相关法律条款
5	要求优先权提交第一次申请文件副本：自申请日起3个月内	视为未要求优先权	不能享受优先权	能	《专利法》第三十条
6	优先权转让证明：应当在申请提出时同时提交，或自申请日起3个月内补交	视为未要求优先权	不能享受优先权	能	《专利审查指南2010》第一部分第1章6.2.2.4节
7	不丧失新颖性的宽限期：申请日（优先权日）前6个月内	不能享受宽限期		不能	《专利法》第二十四条
8	提出宽限期要求的时间：提交申请文件的同时，在请求书中书面声明	视为未要求	不能享受宽限期	不能	《专利法实施细则》第三十条
9	要求不丧失新颖性的宽限期：提交证明材料，自申请日起2个月内	视为未要求不丧失新颖性	不能享受宽限期	能	《专利法实施细则》第三十条
10	著录项目变更手续费：提出请求之日1个月内缴纳	视为未提出要求			《专利法实施细则》第九十九条第三款
11	提交分案申请：母案授权之前，母案在收到授权通知书后办理登记的期限内（2个月）	不能分案		不能	《专利法实施细则》第四十二条
12	分案申请的各种法定期限已届满的，可以自分案申请递交日起2个月内或自收到受理通知书之日起15日内补办	分案申请视为撤回		能	《专利审查指南2010》第一部分第1章5.1.2节
13	微生物保藏的保藏日：申请日（优先权日），最迟至申请日	视为未提交保藏		不能	《专利法实施细则》第二十四条
14	提供保藏（和存活）证明：在申请时最迟自申请日起4个月内	视为未提交保藏		不能	《专利法实施细则》第二十四条
15	微生物在保藏过程中死亡的，能提交证明的，可以在4个月内重新保藏	视为未提交保藏		能	《专利审查指南2010》第一部分第1章5.2.1节
16	未在请求书和说明书写明生物材料分类命名等事项，或不一致的，应当自申请日起4个月内补正	视为未提交保藏		能	《专利审查指南2010》第一部分第1章5.2.1节

续表

序号	有关期限的详细内容	延误期限的直接后果	延误期限的间接后果	能否回复权力	相关法律条款
17	发明申请的公布：自申请日（优先权日）起满18个月即行公布				《专利法》第三十四条
18	提出实质审查请求：自申请日（优先权日）起3年内	申请视为撤回		能	《专利法》第三十五条
19	发明专利申请主动修改的期限：提出实质审查请求时，或发出实审通知书之日起3个月内	不能进行主动修改		不能	《专利法实施细则》第五十一条
20	实用新型和外观设计主动修改的期限：自申请日起2个月内	不能进行主动修改		不能	《专利法实施细则》第五十一条
21	实质审查费缴纳期限：自申请日（优先权日）起3年内缴纳	视为未提出实质审查	申请视为撤回	能	《专利法实施细则》第九十六条
22	答复审查意见：指定期限内“一通”通常为4个月，“二通”通常为2个月	申请视为撤回		能	《专利审查指南2010》第二部分第8章4.10.3；4.11.3.2节
23	专利授权登记：自收到授权通知书起2个月内	视为放弃专利权		能	《专利法实施细则》第五十四条
24	发明专利20年，实用新型和外观设计10年			不能	《专利法》第四十二条
25	年费：前一年度期限届满前1个月内预缴：期满后在6个月内补缴，并按月递增5%缴纳滞纳金（不含第1个月）	专利权终止		能	《专利法实施细则》第九十八条
26	专利实施许可合同备案：自合同生效之日起3个月内	非强制性，不影响合同生效			《专利法实施细则》第十四条
27	请求对专利实行强制许可的期限：专利权人自专利权被授予之日起满3年，且自提出专利申请之日起满4年，无正当理由未实施或未充分实施其专利的				《专利法》第四十八条
28	专利权人对强制许可或其费用决定不服，可以自收到决定之日起3个月内向法院起诉				《专利法》第五十八条

续表

序号	有关期限的详细内容	延误期限的直接后果	延误期限的间接后果	能否回复权力	相关法律条款
29	对侵权处理决定不服，向法院起诉，自收到处理通知之日起15日内	处理决定生效		不能	《专利法》第六十条
30	侵害专利权的诉讼时效，自专利权人或利害关系人得知或应当得知之日起2年内；要求支付临时保护期内专利使用费，在授权之日前得知的，自授权之日起计算	不能起诉	不能要求赔偿或支付使用费	不能	《专利法》第六十八条
31	申请人请求复审，自收到驳回申请通知书起3个月内	不能提出复审请求	驳回通知书生效	能	《专利法》第四十一条
32	申请人对复审决定不服，自收到通知之日起3个月内向法院起诉	不能起诉	决定生效		《专利法》第四十一条
33	无效宣告请求：自专利授权公告之日起提出				《专利法》第四十五条
34	无效宣告请求费：自提出无效宣告请求之日起1个月内	视为未提出请求			《专利法实施细则》第九十九条
35	无效宣告请求人增加理由或补充证据：在提出无效宣告请求之日起1个月内	专利复审委员会可以不考虑			《专利法实施细则》第六十七条
36	专利权人对无效宣告请求进行答复的期限：自收到通知书起1个月	视为得知相应的理由、事实和证据			《专利审查指南2010》第四部分第3章3.7节
37	对宣告专利权无效或维持专利权决定不服，自收到通知之日起3个月内向法院起诉	不能起诉	决定生效		《专利法》第四十六条
38	邮寄文件，自文件发出之日起满15日，推定为当事人收到日；直接交付，以交付日为送达日；以公告方式送达，自公告之日起满1个月，视为已送达				《专利法实施细则》第四条

续表

序号	有关期限的详细内容	延误期限的直接后果	延误期限的间接后果	能否回复权力	相关法律条款
39	请求回复权利，以不可抗拒事由延误，自障碍消除之日起2个月内，最迟自期限届满之日起2年内；因正当理由延误，自收到通知之日起2个月内	不能请求恢复权利		不能	《专利法实施细则》第六条
40	对行政决定不服，自收到决定书之日起15日内，可向法院起诉	不能起诉	决定生效	不能	《行政诉讼法》第三十八条
41	行政复议机关认为复议申请不符合法定条件的，应于收到申请书之日起5日内决定不予受理				《行政复议法》第十七条

企业在与国内外单位或个人进行委托研究、委托开发或合作研究、合作开发时，签订的书面合同中常忽略知识产权条款。根据《专利法》第八条规定："两个以上单位或个人合作完成的发明创造、一个单位或个人接受其他单位或个人委托所完成的发明创造，除另有协议的以外，申请专利的权利属于完成或共同完成的单位或个人；申请被批准后，申请的单位或个人为专利权人"。因此，企业在与其他单位签订技术开发或服务合同时，应在合同中约定好专利申请权、专利许可实施及转让等利益分配方式和后续产生专利技术的权利归属。企业专利管理人员应熟悉专利法并把控好该类合同中的条款，树立起专利保护的第一道屏障。

第二节　企业知识产权管理贯标

"企业知识产权管理贯标"（以下简称"贯标"）即贯彻、实施国家标准《企业知识产权管理规范》（GB/T 29490—2013），是指企业按照《企业知识产权管理规范》的具体要求，架构本企业知识产权管理体系，编制体系文件，按照体系文件要求开展知识产权相关工作，并通过有资质的认证机构（第三方）认证，实现对企业知识产权的科学管理和战略运用，以增强企业自主创新能力，提高市场竞争能力的过程。近年来，知识产权贯标已成为国家知识产权局促进企业创新创造的重要举措。

《企业知识产权管理规范》(GB/T 29490—2013)（以下简称“《管理规范》”）是针对企业的知识产权管理各项活动预先设定基本流程和控制要点的标准文本，是企业开展知识产权管理贯标工作的主要依据。《管理规范》由国家知识产权局提出并归口管理，国家知识产权局和中国标准化研究院起草，2013 年 3 月 1 日正式发布实施。该标准提供了基于过程方法的企业知识产权管理模型，指导企业策划、实施、检查和改进知识产权管理体系[4]。

一、企业知识产权管理贯标的依据

（一）《企业知识产权管理规范》（GB/T 29490—2013）的由来[5]

自 1985 年《专利法》颁布实施以来，经过 30 多年的发展，我国的知识产权事业取得了巨大进步：知识产权创造日趋活跃，知识产权运用成效显著，知识产权保护力度不断加大，知识产权管理能力不断增强，各级政府和广大企事业单位对知识产权工作日益重视，知识产权法治建设日益完善，企业的知识产权法制观念和知识产权保护意识有了很大提高，知识产权创造、运用、保护和管理能力逐步增强。但面对当前激烈的国际国内市场竞争，我国绝大多数企业的知识产权综合管理能力仍然较弱，与发达国家的企业相比仍然有很大差距，主要表现为：知识产权意识薄弱、人才匮乏；对知识产权的内涵理解不全面、管理不到位；创新能力弱，核心专利少；知识产权保护能力弱，市场化运营能力不强。

随着全球化的发展，在国际贸易中，发达国家越来越依赖知识产权国际保护规则，对发展中国家的产品实施新的贸易壁垒，客观上制约了我国对外贸易的发展。而我国与贸易有关的知识产权制度尚不完善，经济发展方式仍然是以粗放型为主，原创的核心技术和掌握的核心技术知识产权很少。知识产权成为发达国家垄断和控制技术的利器。我国企业整体薄弱的技术创新实力和欠缺的企业知识产权管理和运用能力，成为企业参与市场竞争、赢得市场竞争优势的重要制约因素。

鉴于此，国家知识产权局成立《企业知识产权管理规范》起草组，在结合国内标准体系最新进展及国际上标准体系研究成果的基础上，以规范企业知识产权管理为目的，提出了基于过程方法的企业知识产权管理模型，以指导企业策划、实施、检查、改进知识产权的管理体系，最终通过知识产权的标准化管理，不断增强企业的创新能力、市场竞争能力和可持续发展能力。

标准起草组对江苏、广东等地开展贯标工作的实际情况进行了广泛调研，通过座谈、走访等方式获取企业贯标实例，全面对比分析了江苏、湖南、广东、北京及台湾地区相关标准的内容。2013 年，最终形成并颁布实施了我国第一个定位于满足我国广大中小企业知识产权的工作需求，绝大多数企业通过努力可以达到，同时又有一定的先进性，基本覆盖目前知识产权界比较先进的理论思想的国家标准——《企业知识产权管理规范》（GB/T 29490—2013）。

（二）《企业知识产权管理规范》（GB/T 29490—2013）的结构及主体内容

《企业知识产权管理规范》（GB/T 29490—2013）是一个管理类、国家推荐性标准。按照标准的文体要求，该标准包括前言、引言和正文三个部分，其中前言主要说明了该标准的提出和归口管理单位，主要起草单位和起草人；引言介绍了本标准是基于过程方法的企业知识产权管理模型，采用的过程方法包括策划、实施、检查和改进，以及该标准提出的指导原则和影响因素；正文包括范围、规范性引用文件、术语和定义、知识产权管理体系、管理职责、资源管理、基础管理、实施和运行、审核和改进等九章。正文对企业在进行知识产权规范化管理时应该实施的具体内容进行了规定，具体内容如下。

1. 范围

范围明确了该标准的适用组织，即有愿望建立、运行并保持执行知识产权管理体系，并寻求外部组织（第三方）对其知识产权管理体系进行评价的企业。

2. 规范性引用文件

规范性引用文件说明该标准是建立在质量管理体系（ISO9000 体系）基础上的，与质量管理体系具有相似的过程方法和管理模型，在企业中具有良好的实施基础。

3. 术语和定义

术语和定义明确了该标准中提到的知识产权、过程、产品、体系、管理体系、知识产权方针和知识产权手册等相关概念的定义，是理解本标准内容的基础。

4. 知识产权管理体系

知识产权管理体系规定了执行该标准的总体要求和文件要求。总体要求即规定了应该建立知识产权管理体系，实施、运行、持续改进，保持其有效性，并形成文件。文件要求中“总则”规定了知识产权管理体系应包括的文件内容包括知识产权方针和目标、手册，以及按照标准要求形成的制度文件、程序文件和相关记录。同时，“文件控制”对文件的保存和使用进行了规定；“知识产权手册”规定了手册的具体内容和涵盖范围；“外来文件和记录文件”规定了记录涉及的范围、保管和使用要求等。

5. 管理职责

管理职责对管理承诺、知识产权方针、策划、职责、权限和沟通、管理评审进行了规定。其中“管理承诺”规定最高管理者是实施企业知识产权管理的第一责任人，并对其职责进行了规定；“知识产权方针”规定了企业知识产权方针的制定及实施原则；“策划”规定了企业知识产权管理体系的整体策划原则、知识产权目标的制定原则及法律和其他要求的获取及传达渠道；“职责、权限和沟通”对企业知识产权管理者代表的职责进行了规定，并规定了企业知识产权组织机构和内部沟通渠道的具体要求；“管理评审”规定了最高管理者应定期评审知识产权管理体系的适宜性和有效性，并对评审输入和输出的具体内容作了要求。

6. 资源管理

资源管理主要对企业知识产权管理体系的基础资源管理进行了规定，包括人力资源、基础设施、财务资源和信息资源。其中“人力资源”规定了企业知识产权工作人员的任职条件，组织开展知识产权教育培训的内容，人事合同中关于知识产权的相关条款要求，如保密条款、职务发明权属，发明人员的权利义务等，以及入职、离职过程中知识产权措施、知识产权奖励措施等。“基础设施”规定了确保知识产权管理体系运行所需要的软硬件设备和办公场所的要求。“财务资源”规定了应设立知识产权经常性预算费用，包括用于知识产权申请、维护、评估、诉讼、培训等事项的经费预算，用于激励政策的经费预算，还特别规定了有条件的企业可以设立知识产权风险预备金。“信息资源”规定了应建立规范的信息收集、发布渠道，对信息进行合理分析利用，有条件的企业应建立知识产权信息数据库，并有效维护和及时更新，并着重提出该部分内容应编制形成文件的程序进行控制。

7. 基础管理

基础管理对企业知识产权的获取，维护，运用（实施、许可和转让、投融资、企业重组、标准化、联盟及相关组织），保护（风险管理、争议处理、涉外贸易），合同管理，保密等生命周期全过程管理进行了规定；着重提出应编制形成文件的程序对获取、维护、实施、许可和转让、风险管理、争议处理、保密等内容进行控制。知识产权“获取”阶段规定：企业在获取知识产权时应根据知识产权目标制定工作计划，进行必要的检索和分析，保持获取记录，并保障发明创造人的署名权。“维护”阶段规定：企业应建立知识产权分类管理档案并进行日常维护，在知识产权权属变更和放弃前进行必要的评估，记录知识产区权属变更情况，有条件的企业可开展知识产权分级管理。“运用”阶段规定：企业应促进知识产权的实施，在转让和许可前应进行知识产权调查评估；投融资前，应对相关知识产权开展风险和价值评估，境外投资前，还应针对目的地开展知识产权法律、政策及其执行情况的调查；企业重组时应对知识产权情况开展调查和评估，分析重组对本企业未来竞争力的影响；企业在参加标准化工作时应提前了解标准化组织的知识产权政策，按要求制定标准或参与标准化工作；企业在参与或组建知识产权联盟及相关组织时，应提前了解其知识产权政策，并进行评估，应遵循公平、合理且无歧视的原则。“保护”阶段重点规定了企业知识产权管理风险控制要求，其中“风险管理”规定应采取措施以避免在原材料、设备及软件购买过程中侵犯他人知识产权，应定期监管产品可能涉及他人知识产权的状况，提出防范预案，有条件的企业可将知识产权纳入企业风险管理体系进行管理；“争议处理”规定应对本企业知识产权被侵犯的情况进行监控，及时发现并采用适当的争议解决方式保护本企业知识产权；“涉外贸易”规定在境外销售产品前，应对目的地知识产权法律、政策及其执行情况进行调查，分析可能出现的知识产权风险，适时在目的地进行知识产权申请、注册和登记，并采取相应的边境保护措施对本企业产品知识产权进行保护。“合同管理”强调企业应加强合同中的知识产权管理，应加强合同制知识产权条款的审查，加强知识产权委外合同的管理和明确技术合同中的知识产权条款。“保密”规定企业应从涉密人员、涉密设备、涉密信息和涉密区域四个角度进行管控。

8. 实施和运行

实施和运行对企业实际生产流程（包括立项、研究开发、采购、生产、销售和售后）中各环节的知识产权管理进行了规定。其中，“立项”阶段的知识产权管理主要是对欲开展的项目开展知识产权信息分析，确定潜在的合作伙伴和竞争对手，进行知识产权风险评估，制定防范预案。“研究开发”阶段规定了企业应加强信息检索和利用，制定知识产权规划，适时调整研发策略和内容，及时对研发成果进行评估和确认，明确保护方式和权益归属，适时形成知识产权，并对研发过程中形成的记录进行有效管理。“采购”阶段规定企业在采购过程中应避免采购知识产权侵权产品，应做好采购信息资料的管理和保密工作，明确采购合同中的知识产权条款（许可适用范围、侵权责任承担等），避免出现侵权或知识产权权属纠纷。“生产”阶段规定了企业应及时评估、确认生产过程中产生的技术改进与创新（包括产品、工艺方法、设备改进等），明确保护方式，适时形成知识产权；应明确在外部协作（来料加工、委托加工、贴牌生产等）生产过程中涉及的新出现知识产权权属，已有知识产权许可适用范围、侵权责任承担等，并对生产过程中形成的记录进行有效管理。“销售和售后”规定了应加强销售前的全面审查和分析，制定展会等宣传活动的风险规避方案；建立市场监控措施，及时跟踪和调查相关知识产权被侵权情况；因产品升级或市场变化适时调整知识产权策略和风险规避方案，适时形成新的知识产权。

9. 审核和改进

审核和改进是对知识产权管理体系运行情况进行监控的规定，包括总则、内部审核和分析与改进三个部分。“总则”规定了监控、审查和改进知识产权管理体系的具体要求，即应确保产品、软硬件设施设备符合知识产权有关要求，确保知识产权体系的适宜性，持续改进知识产权管理体系，确保其有效性。“内部审核”规定企业应确保定期对知识产权管理体系进行内部审核，检查体系运行是否满足本标准的要求。“分析和改进”是根据知识产权方针、目标以及检查、分析的结果，制定改进措施，监督执行改进效果，确保体系的适宜性和有效性。

二、企业知识产权管理贯标的必要性和重要性

（一）贯标是国家知识产权战略的重要组成部分

企业作为国家知识产权战略实施的重要主体和基础力量，大力提高企业知识产权创造、运用、保护和管理能力，推动企业在创新道路上持续发展是实施国家知识产权战略的一项重要任务。早在2006年《国家中长期科学和技术发展规划纲要（2006—2020）》就明确提出：将知识产权管理纳入科技管理全过程，充分利用知识产权制度提高我国科技创新水平。强化科技人员和科技管理人员的知识产权意识，推动企业、科研院所、高等院校重视和加强知识产权管理。2008年6

月，国家正式颁布《国家知识产权战略纲要》，其中也明确指出：实施国家知识产权战略，应着力完善知识产权制度，积极营造良好的知识产权法治环境、市场环境、文化环境，大幅度提升我国知识产权创造、运用、保护和管理能力，为建设创造型国家和全面建设小康社会提供强有力支撑。2016 年 5 月，中共中央 国务院印发《国家创新驱动发展战略纲要》提出：深化知识产权领域改革，深入实施知识产权战略行动计划，提高知识产权的创造、运用、保护和管理能力。同时，各省市区响应国家政策要求，将知识产权的标准化管理纳入创新驱动发展战略纲要的实施意见中，如云南省《关于〈国家创新驱动发展战略纲要〉实施意见》中明确提出：深入实施知识产权战略。优化知识产权行政管理，完善知识产权激励政策，提高知识产权数量和质量。推行知识产权管理标准，建设知识产权保护社会信用评价体系。

《企业知识产权管理规范》（GB/T 29490—2013）为企业知识产权管理提供了一套基于过程方法的知识产权管理模型。企业通过知识产权管理贯标，可以建立一套科学、系统、规范的知识产权管理体系，对企业持续健康发展，增强企业核心竞争力，充分发挥企业在实施知识产权战略和创新驱动发展战略中基础载体的作用具有重要意义，是实现国家知识产权战略的重要手段。

（二）贯标是实现企业知识产权战略的重要保障

企业知识产权战略是企业整体发展战略的重要组成部分。企业知识产权战略的实施涉及企业经济、科技情报分析、市场预测、新产品动向，以及经营者在某一阶段的经营战略意图。实施企业知识产权战略，对企业现有的知识产权进行结构调整，并依据实际情况对知识结构体系的发展方向进行及时的适应性调整，实现技术力量的优化使用，对降低管理成本，避免人力、物力及财力的浪费具有积极的作用。实施企业知识产权管理体系，对企业开展全方位、制度化、标准化的监控管理，是实现企业知识产权战略的重要保障。

首先，贯标有利于合理配置企业研发资源，增强企业员工的创新意识和创新能力，提高企业的研发效率。《企业知识产权管理规范》的重要内容之一就是建立一套行之有效的创新激励机制，充分调动和激发企业员工的发明创造积极性，从而增强其创新的主动性；同时，依赖于《管理规范》中预警制度、风险防范制度的建立，在研发的初期、中期及后期的知识产权检索，可以对研发方向进行适应性调整，避免侵犯他人知识产权，避免重复投资导致浪费，还可以在他人已有技术基础上进行研发，从而提高企业的研发效率与效益。

其次，贯标有利于增强企业对知识产权的保护和运用，提升企业核心竞争力，改善市场竞争地位，支撑企业持续发展。知识产权是受法律保护的知识，它具备帮助企业实现持续开发和市场开拓的特性，能够使企业牢牢地占据市场份额。企业核心竞争力，归根溯源就是企业内部的知识产权。加强企业对知识产权的保护和运用，无疑将提升企业的核心竞争力，对改善市场竞争地位和支撑持续发展具有重要意义。而基于知识产权获取、维护、运用、保护全流程的基础管理及在企业立项、研究开发、采购、生产、销售和售后的实施运行全过程的管理是《企业知识产权管理规范》的主要内容，加强企业知识产权全过程管理，能够使管理环节更有序，资源组合更合理，对提高生产效率和经济效率，进而提升企业核心竞争力具有重要的意义。

总的来说，企业知识产权管理贯标是全面提高企业内部管理水平、获取外部竞争优势的重要抓手，在助推企业创新发展，提升企业核心竞争力，加强企业知识产权战略升级，建设创新型国家等方面发挥着越来越重要的作用。

（三）贯标是标准化管理的客观要求

近年来，我国倡导行业主管部门通过标准、制度引导和促进企业发展。标准管理成为政府部门促进企业发展的重要手段，包括工信部、科技部、商务部、农业部、国家林业局、国家知识产权局等多行业主管部门均成立全国专业标准化技术委员会，利用标准的手段促进行业内的企业健康发展[6]。2015 年，国家知识产权局、科技部、工信部、商务部、国家认证认可监督管理委员会、国家标准化管理委员会、国防科工局、总装备部等八部委联合印发《关于全面推行〈企业知识产权管理规范〉国家标准的指导意见的通知》（国知发管字〔2015〕44号），其中明确指出：到2020年，在全国范围内建立符合创新发展需求的推行《管理规范》工作政策引导体系，构建市场秩序规范的咨询服务体系，形成遵循市场化机制的第三方认证体系，培养一支专业化的人才队伍。引导大部分具有创新优势的企业建立知识产权管理体系，企业知识产权运用和保护能力大幅提升，知识产权对企业竞争优势的贡献显著增强。总之，推行标准化工作已成为政府公共管理的发展趋势，推行企业知识产权管理标准将会更好促进我国企业知识产权管理工作。

同时，通过第三方认证的市场化认证方式，将企业知识产权管理贯标认证工作全面纳入国家认证认可体系，对推动财政、税收、金融、科技、教育等领域政策采信国家认证结果，加大政府资源的相互融合，共同推动企业快速、健康发展具有重要意义[6]。

三、企业知识产权管理贯标工作内容

（一）企业知识产权管理贯标的过程方法和实施原则

1. 过程方法

由于《管理规范》借鉴了质量管理体系（ISO9000体系）的编制形式，其过程方法与质量管理体系的要求基本一致，也是PDCA循环方式。PDCA循环由美国质量管理专家休哈特博士首先提出，它的含义是在质量管理活动中，把各项工作均分为四个基本阶段，即策划（plan）、实施或执行（do）、检查（check）、改进或处理（action），形成一个完整的循环。在实施的过程中，将成功的循环纳入标准继续执行，完成一个良好循环；不成功的循环进行分析完善，进入一个新的循环，以解决出现的质量问题。这一工作方法是质量管理的基本方法，也是企业管理各项工作的一般规律[7]。

《管理规范》在引言中明确指出：本标准采用的过程方法是“策划（plan）—实施或执行（do）—检查（check）—改进或处理（action）”循环模型，即鼓励企业在建立、实施知识产权管理体系时，采用 PDCA 方式，保障知识产权管理体系的连续运行和持续改进（图 4–1）。

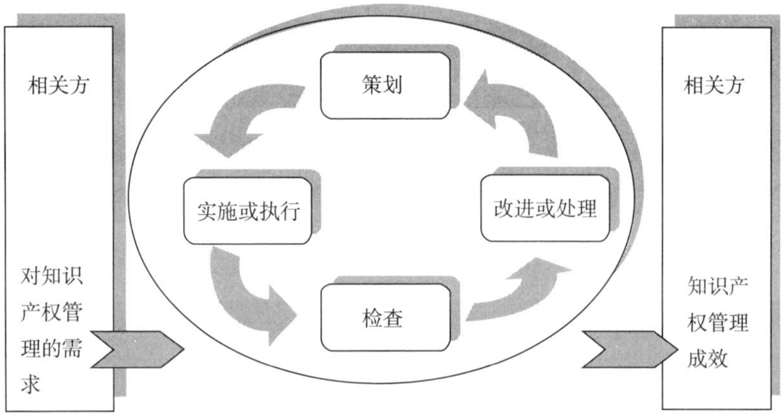

图 4–1　基于过程方法的企业知识产权管理模型

来源：《企业知识产权管理规范》（GB/T 29490—2013）

策划：是指在理解企业知识产权管理需求的基础上，制定知识产权方针和目标，并搭建符合企业实际发展状况的知识产权管理体系，包括建立组织机构，沟通内部渠道，制定管理文件系统等。

实施或执行：是指具体运作、实现策划中要求的内容，在企业的业务环节（产品的立项、研发、采购、生产、销售和售后）中获取、维护、运用和保护知识产权。

检查：是指通过管理评审和内部评审，对照标准要求，对知识产权管理体系实施运行的情况及效果进行监控和评审，以备持续改进。

改进或处理：是指对监控和评审的结果进行处理，在知识产权管理体系中，对成功的经验加以肯定，并予以连续运行；对于失败的教训要总结，提出新的解决方案（策划），进入下一个 PDCA 循环，予以持续改进。

企业知识产权管理体系作为一个整体过程，将企业经营发展对知识产权管理的需求作为输入因素，经过 PDCA 循环，最终输出的将是企业所取得的知识产权管理成效。在策划—实施或执行—检查—改进或处理的不断循环过程中，企业知识产权需求（如研发新技术、开发新产品、规避知识产权风险、提高生产效率、增加经济效益、提高市场竞争力等）将得到解决，最终获得企业知识产权管理的成效，即通过激励机制促进技术创新，提高生产效率；通过灵活运用知识产权改善市场竞争地位，增加经济效益；通过全面保护知识产权，规避诉讼和泄密风险；通过系统管理知识产权，提高企业核心竞争力，支撑企业持续发展。

2. 实施原则

《管理规范》明确提出了企业知识产权管理的指导原则：战略导向，领导重视和全员参与。

战略导向，是指企业应该统一部署经营发展、科技创新和知识产权战略，使企业更发展战略协调统一，相辅相成，互相促进。不同行业、不同企业的知识产权管理要求和管理水平不尽相同，最大限度地保证知识产权管理体系与本企业的经营发展层次，科技创新水平，以及企业总体发展战略相适应，将有利于知识产权管理体系发挥规避风险、促进创新、提高效益的支撑作用。

领导重视，是指企业的各级领导应该支持和参与到知识产权管理中来。领导作为企业的决策者，把握企业的发展方向，是企业知识产权方针、目标的制定者；同时，领导也是企业资源的分配者，对知识产权管理工作的顺利开展起到积极的促进作用，是开展知识产权规范化管理的根本保障。

全员参与，是指在开展知识产权规范化管理的过程中，应充分发挥全体员工的创造性和积极性，全员都应该参加到这个工作来。知识产权涉及企业各业务领域和各业务环节，企业的知识产权管理需要企业全员参与、协调配合，才能切实保障知识产权管理体系的每个节点、每个流程都完备，才能充分实现知识产权管理的作用。

（二）企业知识产权管理贯标模式及工作流程

1. 贯标模式

《企业知识产权管理规范》（GB/T 29490—2013）是一个推荐性的国家标准，不强制要求企业执行。目前，推行该标准主要是依靠“政策引导—企业主动—咨询服务机构参与—认证机构认证”的模式开展。

1）政策引导

自《企业知识产权管理规范》颁布以后，国家知识产权局及相关部委相继发布了一系列的政策措施支持和推动该国家标准的贯彻实施，引导企业开展知识产权的规范化管理。

2013 年 5 月，国家知识产权局印发了《关于启动企业知识产权管理标准推行工作的通知》，从指导思想、工作原则、工作目标、主要任务、工作要求等方面对全国的贯标工作作出了部署，明确要求：各省市知识产权局要完善工作机制，强化政策研究，会同有关部门抓紧制定出台本地区推进贯标工作的政策措施，增强贯标工作的政策牵引力；要加强沟通协调和指导服务，安排专项经费，落实责任到人，将国家标准推行工作纳入年度企业知识产权工作动态考核。同年 7 月、11 月，工信部分别出台了《关于促进中小企业“专精特新”发展的指导意见》和《工业企业知识产权管理与评估指南》，指导和支持工业企业及中小企业开展知识产权工作。其中特别提到《企业知识产权管理规范》作为国家标准被视为相关工作的重要编制依据和重点实施任务，同时引导企业将知识产权管理纳入日常管理运营过程中，鼓励和支持企业贯彻实施知识产权管理的国家标准。

2015 年 1 月，国家知识产权局局长申长雨在全国知识产权局局长会议上的工作报告中强调要完善知识产权标准化工作体系，加强全国知识产权管理标准化技术委员会及相关标准化组织建设，做好标准体系规划；加强贯标咨询和认证服务机构建设，深入推进企业知识产权贯标工作[8]。

2015 年 6 月，国家知识产权局、科技部、工信部、商务部、国家认证认可监督管理委员会、国家标准化管理委员会、国防科技工业局、中国人民解放军总装备部等八部委联合印发《关于全面推行〈企业知识产权管理规范〉国家标准的指导意见》，提出重点任务：完善高新技术企业认定管理办法，将认证情况作为高新技术企业认定的重要参考条件，积极推动企业知识产权管理体系认证与高新技术企业政策的衔接。鼓励外经贸企业建立和完善知识产权管理制度，提高防范国际贸易和投资活动中的知识产权风险和处理涉外知识产权事务的能力。鼓励引导认证企业申报高技术产业化项目、国家科技重大专项、中小企业发展专项等项目，申报国家技术发明奖、中国专利金奖评选等奖项。为完成国家知识产权局及相关部委推行企业知识产权管理体系贯标的工作要求，各地方知识产权局先后开展推行标准的试点工作，印发实施方案及发布奖励政策，并加强与相关机构的协调合作，融合财政、税收、科技等领域创新促进政策，加强推行本区域企业知识产权管理体系贯标工作。

2017 年 1 月，国务院发布《“十三五”国家知识产权保护和运用规划》，提出要加快知识产权强企建设，提升企业知识产权综合能力。其中包括推行企业知识产权管理国家标准，在生产经营、科技创新中加强知识产权全过程管理；完善知识产权认证制度，探索建立知识产权管理体系认证结果的国际互认机制。

2017 年 6 月 23 日，国务院知识产权战略实施工作部际联席会议审议通过《2017 年深入实施国家知识产权战略加快建设知识产权强国推进计划》，该计划进一步深化贯标工作，提出开展高等院校和科研组织的贯标工作。

国家政策引导的同时，全国各省区各级政府也出台政策积极响应国家关于推进企业知识产权规范化管理的战略规划，并在资金上给予贯标企业以大力支持。截至 2018 年 5 月，全国部分省市的资金补助情况见表 4–5。

表 4-5 全国部分省市企业知识产权贯标补助情况表

地区			补助金额
广东省	省级		5 万元
广东省	广州市	市级	10 万元
广东省	广州市	越秀区	10 万元
广东省	广州市	番禺区	10 万元
广东省	广州市	开发区黄浦区	10 万元
广东省	广州市	白云区	2 万元
广东省	广州市	海珠区	10 万元
广东省	广州市	花都区	10 万元
广东省	广州市	增城区	10 万元
广东省	广州市	南沙区	15 万元
广东省	广州市	天河区	5 万元
广东省	广州市	荔湾区	20 万元
广东省	深圳市	市级	20 万元
广东省	深圳市	福田区	10 万元
广东省	深圳市	龙华新区	30 万元
广东省	深圳市	大鹏新区	5 万元
广东省	深圳市	宝安区	20 万元
广东省	深圳市	龙岗区	10 万元
广东省	珠海市	市级	5 万元
广东省	珠海市	香洲区	10 万元
广东省	珠海市	横琴新区	20 万元
广东省	珠海市	斗门区	10 万元
广东省	珠海市	高新区	10 万元
广东省	珠海市	高栏港区	10 万元
广东省	佛山市	市级	5 万元
广东省	佛山市	禅城区	5 万元
广东省	佛山市	三水区	5 万元
广东省	佛山市	顺德区	5 万元
广东省	东莞市		10 万元
广东省	中山市		5 万元
广东省	清远市		10 万元
广东省	河源市高新区		5 万元
广东省	湛江市		8 万元
广东省	肇庆市高新区		5 万元

地区			补助金额
湖南省	省级		10 万元
湖南省	长沙市	市级	10 万元
湖南省	长沙市	经开区	10 万元
湖南省	长沙市	高新区	5 万元
云南省	省 级		10 万元
云南省	昆明	五华区	20 万元
云南省	昆明	官渡区	20 万元
天津市			5 万元
重庆市	市级		3 万元
重庆市	合川区		20 万元
重庆市	江北区		10 万元
重庆市	长寿区		10 万元
重庆市	两江新区		10 万元
重庆市	梁平区		10 万元
重庆市	渝北区		5 万元
重庆市	北部新区		5 万元
重庆市	潼南区		5 万元
重庆市	忠县		5 万元
重庆市	璧山区		5 万元
重庆市	沙坪坝区		2 万元
重庆市	万盛经济开发区		5 万元
海南省			20 万元
北京市	丰台区		5 万元
北京市	西城区		5 万元
北京市	昌平区		5 万元
北京市	朝阳区		15 万元
江苏省	省级		20 万元
江苏省	南京市		均分 100 万元
新疆维吾尔自治区	自治区级		10 万元
新疆维吾尔自治区	乌鲁木齐高新区		5 万元
贵州省			10 万元
安徽省		马鞍山市	5 万元
安徽省		安庆市	5 万元

地区			补助金额
福建省	省级		2 万元
福建省	福州市	市级	15 万元
福建省	福州市	鼓楼区	30 万元
福建省	福州市	普安区	15 万元
福建省	泉州市	市局	8 万元
福建省	泉州市	惠安县	8 万元
福建省	晋江市		10 万元
福建省	厦门市		10 万元
福建省	平潭实验区		10 万元
河北省	邯郸市		20 万元
吉林省	长春市		10 万元
黑龙江省	哈尔滨市		10 万元
湖北省	武汉市		20 万元
四川省	省级		10 ~ 20 万元
四川省	成都市	市级	8 万元
四川省	成都市	武侯区	8 万元
四川省	成都市	简阳区	8 万元
四川省	成都市	成华区	<20 万元
四川省	成都市	双流区	10 万元
四川省	乐山市		20 万元
四川省	自贡市		20 万元
上海市	松江区		20 万元
上海市	奉贤区		10 万元
上海市	闵行区		10 万元
上海市	浦东新区		20 万元
上海市	宝山区		40/60 万元
上海市	普陀区		40/60 万元
上海市	青浦区		10 万元
上海市	金山区		10 万元
浙江省	省级		10 万元
浙江省	杭州市		5 万元
广西壮族自治区	自治区级		10 万元
广西壮族自治区	南宁市		10 万元
辽宁省	大连市		6 万元

2）企业主动

一般来说，企业的知识产权工作需经历三个发展阶段。第一阶段：知识产权积累。这是一个权利化的量变过程，企业知识产权工作主要是进行原创积累和防止侵权。第二阶段：知识产权风险控制。当企业发展到一定阶段，知识产权量积累到一定程度，企业的知识产权工作除了原创积累和防止侵权，还应注意到可能出现的被侵权情况及相关知识产权诉讼。第三阶段：知识产权运营。当企业成为行业核心企业或优势企业，其拥有的知识产权包含行业的核心技术，此时企业可以依靠运营这些含有核心技术的知识产权直接产生经济效益（比如知识产权质押、转让、许可等方式）。毫无疑问，在知识产权工作的整个发展过程中，企业需要架构知识产权管理体系以更可靠、更有效地对其进行管理。《企业知识产权管理规范》是一套在多方经验基础上建立起来的标准化的企业知识产权体系搭建指南，包含了对企业研发、生产、经营的各个环节中知识产权获取、维护、保护、运营等的管理要求，能够切实满足企业对知识产权管理的整体要求。同时，创新发展战略是企业经营发展战略的核心内容，而知识产权是创新的载体。更好地开展企业知识产权管理，是企业创新发展的内在要求。企业主动开展知识产权管理贯标，是企业更好地实施知识产权管理的重要手段。

3）咨询服务机构参与

贯标是企业按照《企业知识产权管理规范》的具体要求，架构本企业知识产权管理体系，编制体系文件，按照体系文件要求开展知识产权工作的过程。按照《管理规范》的条款要求，有条件的企业可以结合企业自身特点，独立组织实施本企业的知识产权管理贯标工作。但对多数企业，特别是中、小型企业而言，聘请专业的咨询服务机构，为企业贯标提供专业的服务，将有利于快速提升本企业知识产权管理能力，更快捷高效，更规范地建立起本企业的知识产权管理体系。

4）认证机构认证

通过第三方认证机构认证，是企业知识产权管理贯标的最后一步，标志着企业已经按照《管理规范》的要求，建立起了规范化的知识产权管理体系，并获得了有资质的第三方认可。

2013年11月，国家认证认可监督管理委员会、国家知识产权局联合印发了《知识产权管理体系认证实施意见》（国认可联〔2013〕56号）（以下简称《实施意见》），开始探索开展知识产权管理体系认证工作。2018年2月11日，为贯彻落实《中共中央 国务院关于开展质量提升行动的指导意见》（中发〔2017〕24号）、《国务院关于加强质量认证体系建设促进全面质量管理的意见》（国发〔2018〕3号），国家认证认可监督管理委员会、国家知识产权局联合发布了《知识产权认证管理办法》（2018年第5号公告），取代《实施意见》，旨在更加全面规范知识产权认证活动，提高知识产权认证有效性，加强对认证机构事中事后监管。目前，我国共有两家具有知识产权管理体系认证资质的机构，即中知（北京）认证有限公司（http：//www.zzbjrz.com）和中规（北京）认证有限公司（http：//www.zgrzbj.com）。

据国家知识产权局调查统计，截至2017年年底，我国累计有8127家企业通过了知识产权管理体系认证，覆盖全国29个省市。统计显示：99.2%的获证企业认为知识产权管理体系有效地提升了企业创新能力，有利于企业在市场中取得竞争优势；76.16%的获证企业已将知识产权管理上升至企业战略高度，统筹布局研发方向和经营策略；58.2%的获证企业认为建立知识产权管理体系有助于加速企业实现创新收益[6]。

2. 工作流程

企业知识产权管理贯标工作主要包括八个步骤：①召开贯标启动会；②知识产权管理现状诊断；③构建知识产权管理体系；④人员培训；⑤编写知识产权管理文件；⑥知识产权管理体系试运行；⑦检查分析改进；⑧审核认证。其主要工作内容如图4-2所示。

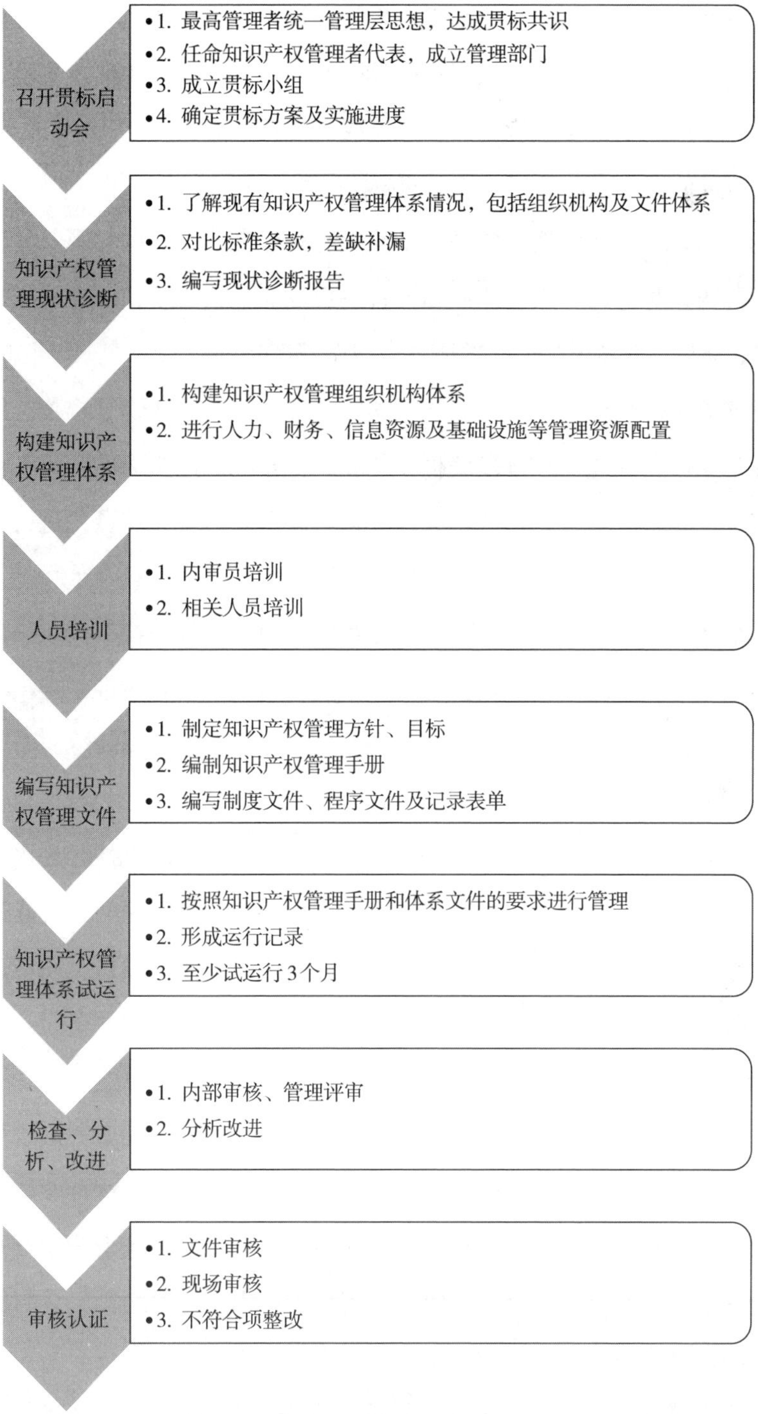

图 4-2 企业知识产权管理贯标工作流程图

召开贯标启动会标志着企业知识产权管理贯标工作正式启动。企业最高管理者应当统一管理层思想，充分认识贯标在企业知识产权管理中的重要性，达成贯标的共识。在此阶段，企业应任命知识产权管理者代表，成立管理部门和贯标小组，确定贯标的具体实施方案，便于贯标工作顺利开展。该工作须形成记录。

知识产权管理现状诊断主要是对企业现有知识产权管理体系及其他管理体系情况进行了解，对比现有文件体系和《管理规范》条款要求，在现有文件体系中查缺补漏，为下一步知识产权管理体系搭建做好准备。可以编写《现状诊断报告》。

构建知识产权管理体系是标准化管理的基础，应按照《管理规范》的具体要求，结合企业特点及知识产权发展程度开展。首先应构建企业的知识产权管理组织机构体系，然后对人力、财务、信息资源及基础设施等管理资源进行配置，以保障企业知识产权管体体系顺利运行。

人员培训主要是指针对《管理规范》开展的内审员及相关人员的培训，也包括其他知识产权知识的培训。培训可以采取现场培训、视频培训、外出培训等多种形式。

编写知识产权管理文件是贯标的主要内容，包括制定企业知识产权管理方针和目标，编制《企业知识产权管理手册》及文件体系（制度文件、程序文件、记录表单）。知识产权管理文件是开展企业知识产权规范化管理的主要依据。

企业知识产权管理体系和文件体系构建完成后，即可开始进行知识产权管理体系试运行。试运行期间，要求企业的各项知识产权工作均按照《企业知识产权管理手册》及文件体系的要求进行管理，并形成运行记录。试运行至少进行 3 个月，以确保期间产生有效的记录表单，能看到体系的不足之处和持续改进的可能。

检查、分析、改进是“PDCA 循环”的重要一环，主要针对企业知识产权管理体系的适宜性和有效性进行判断，保证体系持续改进。检查形式主要是内部审核和管理评审。通过过程检查、内审、管理评审，提出不符合项，分析原因，制订改正措施，对体系进行改进和完善。该工作须形成记录。

试运行及检查分析改进工作结束以后，可以申请第三方审核认证。认证审核工作主要是对企业知识产权管理标准化工作手册和文件体系进行文件审核，对体系运行过程中形成的各类知识产权管理活动记录和台账资料进行现场审核。针对审核结果提出整改意见，在规定的期限内完成整改，使企业知识产权管理体系满足《管理规范》的要求，即可颁发认证证书。认证证书的有效期限是3年。3年内每年均有1次外审，以监督、保障知识产权管理体系的持续改进。

（三）企业知识产权管理贯标实务

企业知识产权管理贯标，应该以国家标准《企业知识产权管理规范》（GB/T 29490—2013）为依据，结合企业实际，按照贯标流程有序开展。因为各个企业的经营规模、组织结构、服务内容、发展阶段、知识产权管理侧重点都不相同，在进行实际贯标的过程中，应该坚持“参照标准诊断，结合实际贯标”的原则。本章将针对贯标的核心内容——现状诊断、管理体系搭建、文件编写及试运行，结合条款解读、审核要点、经验分享等几个方面进行企业知识产权管理贯标实务介绍。

1. 知识产权管理现状诊断

知识产权管理现状诊断是在完成贯标启动会以后，贯标小组应该首先推动开展的工作。贯标小组应该根据《管理规范》的具体条款要求，梳理分析企业知识产权管理现状，诊断企业知识产权管理存在的问题，并根据梳理分析的情况编制企业知识产权管理现状诊断报告。工作步骤可以包括：

（1）了解企业知识产权及其管理的现状，包括主要涉及的知识产权类型，目前的管理方式，已经取得的相关成绩等；

（2）了解企业现行管理体系构建情况，包括企业是否参与ISO9001质量管理体系、OHSMS职业健康安全管理体系、GMP药品生产质量管理规范、ISO14000环境管理体系等；

（3）整理企业现行制度体系中关于知识产权管理的内容，与《管理制度》具体条款内容进行比对，查缺补漏；

（4）汇总上述资料，分析调查情况，编制企业知识产权管理诊断报告；

（5）以企业知识产权管理诊断报告为依据，结合企业的发展规划与实际情况，制订企业知识产权管理文件体系具体实施方案，可以考虑与已有管理文件体系融合，或部分融合，以减少体系文件数量，增强体系文件的可操作性。

经验分享

GB 29390 知识产权现状诊断拆解见表 4-6。

表 4-6　GB29490 知识产权现状诊断拆解表

GB29490		现有文件	现有表单	缺失内容	文件核对人
章节	条款				
4	4.1 总体要求				
	4.2 文件要求				
5	5.1 管理承诺				
	5.2 知识产权方针				
	5.3 策划				
	5.4 职责、权限和沟通				
	5.5 管理评审				
6	6.1 人力资源				
	6.2 基础设施				
	6.3 财务资源				
	6.4 信息资源				
7	7.1 获取				
	7.2 维护				
	7.3 运用				
	7.4 保护				
	7.5 合同管理				
	7.6 保密				

续表

GB29490		现有文件	现有表单	缺失内容	文件核对人
章节	条款				
8	8.1 立项				
	8.2 研究开发				
	8.3 采购				
	8.4 生产				
	8.5 销售与售后				
9	9.1 总则				
	9.2 内部审核				
	9.3 分析与改进				

现状诊断报告见表 4-7。

1. 企业正在执行的管理体系及标准

表 4-7 现状诊断报告目录

序号	认证时间	体系（标准）名称

现状诊断信息、收集情况统计见表 4-8。

2. 企业的管理手册（如没有不需要填）

表 4-8 现状诊断信息收集表

序号	手册名称	手册的主要内容

现状诊断报告目录

目　录

2. 构建知识产权管理体系

按照贯标的具体实施方案，在完成企业知识产权管理现状诊断以后，贯标小组进行知识产权管理体系构建工作，具体内容包括：

（1）制定本企业知识产权方针和目标，并以文件形式发布知识产权方针；

（2）设置本企业知识产权管理组织机构，明确各部门管理职责和权限，以及内部沟通渠道；

（3）人力资源、基础设施、财务资源和信息资源配置。

重点条款解读

※ 知识产权方针（5.2）

知识产权方针是企业知识产权工作的总的行动纲领，通过一句话或几句话，代表企业知识产权工作的宗旨和方向；是由企业最高管理者充分考虑企业所处行业特点、知识产权发展阶段、竞争对手特点等各方面因素，遵循一定程序制定出来的。知识产权方针具有唯一性且相对固定。

※ 知识产权目标（5.3.2）

知识产权目标可以认为是企业通过一段时间的知识产权工作想要取得的成绩，包括短期目标和长期目标。制定的知识产权目标应该包括定量描述的内容，形成文件并可以考核。根据企业的规模，知识产权目标最好能分解到各个职能部门。知识产权目标应该是通过努力可以达到的。

※ 管理体系策划（5.3.1）

对知识产权管理体系进行策划，是指策划知识产权管理体系的行为或工作，由最高管理者负责，包括体系构建、有效运行和控制、持续改进等内容。

※ 职责权限和沟通（5.4）

最高管理者应该在最高管理层中指定一名成员作为知识产权管理者代表。管理者代表具体负责企业知识产权日常管理工作。

企业应建立知识产权管理部门，配备专业的专职或兼职工作人员，对企业知识产权具体工作进行管理；或委托专业的服务机构代为管理，承担国标条款要求的职责，即制定企业知识产权发展规划、建立知识产权管理绩效评价体系、参与监督和考核其他相关管理机构、负责企业知识产权的日常管理工作等。

不同规模的企业知识产权管理设置模式主要包括：

①集团企业管理模式。集团企业多为产业发展多元化且具有一定规模的大型企业，企业知识产权保护客体比较复杂，集团知识产权管理可以采用知识产权管理委员会自上而下、分类管理的模式，也可以采用建立集团知识产权总部，统一协调管理的模式。

②产业单一的企业管理模式。产品单一的企业，可以采用建立独立的知识产权部，

自上而下统一管理各部门知识产权事务的模式。

③小型企业的管理模式。小型企业规模不大，业务单一，机构精简，对其知识产权管理机构的设置宜采取点面结合型管理模式，即选择重点，协调全面，可以不独立设置知识产权管理部门，但应设置专职人员负责专利、商标、软件著作权等知识产权的登记和维护工作。

※ 人力资源管理（6.1）

知识产权工作人员的任职条件应该明确规定，其能力应与岗位职责要求相适应。对人员能力的判断应从其接受教育的程度、培训效果、技能水平、个人职务和岗位经历等综合考虑。部分小型企业业务单一，企业知识产权发展程度较低，没有具有专业的法律背景或知识产权背景的工作人员，则可以另外挑选具有良好综合素质的人员进行针对性培养，使其具备知识产权管理能力。从事知识产权管理的工作人员应该具备理工科专业技术背景，最好有一定的技术开发、科学研究经历，较强的协作和沟通能力，具备一定的法律知识，工作耐心细致，责任心强，有全局观。

进行知识产权的宣传、培训是提升职工知识产权保护意识，加强企业知识产权保护的有效途径。知识产权和市场竞争密切相关，从事知识产权管理的人员必须密切关注和了解国内外经济形势、法律法规、产业政策、研发创新和市场变化，不断学习和研究相关的技术和法律知识，不断提高自己的综合素质，适应企业的发展需求。因此，企业必须对知识产权管理人员进行持续的培养。

企业应该根据专利法、著作权法、劳动法、劳动合同法等相关法律法规的规定，在劳动合同中对知识产权的权属、保密等知识产权相关事项进行约定，应至少包括以下内容：

①明确规定合同履行期间，基于劳动关系的知识产权归属及合理的保密义务；

②承诺保护本企业的知识产权；

③承诺不在明知或应知的情况下因为个人原因导致本企业侵犯第三人知识产权；

④如有必要，可以签订竞业禁止协议，但应包括向劳动者支付的补偿金；

⑤应明确约定劳动者的违约责任。

企业应建立、完善知识产权激励措施体系，激励员工知识产权创造和运用的积极性，包括物质奖励或精神激励。

※ 财务资源管理（6.3）

企业应该涉及知识产权经常性预算科目，保障知识产权工作的正常进行。预算内容包括用于知识产权申请、注册、登记、维护、检索、分析、评估、诉讼等的费用；用于知识产权管理机构运行的费用；用于知识产权激励的费用；有条件的企业可以设立知识产权风险预备金。

※ 信息资源管理（6.4）

信息资源管理包括信息搜集、加工、分析、发布，数据库建设、维护、利用等，是企业知识产权管理的主要内容，也是知识产权预警应急机制的重要保障。对知识产权危机事件的预警和应急过程主要包括三个阶段：

①搜集知识产权信息，包括搜集知识产权相关法律、法规和发展战略，对本领域高新技术的跟踪和预测（主要是专利技术），可能对未来企业发展形成威胁的知识产权纠纷事件判别等，有条件的企业可以建立知识产权数据库；

②分析搜集到的知识产权信息，即利用分析工具，对已获取的知识产权信息进行识别和利用，包括过期专利信息利用、竞争态势分析、竞争对手分析、技术发展趋势分析等，帮助制定企业研发计划和市场规划，规避侵权风险；

③对知识产权信息分析结果进行危机评价，制定并实施应急预案。

对本部分内容的管理应编制形成文件的程序。

审核要点

知识产权方针制定是否符合企业的发展方向，是否有文件证明制定了“企业知识产权方针”；

知识产权目标是否适应企业发展现状且与方针保持一致；

企业知识产权管理体系是否充分考虑到了企业的综合因素，适应其发展；

企业知识产权管理体系是否遵循PDFA循环，具备持续发展性；

是否有文件指定了管理者代表，且符合国标条款的要求；

设立知识产权机构（部门）的决定文件，或委托咨询服务机构代为管理的委托合同；

企业是否聘请了与其规模相匹配的知识产权管理人员，知识产权管理人员的任职条件；

企业知识产权培训计划及相关记录；

劳动合同或相关协议中是否包含了知识产权及保密相关条款；

企业是否制定了针对职务发明人的奖励制度并进行了落实；

企业是否有知识产权工作预算（年度）；

企业是否建立预警机制并进行知识产权预警；

企业知识产权信息检索与分析的体系建设情况和文件记录。

经验分享

某电信公司设置其知识产权方针为“技术专利化、专利标准化、标准产业化、产业市场化、市场国际化”，符合公司的发展实际；

某制药企业设置其知识产权方针为“激励创造、促进创新、灵活运用、扩大市场、全面保护、支撑发展、系统管理、提升竞争”，符合公司的发展实际；

某企业的知识产权目标：

（1）专利方面：短期（5年）目标：新申请发明专利80件，新授权发明专利35件；长期（5年以上）目标：每年新申请发明专利25件，发明专利授权率达到80%。专利转化运用比率逐步提高。

（2）商标方面：及时进行公司新产品商品名的商标注册申请或销售所需的国外

商标注册申请，加强新商标的法律保护；继续培育、创立和巩固“三级名标”（中国驰名商标、省著名商标、市知名商标），有效维护公司商标权益。商标转化运用比率逐步提高。

IBM公司的集中管理模式[5]如下。

IBM公司在集团设有知识产权总部，由副总裁任部长，负责处理全球4个地区所有与公司业务有关的知识产权实务，下设美国知识产权研究所、欧洲知识产权分部、亚太知识产权分部、非洲知识产权分部、中东知识产权分部，其职责是：负责包括专利、商标、著作权、半导体芯片布图设计保护、商业秘密等知识产权事务。其知识产权管理部门的结构如图4-3所示。

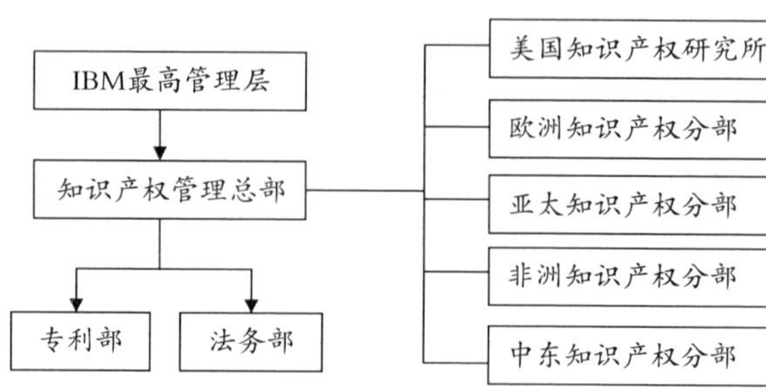

图4-3 IBM公司知识产权管理部门的结构

某企业知识产权管理体系组织机构如图4-4所示。

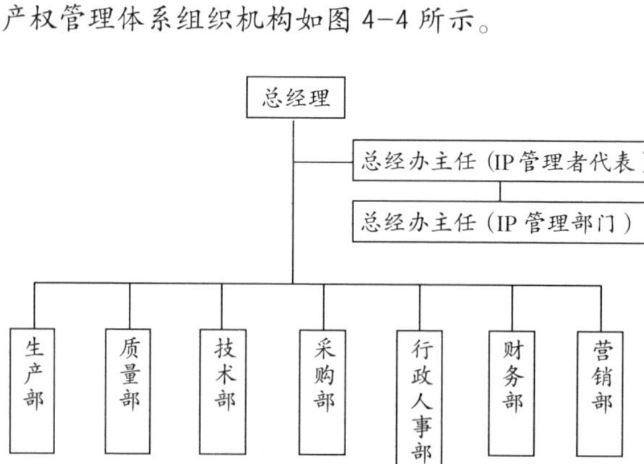

图4-4 某企业知识产权管理体系组织机构

某企业知识产权信息检索控制程序流程如图4-5所示。

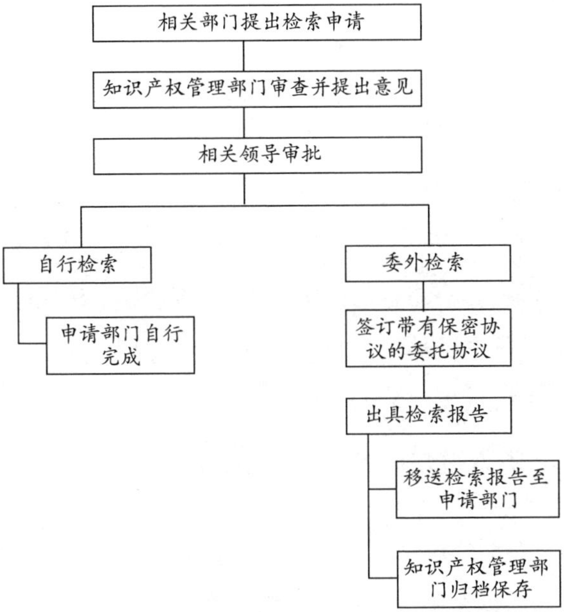

图 4-5 某企业知识产权信息检索控制程序流程

某企业知识产权信息发布控制程序流程如图 4-6 所示。

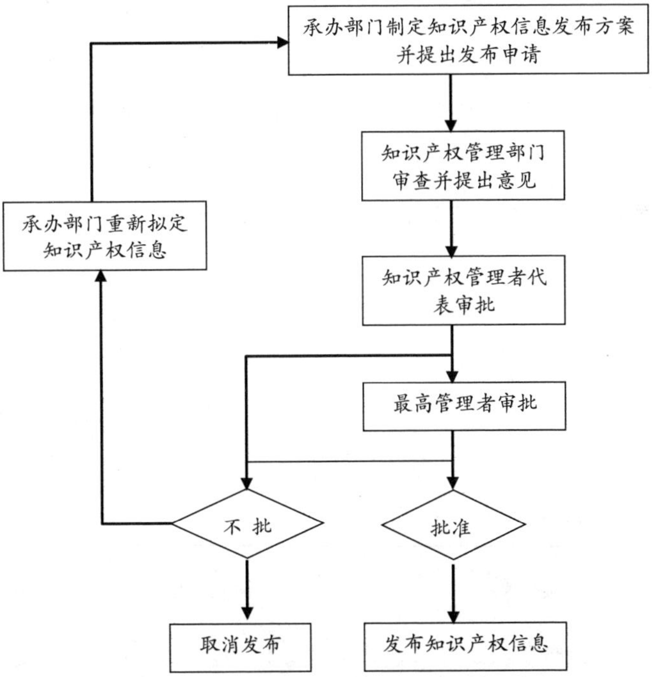

图 4-6 某企业知识产权信息发布控制流程

3. 编写知识产权管理文件

按照贯标的具体实施方案，在完成企业知识产权管理体系构建工作以后，贯标小组开始着手编写知识产权管理手册等文件，具体工作内容包括：

（1）规划文件体系，列出对比文件清单；

（2）编写知识产权管理手册、知识产权管理程序文件和记录表单（在文件和记录表单编写过程中，应注意现行文件体系和知识产权管理文件体系的融合，可以在已有文件的基础上添加知识产权管理相关条款内容，以保证管理文件体系的适宜性、简洁性和可操作性）；

（3）在编写知识产权管理文件的过程中，应确保文件体系符合《管理规范》的要求，并与企业实际工作相适宜。

重点条款解读

※ 文件控制（4.2.2）

知识产权管理体系文件是企业实施知识产权管理的依据。国家标准对文件的管控提出了具体的要求，即文件的审核、批准、类别、密级、标识、保存等。

该部分要求与ISO9001质量管理体系的文件控制要求基本相同。如果企业已经取得ISO9001质量管理体系认证，则该部分条款要求可以和质量管理体系文件中的“文件管理”相关规定融合，在已有的管理规定中加入关于知识产权的内容即可。如此，既可以增加体系之间的协调作用，也增加了文件的可操作性。

※ 知识产权手册（4.2.3）

知识产权管理手册是知识产权管理体系的纲领性文件，它包括了企业知识产权机构设置、职责和权限的表述；知识产权管理体系的程序文件编制及引用的表述；以及知识产权管理体系过程之间相互关系的表述。

※ 外来文件与记录文件（4.2.4）

国家标准规定该部分条款要求应该形成文件，主要是针对外来文件和知识产权管理体系记录文件实施管控，以确保外来文件与记录文件的完整，包括记录的标识、贮存、保护、检索、保存和处置，以及对行政决定、司法判决、律师函件等外来文件的标识（主要指来源、取得时间）。

※ 基础管理（7）

基础管理主要是针对知识产权本身在其生命周期内的管理要求，包括对知识产权获取、维护、运用、保护的管理，以及合同管理和保密管理。这个过程应编制制度文件或程序文件进行管理。其中：

知识产权“获取”应注意明确获取的方式和途径，获取前应进行必要的检索分析，应保持获取记录和创造人员的署名权。

知识产权“维护”应建立知识产权分类管理档案，并注意进行日常维护。

知识产权“运用”包括实施、许可和转让，以及投融资、企业重组、标准化、加入联盟及相关组织等过程中对知识产权的管理，应注意知识产权权属变更前、企业重组前的知识产权价值评估，投融资活动前的价值评估和风险分析，标准化及加入联盟等相关组织过程中相关知识产权政策的了解和制定，以及许可承诺等。

知识产权“保护”包括风险管理、争议处理、涉外贸易过程中的知识产权管理，其中风险管理和争议处理的知识产权管理应该编制管理文件。

“合同管理”特别强调，应该加强合同中的知识产权管理，包括对合同中的知识产权条款进行审查并做记录；对外委托业务应签订书面合同，约定知识产权权属、保密等内容；涉及重大专项等政府支持项目时，应按照项目相关知识产权管理规定进行管理。

“保密”主要是对涉密人员、涉密信息、涉密区域、涉密设备的管理控制，应编制相关文件对涉密人员接触权限，涉密信息保密等级、期限、传递、保存及销毁，涉密区域许可范围，以及可能造成知识产权流失的设备使用等进行规定。

※ 实施和运行（8）

该条款主要是对企业实际生产流程中各环节（包括立项、研究开发、采购、生产、销售和售后）知识产权的管理。

“立项”阶段的知识产权管理包括分析该项目所涉及的知识产权信息，并通过信息分析和市场调研结合，明确该产品的潜在合作伙伴与竞争对手，同时开展知识产权风险评估，作为立项的依据。

“研究开发”阶段的知识产权管理包括对该领域的相关信息进行检索分析，适时调整研发内容和研发方向，避免知识产权侵权；敦促研发人员及时报告研发成果，明确保护方式和权益归属，适时形成知识产权；同时，要注意保留形成的各项记录，并实施有效管理。

“采购”阶段的知识产权管理包括避免采购知识产权侵权产品，必要时应要求供方提供知识产权权属证明；做好供方信息、进货渠道、进价策略等信息资料的管理和保密工作；采购合同中明确知识产权权属、许可范围、侵权责任等内容。

“生产”阶段的知识产权管理包括及时评估、保护在生产过程中涉及的产品与工艺方法的技术该机与创新，适时形成知识产权；在对外协作的过程中，应在生产合同中明确知识产权权属、许可使用范围和侵权责任等内容。

“销售和售后”阶段的知识产权管理包括在产品销售前、在会展、产品宣传等商业活动前等，对产品制定知识产权保护和规避方案；建立产品市场监控程序，及时跟踪调查知识产权被侵权情况；产品升级或市场环境发生变化时，及时进行跟踪调查，调整知识产权策略和风险规避方案，适时形成新的知识产权。

审核要点

文件发布前（包括更新后再发布）是否有审核和批准程序；

文件是否依据类别和密级级别进行分别管理；

文件发布、标识、更改、使用、保存、废止是否有专门规定；

各个部门对文件的收发登记管理情况；

知识产权手册的内容是否全面，是否与规范一一对应，及覆盖了规范的要求；

记录的表示、贮存、保护等是否有规定的程序；

外来文件的来源和时间是否标示清楚；

外来文件和记录文件是否全面，是否有明确的保管方式和期限；

企业是否根据自身特点制定了完整的知识产权管理规划和战略；

企业是否建立了整套知识产权获取机制和流程；

企业是否在立项前进行了必要的知识产权检索和分析；

企业是否定期进行知识产权文献检索和跟踪；

企业是否保留了知识产权获取、检索的所有完整记录；

企业是否建立了完整的知识产权维护制度；

企业是否建立了完整的分类分级管理制度；

企业建立了知识产权评估程序；

是否建立了完备的知识产权许可和转让、投融资过程的审批管理流程；

企业在合并和并购中是否进行了知识产权评估或知识产权尽职调查；

企业是否制定了明确的标准化过程中及知识产权联盟的工作流程；

企业是否建立知识产权预警体系；

企业是否定期进行知识产权自查，以发现和防范知识产权风险

企业是否建立知识产权争议解决机制，能够科学合理应对知识产权侵权纠纷；

企业是否建立涉外贸易知识产权预警机制；

企业是否制定了规范的知识产权合同管理制度，并保留了审查记录；

企业是否制定了合理的保密措施保护企业的知识产权；

依据产品开发管理制度和产品开发流程文件，检查研究开发阶段相关文件及评审材料，证明在研究开发阶段实施和运行了知识产权管理规范；

依据采购管理制度和采购流程文件，供应商管理相关制度文件，以及抽查采购合同等方式，证明在采购环节实施和运行了知识产权管理规范；

检查企业生产管理制度文件，查看生产记录及评审报告，抽查生产合同文件，以审核企业是否执行了知识产权管理规范；

查看企业销售管理相关规章制度，以评估企业是否在销售环节遵循了知识产权

规范的要求。

经验分享

标准要求的必要文件列表[5]如图 4-7 所示。

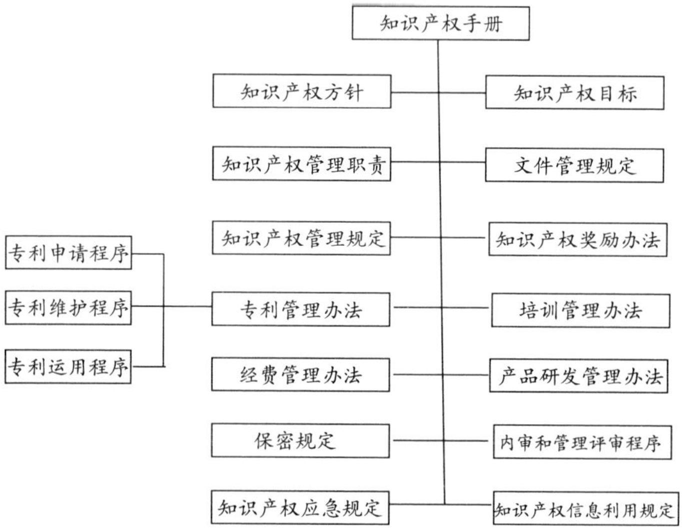

图 4-7 标准要求的必要文件列表

某企业体系文件列表见表 4-8。

表 4-8 某企业体系文件列表

序号	文件名称	文件编号	备注
1	知识产权管理办法	MS/ZJB（WJ）/001-01	
2	专利与专有技术管理办法	MS/ZJB（WJ）/002-01	
3	商标管理规定	MS/ZJB（WJ）/003-01	
4	著作权管理办法	MS/ZJB（WJ）/004-01	
5	商业秘密管理办法	MS/ZJB（WJ）/005-01	
6	知识产权预警应急管理规定	MS/ZJB（WJ）/006-01	
7	知识产权管理手册	AEK-IPMM	
8	文件管理规程	SMP/FCZ（WJ）/007-02	
9	文件系统分类管理规程	SMP/FCZ（WJ）/001-02	
10	文件编码及编写格式管理规程	SMP/FCZ（WJ）/002-03	
11	文书管理规程	SMP/XZ（WJ）/011-02	

续表

序号	文件名称	文件编号	备注
12	档案管理规程	SMP/XZ（WJ）/013-02	
13	员工招聘与录用管理规程	SMP/XZ（WJ）/002-02	
14	员工培训管理规程	SMP/XZ（WJ）/005-02	
15	采购合同管理规程	SMP/CG （WJ）/003-02	
16	物资采购管理规程	SMP/CG（WJ）/002-02	
17	产品开发设计管理规程	SMP/JS（WJ）/001-02	
18	产品销售管理规程	SMP/XS（WJ）/001-02	
19	信息系统安全管理办法	MS/XZ（WJ）/024-01	
20	总经办主任岗位职责	SMP/XZ（WJ）/028-02	

序号	控制程序名称	文件编号	备注
1	知识产权文件发文控制程序	SMP/ZJB（WJ）/001-01	
2	知识产权记录文件控制程序	SMP/ZJB（WJ）/002-01	
3	法律法规及其他要求控制程序	SMP/ZJB（WJ）/003-01	
4	知识产权奖励控制程序	SMP/ZJB（WJ）/004-01	
5	知识产权信息检索控制程序	SMP/ZJB（WJ）/005-01	
6	知识产权申请控制程序	SMP/ZJB（WJ）/006-01	
7	知识产权价值评估控制程序	SMP/ZJB（WJ）/007-01	
8	知识产权权属变更控制程序	SMP/ZJB（WJ）/008-01	
9	合同审批控制程序	SMP/ZJB（WJ）/009-01	
10	知识产权信息发布控制程序	SMP/ZJB（WJ）/010-01	
11	知识产权预警控制程序	SMP/ZJB（WJ）/011-01	
12	知识产权风险管理控制程序	SMP/ZJB（WJ）/012-01	
13	知识产权争议处理控制程序	SMP/ZJB（WJ）/013-01	
14	科研管理控制程序	SMP/ZJB（WJ）/014-01	
15	知识产权内部审核控制程序	SMP/ZJB（WJ）/015-01	

序号	记录名称	记录编号	备注
1	文件目录表	无	
2	文件收发登记表	RC/XZ/021-02（发文） RC/XZ/022-02（收文）	

续表

序号	记录名称	记录编号	备注
3	年度知识产权工作计划 / 总结表	RC/ZJB/001-02	
4	知识产权管理评审计划表	RC/ZJB/002-01	
5	知识产权管理体系运行报告	RC/ZJB/003-01	
6	云南省劳动合同书 云南省劳动合同书（农民工）	无	
7	求职人员登记表	RC/XZ/002-01	
8	员工离职审批表	RC/XZ/006-02	
9	员工离职保密及知识产权告知确认书	RC/Z/041-01	
10	员工离职面谈记录表	RC/XZ/007-02	
11	员工保密协议	RC/XZ/042-01	
12	年度培训计划表	RC/XZ/013-02	
13	培训申请表	RC/XZ/015-02	
14	培训签到表	RC/XZ/014-02	
15	知识产权奖励台账	RC/ZJB/004-01	
16	知识产权奖励申请表	RC/ZJB/005-01	
17	知识产权统计表	RC/ZJB/006-01	
18	包装材料设计申请表	RC/JS/014-02	
19	知识产权申请审批表	RC/ZJB/007-01	
20	知识产权权属变更审批表	RC/ZJB/008-01	
21	知识产权信息检索及预警申请表	RC/ZJB/008-01	
22	竞争对手专利定期检索预警通报表	RC/ZJB/009-01	
23	知识产权信息发布申请表	RC/ZJB/010-01	
24	知识产权纠纷及处理信息表	RC/ZJB/011-01	
25	产品设计开发建议书	RC/JS/018-02	
26	海外市场知识产权调查表	RC/ZJB/012-01	
27	市场活动知识产权保护及风险规避方案报告表	RC/XS/001-01	
28	合同更改通知单	RC/XS/012-02	
29	知识产权尽职调查报告	RC/ZJB/013-01	
30	知识产权内部审核计划表	RC/ZJB/014-01	
31	知识产权内部审核检查表	RC/ZJB/015-01	

续表

序号	记录名称	记录编号	备注
32	知识产权内部审核不符合报告表	RC/ZJB/016–01	
33	知识产权内部审核报告	RC/ZJB/017–01	
34	知识产权价值评估表	RC/ZJB/018–01	

4. 知识产权管理体系试运行

在完成知识产权管理体系构建，以及知识产权管理文件的编制以后，企业颁布实施试运行知识产权管理体系，并对试运行结果进行内部评审和管理评审，具体工作内容包括：

（1）企业颁布知识产权管理文件；

（2）根据企业实际情况，对员工开展集中或分级培训，促进全体员工对知识产权管理体系的了解和熟悉；

（3）实时运行一段时间后，对知识产权管理体系的运行效果进行内部审核和管理评审；

（4）根据内部审核和管理评审结果，完善、改进知识产权管理体系文件和记录表单，使之更符合公司的实际需求，并能进一步促进公司发展；

（5）申请认证机构认证。

重点条款解读

※ 管理评审（5.5）

管理评审是指最高管理者为评价管理体系的适宜性、充分性和有效性所进行的活动。评审输入包括：知识产权方针、目标；企业经营目标、策略及新产品、新业务规划；企业知识产权基本情况及风险评估信息；技术、标准发展趋势；前期内部审核结果。评审输出包括：知识产权方针、目标改进建议；知识产权管理程序改进建议；资源需求建议。管理评审一般与内部审核同期进行。

※ **内部审核**（9.2）

内部审核是对本企业知识产权管理体系的适宜性和有效性展开的内部监控和审查，以确保产品、软硬件设施设备符合知识产权有关要求。

※ **分析与改进**（9.3）

根据知识产权方针、目标以及检查、分析的结果，制定和落实改进的措施。

审核要点

企业在进行知识产权管理体系的持续改进时，是否对检查结果进行充分分析；

企业在进行分析工作时为了保证分析质量，是否能够专业地运用各种信息和分析方法，或根据自身情况聘请外部专业机构；

企业是否能够规范化地编制知识产权管理体系持续改进的分析报告；

企业是否能够及时、真实、客观地将分析结果及时告知企业管理层或有决策权的管理者；

管理评审程序和形成的评审记录，改进措施及落实情况等；

企业是否对知识产权管理体系中存在的问题制定了改进措施和改进计划。

参考文献

[1] 袁建中 . 企业知识产权管理理论与实务 [M]. 北京 : 知识产权出版社 ,2011.

[2] 申捷 . 专利信息利用与知识产权管理 [J]. 科技与创新 ,2017（9）.

[3] 尉伟敏 , 孟建土 . 企业专利申请实务 [M]. 北京 : 知识产权出版社 ,2016.

[4] 国家质量监督检验检疫总局 , 国家标准化管理委员会 . 企业知识产权管理规范 :GB/T 29490-2013[S],2013.

[5] 国家知识产权局专利管理局 .《企业知识产权管理规范》解读 [EB/OL]. 2013.

[6] 国家知识产权局 . 权威解读《知识产权认证管理办法》[EB/OL]. 国家知识产权局 .（2018-05-16）http://www.cnca.gov.cn/xxgk/jgdt/201805/t20180516_56620.shtml.

[7] 万融 . 商品学概论 [M]. 北京 : 中国人民大学出版社 ,2013.

[8] 申长雨 . 在 2015 年全国知识产权局局长会议上的工作报告 [R].2015-01-15.

第五章 专利运营

第一节 专利运营简介

一、专利运营的概念

专利运营指企业为获得与保持市场竞争优势，通过运营专利制度提供的专利保护手段及信息，实现对专利或专利申请进行管理，促进专利技术的应用和转化，谋求获取最佳经济效益的总体性谋划，实现专利技术价值或效能的活动。专利运营包括广义和狭义两个概念。广义的专利运营是指：专利权人和相关市场主体优化资源配置，采取一定的商业模式实现专利价值的商业活动。市场主体针对专利的使用、运作和一切提升专利权价值的行为都属于专利运营。狭义的专利运营是指：专利权人和专利权受让人之间的中介机构，通过低买高卖或收取中介费的模式盈利。

企业专利运营内容主要涉及了管理机构、人员、信息、技术、市场、权益等多种因素，形成了专利的信息加工体系、专利的研究开发体系、专利职能保障体系和专利的法律保障体系等四大体系。

二、专利运营的基本模式

（一）基于专利证书的交易

基于专利证书的交易是指专利权人和专利权受让人双方之间关注的重点仅是专利证书，并不关注专利本身所具有的法律权利和专利技术的价值与使用价值。这种专利运营模式并没有发挥和实现专利的真正运营价值。当前知识产权业内为这种专利运营的存在提供了需求和市场，但这种专利运营模式并未对技术成果的转化促进发挥作用，某种程度还起到了一定的负面影响。

基于专利证书交易的专利运营模式，其原因是当前我国的科技制度的和科技考核制度的不健全，导致这种基于专利证书交易模式的存在。这种专利交易主要因素有几方面：企业申报高新技术企业认定及科技项目的需要；职称评定需要；准备 IPO 的公司为了包装知识产权的成绩等。例如：某些地区申报高新技术企业，要求申报企业必须拥有 1 项发明专利和 6 项实用新型专利，重点规定了数量，但在对申报企业专利技术的含金量和专利技术对申报企业工艺技术革新和效率的提升及节能减排等形成支撑作用的缺乏有效的评价。致使一些企业并不注重有专利的实际运营效果和价值，而是将目光转移到这种短期解决入门门槛的专利运营模式。这种专利运营模式虽然促进了专利的申请和授权量，但有实际使用价值和推广应用价值的专利数量并未得到增长。

（二）基于数据分析的交易模式

当前，国内专利分析普遍存在专利时滞性、价值挖掘少、可视化度低、可推广性差、分析成本高等诸多因素，这些因素的存在影响了专利分析广泛应用和发展的关键问题[1]，针对专利文献的检索，特别是高级检索，数据检索涉及了词库管理、概念识别、文本抽词、关键词扩展关联、相关度计算等内容，这些功能是基于专利数据检索和分析技术来实现，并在此基础上进行专利分析、评估。由于数据分析的技术性和专业性较强，很少有企业能够独立完成，大部分企业都委托代理机构进行检索分析。随着我国知识产权行业的不断规范和发展，知识产权服务业务走向多元化和专业化，市场需求不断扩大，建立专业的专利数据分析服务运营平台已是大势所趋。目前在国内的广东等沿海发达地区已经有专业化的知识产权机构利用数据分析的交易模式，为企业提供专利技术服务和导航分析的专利运营服务。

（三）基于技术交易的专利运营模式

基于技术交易的专利运营模式包括专利许可、技术成果转化、质押融资等，目前中小企业主要是进行技术成果转化。技术成果转化是指为提高生产力水平而对科学研究与技术开发所产生的具有实用价值的科技成果所进行的后续试验、开发、应用、推广直至形成新产品、新工艺、新材料，发展新产业等活动。技术成果转化的概念可分为广义和狭义两种。广义的科技成果转化是指将科技成果从创造地转移到使用地，使使用地劳动者的素质、技能或知识得到增加，劳动工具得到改善，劳动效率得到提高，经济得到发展。狭义的技术成果的转化，是将具有创新性的技术成果从科研单位转移到生产部门，使新产品增加，工艺改进，效益提高，最终经济得到进步。

目前，我国科技成果转化率不足30%，远远落后于发达国家，究其原因，主要是高校、科研院所与企业缺少合作纽带。高校和科研院所是技术成果的主要产出单位，企业是技术成果的主要应用单位，但由于缺少专业的技术市场中介服务机构，导致高校、科研院所大量的技术资源浪费，而企业缺少技术合作的渠道。如何解决科研院所和高校的专利技术成果向下游的企业进行转化和实施是解决专利运营的重要瓶颈问题。目前在国内已经建立了一些技术市场中介服务机构，但这些机构的运营远达不到上游科研院所技术成果转移和实施的成效。因此，建立有效的技术市场中介服务体系仍是专利运营的重要环节。

专利权质押贷款是指经工商行政管理机关核准的具有独立法人资格的企业、经济组织、个体工商户，依据已被国家知识产权局依法授予专利证权的发明专利、实用新型专利和外观设计专利作质押物，从银行取得一定金额的人民币贷款，并按期偿还贷款本息的一种新型贷款业务。

专利权质押融资作为一种新型的融资方式，它的可行性虽得到社会各方的普遍认可，但由于专利权价值的不确定性、专利权质权变现的复杂性等原因，使专利权质押融资还未得以充分的发展。主要原因有以下几个方面：①专利权所固有的无形性、时间性、地域性及法定授权性等特点，增加了影响专利权质押贷款的不稳定的因素，使专利权作为质押标的具有某些“先天不足”。②专利权人的信用意识偏低。③专利权的价值难确定性。专利权质押的标的是专利权，包含发明、实用新型及外观设计3种形式，专利权质押融资多以发明专利为质押标的，而发明专利其客体本质上是复杂的技术方案，不能像通常质押实物，通过一些计算就可获得某一专利权的物质消耗和时间消耗成本得出专利权的价值。目前我国还没有专门的关于专利权价值评估的准则和法规来支撑专利权价值评估。④专利权难以变现。专利权对技术、设备要求较高，质权的实现存在一定的困难，有时甚至可能发生质押的专利权因为缺乏专利交易市场而一文不值的情况，这严重危及贷款银行的贷款利益，甚至可能导致银行贷款不能收回，所以专利权质权实现难是制约专利权质押贷款的最大困难。

基于上述原因，专利质押融资的运营转化未能得到很好的推广。虽然政府设立专门的信用担保机构和完善的专利权保险制度来推进专利质押融资，使专利质押融资的运营得到了促进，但更多的依旧采用专利质押与实物抵押相结合的方式运营。

三、专利运营的重要方式——技术成果转化

没有获得专利权保护的科技成果是不具备法律保护的智力资源，其拥有者不享有独占实施权，因此无权阻止他人实施。也就是说，科技成果的拥有者在将技术成果进行公开后，就无偿奉献给其他需要的单位和个人。而科技成果拥有者取

得专利后就获得了法律保护的技术成果，技术成果的专利权人可以在一定时间内对技术垄断，进行独占实施，或许可、转让他人实施。这既能有效制止竞争对手的仿造行为，又能很好地阻止竞争对手的使用、许诺销售、销售、进口行为。可以最大限度地保持产品的市场占有率和竞争力，获得最大的经济利益。这样既有利于调动专利权人进行技术创新的积极性，也有利于专利技术的开发与实施，合理地配置了技术创新资源，加快了技术进步与经济发展的步伐。所以本书讲到的技术成果是指获得专利权的技术成果。

（一）技术成果转化政策依据

技术成果转化的能力已经成为衡量一个国家自主创新能力和科技发展水平的重要标志。促进科技成果转化、加速科技成果产业化，已经成为我国科技政策的新趋势。

国务院2016年2月印发的《实施〈中华人民共和国促进科技成果转化法〉若干规定》提出了更为明确的操作措施，强调要打通科技与经济结合的通道，促进大众创业、万众创新，鼓励研究开发机构、高等院校、企业等创新主体及科技人员转移、转化科技成果，推进经济提质增效升级。该规定鼓励研究开发机构、高等院校通过转让、许可或作价投资等方式，向企业或其他组织转移科技成果。国家设立的研究开发机构、高等院校应当建立健全技术转移工作体系和机制，其持有的科技成果可以自主决定转让、许可或作价投资，除涉及国家秘密、国家安全外，不需审批或备案。

国务院办公厅2016年4月印发《促进科技成果转移转化行动方案》提出，对实施促进科技成果转移转化行动作出部署。“十三五”期间，推动一批短中期见效、有力带动产业结构优化升级的重大科技成果转化应用，企业、高校和科研院所科技成果转移转化能力显著提高，市场化的技术交易服务体系进一步健全，科技型创新创业蓬勃发展，专业化技术转移人才队伍发展壮大，多元化的科技成果转移转化投入渠道日益完善，科技成果转移转化的制度环境更加优化，功能完善、运行高效、市场化的科技成果转移转化体系全面建成。“十三五”期间主要指标：建设100个示范性国家技术转移机构，支持有条件的地方建设10个科技成果转移转化示范区，在重点行业领域布局建设一批支撑实体经济发展的众创空间，建成若干技术转移人才培养基地，培养1万名专业化技术转移人才，全国技术合同交易额力争达到2万亿元。

《中华人民共和国促进科技成果转化法》（以下简称《促进科技成果转化法》）1996年5月15日发布，自1996年10月1日起施行。该法于2015年8月修订。该次修订科技成果转化的处置权和收益，规定：国家设立的研究开发机构、高等院校对其持有的科技成果，可以自主决定转让、许可或作价投资，但应当通过协议定价、在技术交易市场挂牌交易、拍卖等方式确定价格。通过协议定价的，应当在本单位公示科技成果名称和拟交易价格。并且，国家设立的研究开发机构、高等院校转化科技成果所获得的收入全部留归本单位。

（二）技术成果转化的模式——许可、转让、投资、融资

技术成果转化——成果商品化，在商品化过程中，技术商品存在以下特点：①交易价格不确定性：非标准化生产，开发成本难计量；②所有权的高垄断性；③技术开发的高风险性；④价值的时效性；⑤使用价值的间接性；⑥技术信息传递的困难性；⑦技术交易的不彻底性。技术成果转化首先要对该项需要转化的技术进行评估，持有技术成果和进行技术转化是需要成本的，如果该项技术成果的价值不大或转化实施不能达到收益，甚至抵不上支付的成本，那么公司可以选择放弃所有权或不再进行保密措施。

许可：是指技术成果持有人或其授权人许可他人在一定期限、一定地域或行业领域，以一定方式使用其所拥有的技术成果，并向他人收取使用费用。许可分为独占许可、排他许可、普通许可、分许可和交叉许可。

转让：专利权人作为转让方，将其发明创造的技术成果的所有权或持有权转让给他人，并收取相应费用。

投资——专利作价入股：专利投资入股可以实现专利的价值，促进技术成果尽快地转化为生产力，优化企业无形资源配置，提高无形资源使用效率。

融资：早在1995年，我国颁布的《中华人民共和国担保法》（以下简称《担保法》）中就确立了知识产权质押融资制度，规定知识产权中的财产权可以作为一种担保形式，用于银行质押贷款。由此专利权质押融资作为一种新的担保融资形式。虽然质押融资经历了二十几年的发展，但在发展过程中也出现了许多问题，质押融资的法律问题成了阻碍发展的一个重要因素，同时也影响了经济的发展。首先是质押融资法律定位的不准确，在规定专利权担保制度时未区分专利权与其他专利权的权利变更和不同权利变更上的区别，影响了专利权担保的效用。其次是标的物范围的法律规定不明确，在《中华人民共和国物权法》中可以出质的质押标的范围不明确，在专利权中实施权、许可权、独占许可权、具有财产性的专利申请权等权利并未规定是否可以出质。再次是质押融资登记问题，采用的登记效力模式和审查方式的选择关系到质押融资的为来发展方向。最后是价值评估和资产处置问题，价值评估是质押融资的前提条件，评估结果的准确性和客观性是质押的关键；资产处置的难易关系质权人的风险大小。面对出现的法律问题，首先应该是质押融资法律定位的确立；明确质押融资标的范围；完善登记制度；在价值评估和市场交易方面提出建议；对质押融资提出的法律风险提出防范措施。

（三）技术成果转化的路径——五个“一”

1. 一套决策体系

技术成果转化除了有政策的支撑，政策的制定需要领导决策，建立一套完善的决策体系是奠定技术成果转化的基础。建立健全各级干部领导小组、知识产权管理领导小组、专业委员会等，对有关知识产权备案制度、知识产权评估制度、权属变更、解决纠纷以及相关的申请注册登记等知识产权转化相关事项进行讨论审议，并对相关方案进行审定。在这样的决策体系管理下，知识产权的成果效用将会实现最大化，技术成果也会得到充分利用。

2. 一支专业化队伍

构建一支专业化团队，对技术成果转化与知识产权管理至关重要。团队人员的组建应该设计不同领域、不同专业、全方位，多技术的人才。他们应该精通技术、法律以及商务。在技术成果转化前，进行技术的筛选、评估，期间进行知识产权的保护。实现成果产业化过程中，进行技术推广、技术转移、合同执行、技术成果产业化的目的是实现经济增长，技术成果转化实施要达到企业经济的增加，实现技术成果转化的收益。

3. 一套政策流程

在《知识产权管理规定》《成果评估处置与利益分配办法》《成果转化工作手册》等政策文件中，规定了知识产权转移前的管理的工作流程，转移决策环节的工作流程和转移后利益分配的工作流程。相关政策规定了：在技术成果转化过程中，通过协议定价、在技术交易市场挂牌交易、拍卖等市场化方式确定价格。协议定价的，技术成果持有单位应当在该单位公示科技成果名称和拟交易价格，公示时间不少于 15 日。单位应当明确并公开异议处理程序和办法。

技术转移工作流程：成果申报—成果评估—知识产权保护—市场推广—商务谈判。

现阶段随着技术成果转化的不断发展，为了鼓励技术人员发明创造，对技术产业化后的收益进行了分配：①以技术转让或许可方式转化职务科技成果的，应当从技术转让或许可所取得的净收入中提取不低于 50% 的比例用于奖励。②以科技成果作价投资实施转化的，应当从作价投资取得的股份或出资比例中提取不低于 50% 的比例用于奖励。③人员在成果转化工作中开展的技术开发、技术咨询、技术服务等活动，是科技成果转化的重要形式，应通过合同约定服务价格。以技术开发、技术咨询、技术服务等活动转化职务科技成果，符合《中华人民共和国促进科技成果转化法（2015 年修订）》和《国务院关于印发实施〈中华人民共和国促进科技成果转化法〉若干规定的通知》有关规定的，可以从技术开发、技术咨询、技术服务等活动取得的净收入中提取不低于 50% 的比例用于奖励。

④对完成、转化职务科技成果作出主要贡献的人员，奖励的份额不低于奖励总额的 50%。

4. 一系列模式

一种模式：校企研发合作，企业和高校合作可以实现技术、资金、信息资源的互补。校企合作帮助了高校获取实现技术突破的资金和设备，又帮助企业克服消极地路径依赖、知识搜索缺陷，充分利用闲置

资金进行探索性技术搜寻形成产品或生产流程创新。校企研发合作有助于外部资源获取与整合，提升合作成果质量。

5. 一张报表

从表 5-1 中可以看出从 2012 年到 2017 年技术转化从无到有，逐年增加，技术转移实现的经济收益大体上呈现增长趋势。这表明在知识产权管理中，专利等技术突破了原有在数量上的提高到转变为质量和产业化的发展，促进了经济的增长。

表 5-1 专利技术转化形式

转化形式	2012 年	2013 年	2014 年	2015 年	2016 年	2017 年
许可（件）	29	30	23	20	27	39
转让（件）	9	15	19	16	8	6
投资（件）	0	0	0	12	20	34
小计（件）	38	45	42	48	55	79
涉及知识产权（件）	105	264	287	312	413	405
技术转移收益（万元）	5424.6	3960	6451	9993	31280 + 提成	45697 + 提成

（四）技术成果转化的若干问题探究

1. 定位

企业是技术成果转化的主体。企业通过受让、技术入股、技术作价投资等方式获得科技成果所有权或通过许可、转让等方式获得技术成果的使用权，取得了

实施技术成果转化的主导权。《促进科技成果转化法》及其实施规定、国家科技成果转移转化行动方案等都规定了支持企业实施科技成果转化的政策措施，发挥企业的主体作用。地方促进科技成果转化条例及相关政策文件也都采取切实措施支持企业实施科技成果转化。

2. 确权

确权是技术成果转化的前提，在《促进科技成果转化法》中将科技成果的处置权、收益权和使用权下放到科技成果持有人，这就意味着要进行技术成果转化首先应明确所有权，简言之就是利益的分配问题。如何确定科技成果的归属，有以下三点。①职务科技成果归单位：企业为鼓励科技人员利用业余时间从事自己感兴趣的研发，创造条件、提供资助、组建团队、设置部门，达到一定条件的还鼓励其在职创办企业共同实现科研成果的转化，申请被批准后，该单位为专利权人。职务发明创造申请专利的权利属于该单位。②协定优先原则：协议约定知识产权归属于科技人员，在特定的情况下，不是执行该单位的工作任务，只是利用该单位的物质技术条件所完成的科技成果，从有利于科技成果转化的角度，可以将科技成果认定为非职务成果，授权科技人员申请专利，并由科技人员实施该成果的转化。该科技成果得到转化，并取得收益的，科技人员应当按协议中约定的对利用单位或其他组织提供的物质技术条件返还资金或交纳使用费。③探索赋予科研人员科技成果所有权或长期使用权。中共中央办公厅、国务院办公厅印发的《关于实行以增加知识价值为导向分配政策的若干意见》规定，财政资助科研项目所产生的技术成果在实施成果转化时，应明确项目承担单位和完成人之间的收益分配比例。对于接受企业、其他社会组织委托的横向委托项目，允许项目承担单位和科研人员通过合同约定知识产权使用权和转化收益，探索赋予科研人员科技成果所有权或长期使用权。

3. 评估

建立评估评价机制，企业要建立健全技术成果评估评价机制，可根据需要建立技术成果评估评价机构或专家委员会，对技术成果转化受益人、成果交易估值、转化成本核算以及科技人员兼职兼薪、离岗创业等相关合同约定独立进行审核、评估，审核、评估意见作为高校决策的参考依据。专家委员会成员应包括法律、管理、财务、投资、行业及科技领域专家。

4. 离职

离职转化技术成果。技术人员在原则上不超过 3 年时间内保留人事关系，从事技术成果转化活动。技术人员带着科研项目和成果离职实施技术成果转化，有两种做法：一是离职创办科技型企业；二是离职到企业任职。离职创业都是在政策上给技术人员到企业任职或创办企业一个心理调适期，在离职创业期间，技术人员如果发现自己更适合到企业工作或创办科技企业，就会选择流动到企业，允许技术人员离职有助于技术人员合理安排时间，有助于人才资源的合理配置，有助于激发创新创业活力、挖掘创新潜力，有助于技术成果向现实生产力的转化。

四、专利质押融资

（一）专利质押融资的由来及现状

1995 年我国在《担保法》中首次明确了知识产权的财产权属性并可以设定质押，1996 年 9 月国家知识产权局颁布了《专利权质押合同登记管理暂行办法》，我国专利权质押融资事业缓慢启动。1996 年至 2006 年 9 月，全国仅有 682 项专利在国家知识产权局进行专利权质押登记，质押总额不足 5 亿元人民币。2006 年 9 月，由中国人民银行和中国银行业监督管理委员会（以下简称银监会）牵头，首届全国专利质押融资研讨会在湘潭召开，会议明确在全国大力推动专利质押融资业务，中国专利质押融资开始走上快车道。2008 年国务院颁布《国家知识产权战略纲要》，明确提出“要促进自主创新成果的知识产权化、商品化、产业化，引导企业采取知识产权转让、许可、质押等方式实现知识产权的市场价值”，并在全国开展专利质押融资试点工作，探索知识产权融资新机制。2009 年 5 月，银监会和科技部联合发布《关于进一步加大对科技型中小企业信贷支持的指导意见》，鼓励商业银行积极开展知识产权质押贷款业务。2010 年，国家知识产权局会同财政部等六部委发出《关于加强专利质押融资与评估管理，支持中小企业发展的通知》，从建立协同推进机制、创新服务机制、完善风险管理机制、深化管理机制等方面提出加强专利质押融资工作的意见和措施。同年 10 月，《专利权质押登记办法》施行，通过简化、规范质押登记程序进一步促进专利权的运用和资金融通，保障债权的实现，中国以专利为代表的知识产权融资制度趋于合理[3]。据中国军民融合平台 2018 年 7 月 6 日报道，截至 2018 年 5 月，我国发生过质押专利总计 48273 件，我国专利质押融资正快速增长（图 5–1）[4]。

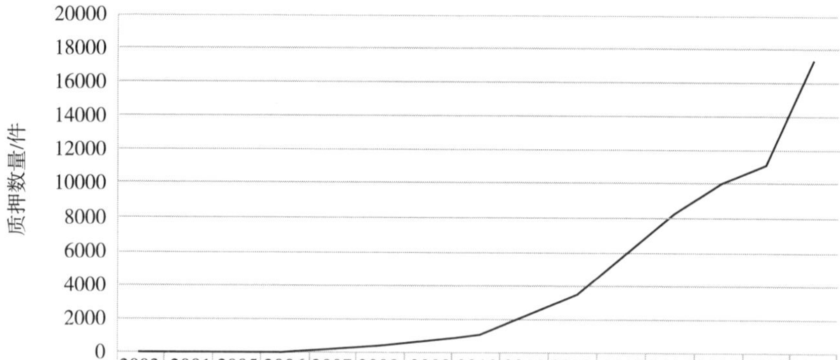

	2003	2001	2005	2006	2007	2008	2009	2010	2011	2012	2013	2014	2015	2016	2017
——质押数量/件	2	4	7	27	305	221	595	1011	1924	3255	5497	7963	9993	11083	17186

图 5–1　中国专利质押情况表

（二）中国专利质押融资主要模式

专利质押融资作为新生事物，各地政府科技部门汇同金融机构进行研究尝试，并初有成效，按专利质押融资过程中政府参与度的不同，中国专利质押融资一般分为：政府主导模式、政府引导下的市场化模式、市场主导模式三类[5]。

1. 政府主导模式

在政府主导模式中，政府相关部门通过设立政策性担保机构或政府担保基金等方式，推动专利权质押融资，政府相关部门在专利权质押融资中发挥着核心作用，提供担保，负责评估，专利权质押贷款的主要风险由政府相关部门承担。早期的浦东模式是典型的政府主导模式。在“浦东模式”中，具体操作部门是生产力促进中心。浦东新区政府每年向浦东生产力促进中心提供担保专项资金 2000 万元。生产力促进中心为企业专利权质押融资提供贷款担保，企业以专利权和企业信用提供反担保质押给生产力促进中心。上海银行浦东分行向企业提供贷款，生产力促进中心通过担保专项资金为企业提供高达 95% ~ 99% 的担保比例，上海银行浦东分行承担了 1% ~ 5% 的风险。在这种模式下绝大部分风险是由政府承担，银行承担的风险较少，因而参与的积极性较高。

2. 政府引导下的市场化模式

政府引导下的市场化模式中，政府主要运用财政等手段间接介入专利权质押融资。政府的角色定位于推动者和引导者，为专利权质押融资制定政策法规、搭建融资服务平台；提供财政专项资金对企业融资进行利息补贴，对融资机构进行风险补偿，甚至以政府信用为专利权质押融资提供担保或再担保。在这个过程中金融机构和中介服务机构共同承担风险。政府未直接参与到专利权质押法律关系中。“北京模式”为典型的政府引导下的市场化模式。在“北京模式”中，北京市科委为中小企业提供贷款利息补贴或给予融资中介服务机构费用补贴，以降低企业的融资成本，并且给商业银行、保险公司等提供风险补偿。政府还通过制定相关政策法规、构架协作机制等方式，推动专利权质押融资活动开展。但政府仅仅是推动者而非参与者，金融机构和中介机构积极开展工作，为专利质押业务提供服务。在该模式中，资产评估机构、律师事务所、保险公司等融资服务中介机构收取一定费用，按比例承担贷款风险。通过市场化的风险分散和管控机制，大大降低了商业银行的放贷风险，充分调动相关主体积极性。

3. 市场主导模式

市场主导模式以市场为主导，政府不介入专利权质押融资，既不提供任何补贴，也不承担任何风险。政府的角色为监督者和服务者，通过构建服务平台等为专利权质押融资创造良好的环境。金融机构、企业、中介机构等遵循平等自愿原则进行专利权质押融资，企业专利权先经过评估机构评估质押给商业银行等金融机构获得资金；或由商业性担保公司提供融资担保，将经过评估的专利权在知识产权中心进行质押登记，作为反担保来获得资金。商业银行等金融机构根据评估的价值，风险的高低择优选择企业发放贷款。该模式的典型代表有“湘潭模式”。在“湘潭模式”中，企业和金融机构完全按照市场规律，进行专利权质押融资活动。金融机构根据企业提供的专利权情况独立决定是否办理质押业务，不受任何政府干预。政府部门不提供任何的补贴，也不承担任何风险，仅仅是鼓励专利权质押融资。在该模式中，金融机构将独自或与担保机构共同承担资金风险。市场主导模式有利于企业、担保机构和商业银行等的业务发展，便于充分发挥市场的作用。

市场主导模式是专利权质押融资的最终发展模式，但它的运行需要有成熟的市场环境和健全的融资服务机制与政策。我国目前市场经济已经得到一定程度的发展，地方政府也相继出台了一系列推动专利权质押开展的政策，专利权交易平台也基本形成。但要达到市场主导模式所要求的成熟的外部环境，尚有一定的距离。所以，我国目前大多数地区主要采取的模式应是政府引导下的市场化模式。

（三）企业开展专利质押融资的工作流程及重点

不同地区的专利质押融资的政策及规章制度各不相同，严格按照当地的政策及规章制度准备相关材料是企业专利融资工作成功的保证。企业开展专利质押融资的工作一般流程如下。

1. 研究政策

研究企业当地相关规定，并自行评估本企业是否符合专利融资条件是企业开展专利质押融资工作的起点。如果企业不符合当地专利质押融资的相关规定，只能放弃专利质押融资工作。

2. 寻找合适的金融机构

不同的金融机构开展专利质押融资的政策及规章制度各不相同，甚至一些金融机构就没有开展专利质押融资业务，寻找到合适的金融机构并达成专利质押融资意向，专利质押融资工作才有继续开展的意义。

3. 开展专利价值评估

无论采取何种模式开展专利质押融资，进行专利价值评估都是无法避开的流程，正确理解并进行专利价值评估，将为专利质押融资成功奠定坚实的基础。

围绕专利价值评估企业需注意以下工作。

（1）精心选择合适的质押融资专利。

专利质押融资的最大难点就是专利价值不稳定、难变现。专利价值不稳定有两层意思。其一，专利法规定，任何单位及个人都有权对已获授权的专利进行无效宣告，一旦无效宣告成立，专利自始均无权利；其二，随着科学技术的快速发展，一些专利技术可很快就被新兴技术替代。选择专利必须选择撰写质量较高不易被无效的专利，另外，在质押前也需提前进行检索，尽可能提供不易被替代的专利技术。

难变现的意思是，一旦企业无法按合同要求偿还贷款，金融机构可将所质押的专利转让给第三方而获得补偿，但金融机构并清楚谁为第三方，甚至就根本不存在愿意使用所质押专利技术的第三方。为打消金融机构的疑虑最好选用被竞争对手专利中所引用专利，如企业无法按合同要求偿还贷款，金融机构可将专利转让给企业的竞争对手。

一项产品的生产、一项服务的开展，不可能只采用一项专利技术，企业开展专利质押融资时，必须以一个专利包为基础进行质押，否则企业无法按合同要求偿还贷款，金融机构无法顺利处置所质押的专利。另外，以专利包进行评估时，可提高单项专利的价值，从而多获得资金。

（2）选择合适的专利价值评估机构。

不同的地区及金融机构对专利价值评估机构都有不同的要求，评估机构最好由具有专利质押融资金意向的金融机构推荐，并选择，以防评估报告不被认可。

4. 按规定提供专利质押融资申请材料

当地相关部门及金融机构一般根据专利质押融资申请材料及实机调查进行审批。企业整理编写专利质押融资申请材料可根据企业的具体情况，由企业组织内部人员编写也可交由中介机构编写，但无论采用何种方式，必须保证申请材料的真实性，不可弄虚作假。

5. 根据要求提供其他形式担保

部分金融机构为降低专利质押融资的风险，一般都要求采用组合融资，提供有形资产担保，企业需根据金融机构的要求提供其他形式担保。

6. 签订融资合同与专利质押合同

经审查拟批准的专利质押融资，企业需与融资的金融机构签订融资合同与专利质押合同。

7. 办理专利质押登记

专利质押合同签订后，企业应当办理专利质押登记。办理专利质押登记应当按照国家知识产权局的要求提交相关材料，对于需要的补正，应当在指定的期限内补正。

专利质押登记办理完毕后，金融机构就可以发放贷款了[6, 7]。

第二节　高价值专利培育

自国务院首次颁布《国家知识产权战略纲要》（国办发〔2008〕127 号）以来，我国知识产权工作正式纳入国家战略决策层面，至今已贯彻落实整整 10 年。在这 10 年中，我国经济社会持续快速发展，科学技术和文化创作取得长足进步，创新能力不断提升，我国的知识产权事业获得了飞速发展，特别是专利申请量呈爆发式增长，早已突破百万件，连续多年增速高踞世界首位。根据国家知识产权局的最新统计数据显示，2017 年，我国发明专利申请量为 138.2 万件，我国每万人口发明专利拥有量达到 9.8 件。可以这样说，国家知识产权战略实施以来，我国知识产权的创造、运用、保护、管理和服务水平得到大幅提升，全社会知识产权意识显著增强，知识产权工作取得了长足进步。然而，尽管从绝对值来看，中国的有效发明专利数量步入世界前列，某种程度上已成为知识产权大国，但专利申请质量仍处在较低的水平，知识产权质量总体不高，高价值专利还不多，在关键产业和核心领域的专利占有率偏低，总体呈现“大而不全，多而不优”等状况，距离知识产权强国的目标差距还十分大。因此，培育高价值专利不仅是构建知识产权运营体系、提升知识产权运用水平的现实选择，也是深入实施创新驱动发展战略和推动高质量发展的客观要求。

如何在新的时代背景下，突破我国专利工作高质量发展的问题，这应当是目前知识产权行业界、特别是作为专利创造主体的企业界共同思考和着力研究的课题。充分发挥高价值专利培育对知识产权供给侧结构性改革的支撑引领作用，着力实施专利质量提升工程，以科技创新和管理创新推动知识产权供给体系质量的整体提升，推动知识产权更好地融入经济发展主战场，尽快补齐我国专利“量多质次、大而不强”的短板，共同营造良好的创新环境，切实保护创新者的合法权益和创新热情，释放创新激情，深化落实知识产权强国战略，这是所有知识产权工作者共同的期许。为实现知识产权强国战略，中央已加快了知识产权强国建设的一系列重大决策部署，各级知识产权行政管理部门也已密集出台了加快知识产权强国建设的系列政策举措。在实施知识产权强省建设中，江苏、重庆等省市已率先推出高价值专利培育计划项目，在国内率先开启了高价值专利的培育实践。

为研究高价值专利的内涵，找准专利工作的发力点，深入探讨高价值专利培育工作，本节从专利的价值、高价值专利的内涵、专利价值的表现形式、高价值专利的培育途径、高价值专利的产生过程、高价值专利的价值实现形式等方面阐述了高价值专利培育的思路。

一、什么是专利的价值

高价值专利的培育是近几年的一个热点课题，对于专利工作者来说，要做好高价值专利的培育工作，首先应弄清楚何为高价值专利，这样才能在工作实践中有意识、有针对性地发掘和培育高价值专利。

对于专利价值的概念，目前尚无权威、公认的确切定义，比较主流的提法是基于对专利价值进行科学的分类和研究需要，将专利价值分为了技术价值、法律价值、市场价值三个维度，基于此，高价值专利就被赋予了高水平创造、高水平保护、高效益前景等特性。从专利价值的培育、筛选角度而言，这样的价值维度具有其重要意义和必要性。基于专利价值的“三个维度”思想，为了把利专价值阐述的更为直观清楚，笔者根据自己的理解，结合创新主体对专利价值的关注点，首先提出对专利价值的看法。

我们都知道，专利从字面意义来看是指专有的权利和利益，是指专利权人在法律规定的范围内独占使用、收益、处分其发明创造，并排除他人干涉的权利。《专利法》第十一条规定“发明和实用新型专利权被授予后，除本法另有规定的以外，任何单位或个人未经专利权人许可，都不得实施其专利，即不得为生产经营目的制造、使用、许诺销售、销售、进口其专利产品，或使用其专利方法以及使用、许诺销售、销售、进口依照该专利方法直接获得的产品。”由此可见，专利权的核心在于它具有排他性，它是法律意义上的一种私有权，法律对专利权利的坚实维护是专利实现自身真正价值的根本保障。

基于这种法律层面的排他性，专利权人可根据自身的运用既定目的，能在一定时间内、一定地域范围内、一定法律保护范围内获取垄断性的权益，这个权益可以表现为专利运营过程中获得的直接的经济收益体现，也可以表现为专利运用过程中传递出来的间接经济价值体现（潜在价值），还可以表现为上述两类经济价值的加权和，这就是专利的价值。

二、高价值专利的内涵

在了解专利价值基本概念的基础之上，进一步分析高价值专利的外延内涵，这有利于我们深度理解高价值专利，有利于我们在日常工作中探寻专利的“高价值”意义所在。综合各种关于高价值专利的理论，笔者倾向于认同，“高价值专利是一个动态变化的过程”，专利价值的高低与权利人自身有着至关重要的关系，权利人基于不同的立场和目的，对专利“高价值”的认同并不一样。

不同的判断主体，由于立场和目的的不同，对高价值专利有不同的认识。例如，对于以营利为目的的市场运营主体而言，能为其带来可观的经济利益的专利即为高价值专利；对于技术创新主体而言，能够使其在技术上占据主导地位的专利即为高价值专利；而对于宏观管理的施政者而言，能更好地促进辖区内科学技术进步和经济社会发展的专利，即为高价值专利。

同样的专利在不同的权利人手中，其体现的价值可能完全不同。一件（或组）技术价值高、权利稳定性强、应用前景好、市场控制力好的专利，通常理应被认定为是高价值的专利了，但在实际中能否实现“高价值”，关键还得看是“谁持有”或“给谁用”。一件（或一组）看似高价值的专利，如果不懂得合理运用，那么它只能表现为彰显科技创新成果的价值形式，很难形成事实上的“高价值专利”。因为，对于不同的高价值专利运用主体，由于受其自身条件和需求层次的限制，如专利运营水平、技术转化能力、资金实力、市场渠道资源、品牌价值、运用目的等诸多因素的影响，其专利的价值会表现出有高有低、有大有小的现象，并非绝对不变，关键得看“谁”能够很好地运用该专利。

专利价值还具有时间和空间属性。我们都知道，我国专利法仅对中国境内享有权利的专利权人给予保护，发明专利的保护期限自申请之日之日起 20 年，实用新型专利和外观设计专利保护期限自申请之日起 10 年。但我们应充分认识到，即使在获得保护的国家或地域内、在专利权的保护期内，专利的价值也可能随着时间、空间和拥有者的变化而发生变化，即同一件专利（或专利组合）在不同的时段，往往具有不同的价值。例如，同一项专利技术，随着该项技术的成熟度不断增加，其专利价值也可能相应地增加；同样的专利，由于专利权利的转移，使得该专利同其他专利形成有效的专利组合或专利池，其价值也可能发生 1+1 ＞ 2 的提升效应；相反，如果某项专利的替代技术不断涌现，则该专利的价值也会因为可替代而产生大幅度贬值。

具备高经济价值属性的高价值专利是被市场检验出来的。专利制度的出现就是为了保护权利人的合法权益、促进经济社会发展，因此，专利的经济价值只有放到商业运营活动、市场经济活动中才能被真实地反馈出来。但值得注意的是，从专利技术的出现到技术成果的转化或产业化实现是需要一个过程的，经过了市场检验的高价值专利才更具有说服力，因此，高价值专利在商业运用活动中往往表现出一定的滞后性。

综上所述，高价值专利可以理解为是基于专利权人的既定立场和目的，通过法律赋予的排他性权力，在一定地域范围内、一定时间内、一定法律保护范围内获得高直接经济收益或高潜在价值的专利，没有高直接经济收益或间接高经济价值的专利不是高价值专利。相应地，基于对专利的技术、法律、市场三个价值维度来看，高价值专利可具备“高技术价值”“高法律价值”“高市场价值”的任一维或三维度特性。

三、高专利价值的表现形式

根据前文的阐述，专利的价值体现在专利运用活动中传递出来的商业价值，专利开发、专利保护和专利运用构成了专利活动的主线，专利价值的高低因权利人所持目的不同而不一样，基于专利运用目的的不同，高价值专利往往表现为成果识别价值、市场防御价值、市场进攻价值、技术整合价值和专利战略价值等多种形式。

（一）成果识别价值表现形式

专利活动的过程是专利技术对外显现的过程，通过专利的开发获取活动，专利技术的新颖性、创造性及实用性得到了鉴证认可，成为了彰显权利人科技创新成果的有效形式，专利的价值即表现为向公众彰显优先研发及技术归属、并对竞争对手起到技术禁入的宣告作用。

（二）市场防御价值表现形式

对于具有市场主导地位或具备技术竞争能力的研发主体而言，通过有意识的专利申请与布局，将其他竞争对手阻隔在市场之外或提高新进者的准入门槛，从而实现专利的市场防御目的。对于在市场中处于弱势地位或新进市场者而言，针对必要关键技术的申请专利，可在自身开拓市场、抢夺市场份额时，可利用手中的专利权可作为防止竞争对手对自身进行专利攻击的盾牌，也可作为与竞争对手谈判的筹码，从而保障自我经营、实现市场防御的价值。

（三）市场进攻价值表现形式

专利权人将其技术给予公开，换回一定年限的市场垄断权，并以此作为市场进攻的武器。对处于优势地位市场主体而言，可直接以专利为“矛”，通过警告、谈判、诉讼、许可等手段，将竞争对手逐出市场或直接获取价值赔偿。对处于劣势地位的竞争者而言，可通过专利研究针对强势竞争对手的专利布局漏洞，精心构筑自己的专利防火墙后，充分利用自己的专利作为盾牌。退可防卫自己免受伤害，进可通过谈判、诉讼对冲争取市场准入或交叉许可的机会，从而与强大对手抗争。

（四）专利运营价值表现形式

专利运营价值的兑现以资产流转为目的，专利权人将拥有的有效专利或专利技术进行分析、策划和集成，形成面向产业的专利组合或专利池，通过转让、许可、投资、质押等形式，把专利技术转化为专利资产，把知识产权的产权优势转化为经济优势，从而实现专利资产的变现，进而推动专利权与经济价值的有效衔接。

（五）技术整合价值表现形式

专利的价值还在于专利资源的整合及相互合作。在相同的技术领域内，不同的专利常常会出现障碍性关系、互补性关系，障碍性专利往往产生于在先的基本专利和以之为基础后续开发的从属专利之间，从属专利缺少了基本专利就不可能实施；相反，基本专利没有从属专利的辅助往往难以进行商业化开发。因此，障碍专利之间的交叉许可就显得十分必要。互补性专利一般是由不同的研究者独立研发形成的，二者之间互相依赖，各自形成某项产品或技术方法不可分离的一部分，同障碍性专利一样，互补性专利也需要相互授权才能发挥作用。对于障碍性专利和互补性专利，如果通过资源整合实现交叉许可合作，将会是一种十分理想的解决冲突的模式。在交叉许可活动中，专利权人利用自有专利资源作为谈判筹码，寻求与他人合作，即可降低专利开发、维护的成本，还可在需要对方专利时获得许可，从而实现专利技术资源的整合，弥补自身技术短板，实现合作共赢。

（六）专利战略价值表现形式

专利的战略价值表现形式实际上是上述专利价值形式的综合应用提升，是创新主体在面对激烈变化、严峻挑战的环境时，主动地利用专利制度提供的法律保护及其种种方便条件有效地保护自己，并充分利用专利情报信息，研究分析竞争对手状况，推进专利技术开发，控制独占市场，为取得专利竞争优势，为求得可持续发展而进行的总体性谋划。专利战略就是创新主体的决策者、专利部门对自身未来技术发展的全局性的筹划和安排。

在实际工作中，创新主体的专利战略依赖于总体布局、创新发掘、高质量申请、高水平保护、高效运用等环节的协调运作，专利权人应高度重视每一项专利的创造、保护和运用，应洞察产业链上的每一个创新点和发展动向以及可能侵权的行为从而进行预判，及时调整自身的专利策略，服务于自身的经营发展战略。

四、高价值专利的培育路径

前文已经阐述没有高直接经济收益或间接高经济价值的专利不是高价值专利，同时，高价值专利又具有技术、法律、市场三个维度的高价值属性。因此，在实际工作中，我们可以从“技术价值”“法律价值”“市场价值”三个维度着手高价值专利的培育工作。这是因为，技术价值是专利价值的基础，法律价值是专利价值的根本保障，市场价值是专利获得经济回报、体现经济价值的直接表象，三者之间具有高度相关性。

（一）专利技术价值的培育方法

技术价值是专利价值的实际意义所在，若专利的技术方案站不住脚，毫无应用价值，那么专利价值就成了无源之水、无本之木。企业之所以能够利用专利权在技术上占山为王、排挤异己，从而获得竞争优势，甚至控制市场，主要原因还在于这种技术能够解决同行业或上下游需求方密切相关的实际问题，有助于直接或间接产生实实在在的经济效益。因此，技术价值是专利价值得以实现的必要条件之一。

专利的技术价值可表现出多种形式，就高价值专利而言，其技术价值的核心主要在于具有现在或潜在的高经济价值。这就必然要求该专利创新成果能转化为实际生产力，但专利能产业化应用的前提是在技术创新程度、成熟度、独立性、不可替代性、应用前景等方面能够脱颖而出、站得住脚。因此，在专利的技术价值培育活动中，可以围绕“创新程度、成熟度、独立性、不可替代性、应用前景”这五方面的内容进行发掘。

1. 基于创新程度的技术价值发掘

一项专利技术与先有技术相比优势越大、特征越明显、进步意义越显著，说明其创新程度越高，其获得现有或潜在经济价值的能力就越强。例如，智能制造技术相比传统技术，除了高效率外，还具有传统技术无法实现的诸多功能，相对于传统技术，它是一项革命性的技术创造，其应用前景不言而喻。再例如，时下风靡全球的自拍神器——“自拍杆”，其技术设计并不高难复杂，但该技术足以颠覆传统自拍方式，且技术实现容易，市场规模庞大，其技术价值当然无可争议。

高创新程度的技术一般都是从先有技术逐步发展而来的，国内有学者将专利技术水平进行了等级分类研究，共分为10个等级，具体包括已有技术、微变技术、新增附加技术、显变技术、对已知技术的修改技术、新颖技术、新颖/创新技术、

创新技术、重大创新 / 技术突破，第一级代表低水平的技术，第十级代表真正的革命性技术，每一级都代表了某技术领域内一定阶段时相应的技术性能。借鉴这一技术水平分级理论，我们可以将专利技术的创新程度划分为时间占位和性能占位两个维度进行评判。

从技术的时间占位维度来看，技术总是随着时间不断向前发展的，专利技术的创新性、新颖性都是相对的概念，现有及过去的技术在未来并不一定具有新颖性创新性。每项技术都有其生命周期，从技术引进期到增长期、成熟期、下降期。在技术引进期，新产品或新技术刚刚进入市场，进入市场的企业不多、竞争有限；在技术增长期，产品或技术已经获得了市场的广泛认同，越来越多企业已经进入该行业，市场基本上达到饱和状态。技术引进期和增长期，是高价值专利产生的重要时期，该阶段申请的专利更多是突破性、基础性、标准化的核心专利；在成熟期和下降期申请的专利，基本都是建立在前述核心专利基础上的微变技术、附加技术，技术价值有限。

从技术性能的维度来看，专利技术的先进性程度也是决定着其价值的重要因素，其先进程度表现为解决技术问题的技术方案、技术效果相对于传统技术具有显著进步。对于技术的先进性判断，需要我们在实际工作中掌握行业技术发展动向，充分利用现代化的分析方法、信息检索工具进行评估分析，必要时开展专利导航，借此帮助我们明晰行业动态、提取重要的技术信息，为专利技术的开发创造提供重要指导。因此，培育高价值专利需要一定的洞察力和前瞻性。

2. 基于技术成熟度的技术价值发掘

对于高价值专利来说，技术成熟度是一个非常重要的考察特性，技术尚未成熟到一定程度会存在较大的技术和管理风险。然而，技术成熟度是一个相对的概念，因应用时间和应用目标而不同。例如，当下不成熟的技术未来一定时期内可能成熟，对甲不成熟的技术未必对乙也不成熟。因此，在实际工作中需要借助一定的评价方法来判断。

技术成熟度等级（Technology Readiness Level，TRL），就是对技术成熟程

度进行度量和评测的一种标准，可用于评价特定技术的成熟程度，也可判断不同技术对目标的满足程度。它最早由美国航空航天局（NASA）于1989年提出，经过几十年的研究、应用和发展已渐趋成熟。国际标准化组织（ISO）2013年11月正式出版了由欧洲宇航局/欧洲空间研究与技术中心（ESA/ESTEC）组织编写的《航天系统：技术成熟度等级及评价准则定义》标准，编号为ISO16290，对国际航天领域的技术成熟度活动进行了规范。这是世界范围内的第一份国际性的技术成熟度标准，是技术成熟度方法在世界各国科研管理中推广应用的重大事件，标志着技术成熟度思想与方法已在世界范围内得到广泛认可。

ISO16290将技术成熟度等级（TRL）定义为9级，对各级要点给出了TRL定义的简要描述（表5-1），第二列描述每级TRL单元需完成的重要活动或实现的状态，第三列提供了取得的工作成果（文档）。对ISO ISO16290定义的TRL稍加变通，可用于计算机领域、生物医学领域及制造业等大多数行业领域的技术成熟度评估。

表5-1 ISO定义中技术成熟度等级各级的要点

TRL	定义	需完成的重要活动或实现的状态	取得的工作成果（文档）
1	发现和报告技术基本原理	通过基础性观察活动确定潜在应用，但尚未形成技术单元的概念	描述意图应用的基本原理 确定潜在应用
2	阐明技术概念和（或）应用	形成潜在应用和初步的技术单元概念，但尚未验证	系统阐述潜在应用 进行技术单元的初步概念设计，提出基本原理的应用设想
3	通过分析和实验对关键功能和（或）特性进行概念验证	详细描述技术单元概念，通过由实验（经验）数据/特性支撑的分析模型演示预期性能	初步性能需求（可指向多个任务）中包含功能性能需求的定义 技术单元的概念设计 作为输入的实验（经验）数据、实验室试验的定义，以及试验结果 用于概念验证的技术单元分析模型
4	实验室环境下的部件和（或）原理样件的功能验证（verification）	通过实验室环境下的原理样件试验验证功能性	初步性能需求（可瞄向几个任务）连带功能性能需求的定义 技术单元的概念设计 功能性能试验计划 定义用于功能性能验证的原理样件 原理样件试验报告

续表

TRL	定义	需完成的重要活动或实现的状态	取得的工作成果（文档）
5	相关环境下的部件和（或）原理样件的关键功能验证（verification）	识别技术单元的关键功能，定义与之相关的相关环境。建造用于在相关环境下验证性能的原理样件（非全尺寸），受制于尺寸效应	性能需求和相关环境的初步定义 识别和分析技术单元的关键功能 对技术单元进行初步设计，由用于关键功能验证的合适模型提供支撑 关键功能试验计划，分析缩放比效应 原理样件试验报告
6	在相关环境下用模型演示技术单元的关键功能	验证技术单元的关键功能，在相关环境下通过典型模型（外形、安装、功能）演示性能	性能需求和相关环境的定义 识别和分析技术单元的关键功能 对技术单元进行设计，由用于关键功能验证的合适模型提供支撑 关键功能试验计划，分析缩放比效应 用于验证关键功能的模型定义 模型试验报告
7	用模型演示技术单元在使用环境下的性能	在地面或空间环境下演示使用环境下的性能。建造并试验能够反映飞行模型设计的所有因素的典型模型，为在使用环境中演示性能留足余量	性能需求定义，包括使用环境定义 模型定义与实现 模型试验计划 模型试验结果
8	完成实际系统，并获准飞行（由飞行资质）	飞行模型通过鉴定，并集成到整装待飞的最终系统中	建造飞行模型，并集成到最终系统 获得最终系统的飞行许可
9	实际系统通过成功执行任务而得到“飞行验证”	技术成熟了。技术单元成功开始服役，在实际使用环境中执行飞行任务	运行初期阶段的试运转 在轨运行报告

实际工作中，很多专利技术在申请时都处于构想阶段，判断专利申请的提交时机需要参考相关技术方案的成熟度。

在 TRL1 阶段：技术成熟度最低，科学研究仅限于理论和原理阶段，这个时候没有具体的技术方案，还不适合申请相关专利。

在 TRL2 阶段：已经提出一定的技术方案和相应的模型，这一阶段是产生基础专利的重要阶段，但该阶段技术尚未成熟需要进一步研究和完善。值得一提的是，很多美国的临时专利申请都在这一阶段提出，根据已取得的一些成果先提交美国临时申请，然后继续研究补充数据，在一年内提出转为正式申请或要求该临时申请的优先权。这样做的好处是能抢在竞争对手之前申请相关领域的基础专利，且这个阶段鲜有类似的现有技术，容易获得授权。但同时，这时候申请的专利也有潜在的风险，可能由于技术方案过于超前，在产业化高峰来临之前专利已过期。另外，TRL2 阶段技术方案的稳定性不高，后续可能会有较大变化，过早地公布方案也容易被竞争对手抢先申请有价值的外围专利，因此必须结合具体的商业策略灵活把握。

在 TRL3 阶段：该阶段已经进行真正的产品开发，技术方案已通过实验验证，收集消费者和市场的需求，根据反馈改善技术方案，这个时候的技术方案更加成熟，可以进一步对具体的技术细节申请专利，开展基础专利的外围布局。

在 TRL4 阶段：进行实验室环境下的部件和（或）原理样件的功能验证，这个阶段已经考虑制造和供应商的问题，进行相应的关键零部件和制造工艺的专利布局。

在 TRL5 阶段：相关环境下的部件和（或）原理样件的关键功能验证（verification），开始生产产品原型，建造用于在相关环境下验证性能的原理样件，这个阶段主要进行附加技术、改进技术的专利申请。

在 TRL6 阶段：在相关环境下用模型演示技术单元的关键功能，验证技术单元的关键功能，收集应用反馈，进一步改善系统，这个时候已经基本完成专利的布局。

在 TRL7、TRL8、TRL9 阶段，相应产品已经基本成型，这个时候专利申请已经公开了完整的优选实施方式，对产品性能和生产工艺的优化可以进行外围专利申请。

以上是对每个技术成熟度等级（TRL）阶段对应的专利创造活动的简述。当然，每个行业和产品的生命周期不同，创新主体可以根据自己的商业策略调整专利申请的时间，以避免专利公开导致其他商业活动的不利影响。在实际工作中，成熟度越高则获得收益的可预见性就越高。我们基于技术成熟度进行专利技术价值发掘时，首先要确定申请基础专利的时机，其次确定申请整体架构和核心技术专利的时机，然后开展相关外围专利布局，最后可密切关注行业的发展动态，为后续专利的培育和布局提供指导。

3. 基于技术独立性的专利价值培育

专利权的核心在于专利的排他性，高度依赖于排他权为权利人带来排他利益，因此，专利技术独立性直接影响专利价值的实现。技术独立性强的专利在转化实施时，不依赖于第三方的专利许可，不会侵犯第三方专利权，也不会涉及过多的配套专利技术，通常也会被大量其他专利引用，是很多专利的基础。若一件专利的技术方案实施时缺乏独立性，涉及侵权第三方专利，它的应用就会受到很多限制，价值自然大打折扣。

专利按照技术独立性的强弱可以分为基础专利和附属专利。若专利实施起来不需要其他专利许可，而且在本专利之后还能衍生出许多第三方申请的专利，这些衍生专利的实施都需要本专利的许可，这说明本专利是基础专利，技术价值较高。若一项专利实施起来受到诸多掣肘，需要获得多个在先专利的许可才能实施，则专利的独立性较弱，属于附属专利，技术价值较低。企业进行专利布局必须考虑专利的独立性，尽可能申请基础性专利。

在基于技术独立性的专利价值培育活动中，首先要厘清整个产品涉及的几大模块，以及这些模块包括的功能和结构。其次，对整个产品涉及的技术进行系统的分析，要清楚该产品的创新点，区分产品采用的现有技术和创新点，高价值的布局应该重点放在创新点部分。最后，对创新点进行专利布局的时候要考虑侵犯第三方专利的可能性，仅对企业创新的部分进行专利布局，并不能保证该产品不侵犯到第三方的专利。如果创新点是建立在第三方专利的基础之上，则企业应该分析该专利，研究替代方案或规避设计方案以提升专利价值度。

在进行专利技术独立性培育时，企业应该对产品的功能和结构进行全面的分析，尽量避开直接第三方专利的权利要求范围。在对产品进行专利布局时，专利的独立性需要考虑的是产品整体的专利组合，而不是追求在一件专利中包括所有的功能。这是因为通常产品的结构和功能会涉及诸多的技术领域，这显然是无法仅用一件专利就能进行保护的。

4. 基于技术不可替代性的专利价值培育

专利技术的不可替代性是指一件专利技术在当前时间点几乎找不到其他能实现同等功能或效果的替代技术方案。由于科学技术总是在不断地进步，随着时间的不断向前推移，许多技术都会出现替代技术和延伸技术，这些替代技术的出现会使得专利价值迅速贬值。因此，不可替代性高的专利通常会为其价值带来很大程度的提升。替代技术和延伸技术出现的可能性越高，专利的价值相应地就会越低。

在一项发明的概念完成后进行技术的不可替代性培育时，通常需要根据发明解决的技术问题、技术方案、技术效果寻找整体的替代方案，这种替代方案往往是竞争对手的重要规避方向，因此需要根据企业自身的经营战略加强保护。专利的可替代性主要分为两种情况：技术方案的完全替代和部分技术特征的替代。技术方案完全替代主要包括专利在先技术或新技术完全替代过去的方案；而部分技术特征的替代则是对现有技术方案进行部分技术特征的替代或剔除。这两种技术替代性策略都是专利技术价值培育的重要方向，通常需要在完成整体替代技术方案的专利布局后，再考虑部分技术特征被替代或剔除的替代技术方案的专利布局。

基于部分技术特征的替代主要是指要素替换或剔除的发明创造，如果发明替换或剔除一项或多项要素后其功能也能相应地消失，则该发明不具备创造性，不能成为有价值的专利。如果发明与先有技术相比，发明省去或替换一项或多项要素，依然保持原有的全部功能，甚至带来预想不到的技术效果，则具有突出的创造性、新颖性和显著进步，该发明具备成为高价值专利的潜能，这些因为替换或剔除特征产生的新技术方案都是专利布局的方向。在进行专利布局时，基于整体技术方案替代与基于部分特征替代的方法都是技术不可替代性培育的重要方法。一项专利技术被其他技术替代的程度越低、替代的速度越慢，则竞争性越强，价值也就越高。

在基于技术独立性进行专利价值培育时，首先要对相关的技术方案进行特征解析，培育专利价值的技术方案需要针对新的特点；其次针对新的特点进行专利检索分析，找出与新特征点相关的专利进行对比分析，以此引导技术方案规避第三方有效的基础专利；最后将不以第三方专利为基础的新技术方案作为高价值培育的重点，申请相关核心专利与外围专利。

实际工作中，在技术已被其他人申请专利的情况下，可以在整体和局部寻求替代性方案是规避潜在专利风险的一种有效手段，可以规避的方案越多，先有专利的技术价值就越低。因此，优秀的技术方案一般很难有替代方案存在，他人也很难利用替代方案进行规避。

5. 基于技术应用前景的专利价值培育

这里说的技术应用前景是指技术符合行业发展趋势、具有广泛的应用领域和较大的应用市场规模，专利技术的应用前景是专利价值的重要构成因素。

基于技术应用前景的专利价值培育工作，首先，需要对相关领域的专利技术发展趋势进行分析，若该领域的专利申请处于上升趋势，说明该技术领域是当前研发的热点，在该领域布局的专利极有可能是以后众多跟随者感兴趣的技术方案。在行业发展急速上升期间申请的专利也最有可能成为基础专利和核心专利。因此，善于运用科学技术情报，在技术研发阶段或研发前针对拟研究领域的全球专利申请趋势进行技术全景分析，有助于研发路径的优化、研发目标的确定。创新主体需要尽量申请符合技术发展趋势的专利方案。其次，通过相关领域的专利地域分布进行分析，把握技术领域在不同地域的被关注程度，通常专利申请较为密集或市场潜力巨大的地域，专利的应用前景也相对广阔，这是专利申请的重点区域。最后，确定技术可能的应用范围，专利申请的方向尽量考虑应用领域更广的技术。

在基于技术应用前景进行专利价值培育的工作中可取的经验是，首先需要确定当前技术领域的行业趋势，通常行业发展趋势处于上升期的专利申请，其市场价值空间大。其次需要判断相关技术领域的竞争对手活跃情况，新进的竞争对手越多，表明该技术受到的关注度越高。第三需要判断相关技术的应用领域情况，技术应用范围越广说明潜在的市场规模就越大。最后根据待申请技术的行业趋势、竞争对手情况、应用领域跨度综合判断，优先申请处于行业上升期、竞争活跃以及应用广泛的专利。

当然，基于应用前景的专利价值培育也需要结合企业的商业战略，相关领域的专利申请在技术上既要符合行业发展趋势、覆盖尽可能广的应用领域，也要符合企业的战略。研发前的相关领域专利申请趋势分析有助于创新主体理解技术概况，判断该相关领域的技术是否为当前热点技术。竞争对手的进入情况能够反映技术的关注度，竞争对手在该技术领域的专利申请活动活跃证明相关专利受到的关注程度高。而专利的应用领域广泛间接反映了技术潜在市场规模大，市场价值的空间也更为广阔。

（二）专利法律价值的培育方法

专利的法律价值是专利价值得以实现的基本保障，是专利权能够存在并发挥价值的根基。一项高法律价值的专利，必须能够充分保护专利权人的权益，必须经得起实质审查、无效和行政诉讼的严峻考验。因此，在专利法律价值培育过程中，技术方案挖掘、申请文件准备、把握申请时机、注重审查跟踪及维护专利效力就显得尤为重要，它们是专利法律价值培育的核心内容。

1. 技术方案挖掘

在培育专利法律价值的过程中，首先要注重专利技术方案的挖掘。专利工作人员要根据技术研发的进度，及时发现技术研发过程中可申请专利的技术点，对技术方案是否属于可授权范围进行准确的判断，确定需要被专利保护的技术范围。同时，专利工作人员还应重视与研发技术人员的充分交流沟通，随时了解技术研发背景、行业趋势及自身研发进度，在沟通过程中还可以为技术方案的完善和改进提出不同角度的建议，以利于技术方案的总结。

专利工作人员需要注意，研发人员在先提交的专利申请或发表的文章所披露的技术内容通常是公开技术的一部分。因此，专利工作人员需要充分了解发明人在先提交的专利申请和发表的文章，熟悉已公开的技术内容，一要避免新提交的专利申请已被发明人曾经提交的专利申请或发表的文章公开，二要避免新提交的专利文件涉及其他已公开的会议论文、报告等内容，避免在专利授权阶段因“使用公开或以其他方式为公众所知”而破坏专利申请的新颖性和创造性。

创新主体对自身研发的新技术的知识保护主要有两种手段，即技术秘密和专利。而专利制度的核心在于“公开换保护”，但在实际工作中，创新主体往往既希望其技术方案获得专利保护，又不愿意将所掌握的技术细节完全公之于众。因此，在专利技术发掘过程中，应充分权衡专利公开还是坚守技术秘密，这对高价值专利的法律价值培育至关重要。对于专利公开以及技术秘密保护之间的选择，首先要衡量该技术成果反向工程的难易程度，对易于反向工程的创新成果，则应尽早申请专利进行保护。对于不易进行反向工程的创新成果，则优先采用技术秘密进行保护。在实际工作中，即便已通过专利保护的技术方案，对于某些核心技术也应当尽可能做一些技术秘密保留。

2. 专利文件准备

（1）确定撰写人员：通常撰写专利文件的主体包括专利代理人、技术人员、专利管理人员等，但由于不同的撰写主体对专利申请有不同的认知，导致不同的主体在专利撰写时各有优缺点。例如，研发技术人员对相关领域的技术状况、涉及的专利技术方案和发明内容最熟悉，但在专利事务方面多有欠缺；代理人接触的专利虽多、对申请事务也比较得心应手，但对技术了解不足、认识不足；专利管理人员由于工作职责所在，与技术人员沟通交流得较多，对专利申请事务及单位内部总体专利情况更为了解，但在申请流程及专利诉讼方面的经验应该弱于代理人。

相比较而言，研发主体的专利管理人员更适合于作为专利申请的撰写主体。由专利管理人员撰写专利申请文件，并交由专利代理人在各目标申请区域进行专利申请的具体流程事务是最为妥当的专利申请模式。在这种模式中，专利管理人员通过与技术人员的充分沟通交流，可以及时发现有价值的发明点，由技术人员提供详尽的技术交底书，专利管理人员可以以技术发展总体水平为背景，从自身研发主体利益出发，确定技术内容的公开程度和设置适当的权利要求，再由专利代理人从专利法的角度给予进一步的优化，这样才能更好地发挥各方的优势、实现高价值专利的创造。

（2）掌握撰写要求：专利文件的撰写第一要符合专利“三性”及其实施细则的要求，这也是对专利撰写的最基本要求。第二要以获得稳定的专利权为前提，这就必须要能够满足目标国家、地区专利法规的授权条件，专利文件也就需要基于相应国家、区域的专利法规具体衡量。第三要求专利文件合理提出技术保护范围即可，无须面面俱到提出最佳技术效果，这样一方面可以为后期开发和专利申请留下空间，另一方面过度披露会影响在后更佳技术方案专利申请的新颖性和创造性而导致无法获得授权。第四需要明白，对专利技术或专利产品的保护更多的是通过专利组合的方式给予保护，为了获得更合理的保护范围、更长的综合专利保护时限，撰写时要结合专利技术在技术领域中所处的不同位置，以及技术方案在技术、产品链条中的不同地位和作用，合理进行技术方案布局。

（3）合理确定保护范围：权利要求是专利申请文件最核心的部分，专利法律价值包括权利的稳定性、保护强度、不可规避性及侵权可判定性等，均依赖于高质量的权利要求撰写。在实际工作中，专利审查、专利无效、专利侵权认定等都是围绕着权利要求来进行的，权利要求书质量的高低直接决定了专利法定价值的高低。因此，为了规避风险，技术人员在撰写专利文件之前，首先，检索专利，以免重复研制，侵犯他人专利权，事先检索也可判断该项技术成果是否有可能获得专利权。尤其是实用新型专利申请审查仅进行初步审查，不进行实质审查，存在重复授权的情况；其次，要对该行业领域内相关企业申请的专利进行周密的检索和比对，排除冲突或重复的可能，避免专利纠纷。

企业在申请专利的过程中，一定要严格把控专利权利要求书的撰写质量，专利的权利要求书是整个专利申请文件最核心的部分，它直接涉及申请人的利益，十分重要，一旦提交后它即具有法律效力。因此，企业应该在专利的权利要求书中对权利要求、保护范围等内容明确规定，才能最大程度地保护自己的利益。权利要求中的技术特征越清晰、权利要求书中每一项权利要求所界定的保护范围层次越合理，则专利权被维持有效的概率越高。

（4）进行必要的预审：为了获得高价值的专利，在专利申请文件形成之后，如能在提交到专利局之前进行预审，将会大大节约审查程序，较少修改次数，提高专利质量。在对专利申请文本的预审中，重点需要对说明书和权利要求书进行预审，除了一些撰写的基本要求之外，更重要的是要对专利说明书和权利要求书的实质审查要求进行预审。通过预审，实质上是希望将实质审查的部分工作前置，通过自查提前发现问题、及时修正，最终实现提高申请质量的目的。

3. 把握申请时机

专利制度多采用优先申请原则（专利权利授予最先申请的人），但高价值专利并不是简单通过快速获得授权就能够获得的。因此，专利申请要基于自身技术研发进展情况，同时结合技术发展趋势及竞争对手情况，选择适当的申请时机。具体而言，专利的申请时机包括提前申请、适时申请和延迟申请。

提前申请：是指申请人在技术方案全面完成之前，只要具备专利性，并不需要对其效果和市场潜力进行论证，也不需要进一步完善就立即申请专利。其目的在于获得先机并排斥后来者，该策略适于技术发展较快、竞争较为激烈的行业。但是需要注意的是，提前申请会存在如下风险：影响技术方案的完整性，会存在不能满足充分公开的要求而导致申请被驳回；专利申请的公开会暴露自己的研发动向，从而被竞争对手所掌握，为自己后续的发展带来障碍；提前申请也意味着专利权过早到期，会致使在专利有效期内由于未正确评估市场潜力而导致专利不能充分发挥其市场价值。

适时申请：是指发明创造性的技术方案达到一定成熟度时，在对市场前景和竞争对手有明确评估的情况下适时提出专利申请。对于不同的行业，合适的申请时机所对应的技术成熟度可能有所差别；同时市场前景也可能受到政治、经济、自然等因素的影响。

延迟申请：是指申请人已经完成发明创造，但并不及时进行专利申请，而是主动推迟申请时间，秘而不宣，待时机成熟时再提出专利。选择该策略时通常需要考虑以下因素：①技术方案保密措施较好；②市场前景并不明朗；③市场上不存在其他的竞争对手；④技术方案已具备申请条件，但有待进一步改进；⑤配套技术不成熟或配套设施不具备，过早申请会暴露申请人意图。通常来讲，延迟申请适合发展较缓、技术更迭较慢的行业或具有前瞻性的发明创造，申请人在技术方案完成之时过早到期无法体现其经济价值，因此需要从技术、经济、法律和市场等方面综合权衡后再决定合适的申请时机。

利用优先权：我国专利法规定申请人自发明或实用新型在中国第一次提出专利申请之日起12个月内，又向国务院专利行政部门就相同主题提出专利申请的，可以享有优先权。而专利权保护期限的节点是申请日起计算，在计算保护期限时的申请日不是优先权日。也就是说，巧用优先权策略既能够保证申请人在和竞争对手的博弈中抢先申请以满足在先申请原则，又可以变相延长不超过12个月的专利保护期限。

4. 专利审查跟踪

专利审查跟踪包括审查意见通知书答复、专利文本修改和专利复审应对三个方面的内容。审查意见通知书的答复是争取专利权稳定性的关键环节，对专利法律价值的形成具有重要影响；专利文本的修改是对申请文件中出现的瑕疵进行修正和完善；专利复审应对是给予申请人在专利驳回时的一种救济途径。

申请人提交专利申请文件后，审查员根据专利法规及其实施细则的相关规定对申请文本进行全面审查，指出申请文本中存在的缺陷之处，以审查意见通知书的形式传到申请人手中，申请人必须在准确理解审查意见通知书的基础上，对所提出的意见进行逐一分析，或对意见进行争辩并陈述理由，或根据审查意见通知书的意见进行修改。在审查意见通知书答复过程中，首先需要在准确理解评述的基础上，有针对性地进行理由陈述，然后才视情况对审查文本进行一定的修改。

在专利申请的后续过程中，在收到审查意见通知书、驳回决定、复审通知书、复审决定和无效宣告请求之后，申请人都要进行有针对性的反复修改、澄清和意见陈述，从而形成多个循环反馈过程。根据专利法及其实施细则的规定，申请人可以在提出实质审查前提出主动修改，或在审查过程中针对审查意见通知书提出的意见进行针对性修改，在专利审查过程中，随着审查程序的进行，对专利文本修改的内容日趋严格。因此，在高价值专利的培育过程中要尤其注意专利文本的修改，尽量在审查程序的前端就将缺陷消除，而不要拖到审查程序的后端，这样更有利于高法律价值专利的培育。

5. 维护专利效力

专利效力维护是指取得专利权后，对有价值的专利权进行持续有效状态的维护，而对无价值的专利权则果断放弃，因此，制定相应合理的专利维护策略就显得尤为重要。

企业在专利权的有效期内主动放弃一些“无用”专利是效力维护的一个内容。对于那些纯粹为了获得专利权去应付考核、争取政府资助，而实际上没有创新价值的专利，为降低维护成本、减少维护工作量，在完成既定目的之后应果断放弃。对于那些获得授权而在陈述审查意见、应对专利复审的过程因修改而导致保护范围过窄，容易被竞争对手规避而起不到保护目的的专利，也应适时停止缴费。对于那些出于战略目的而申报的专利，企业不会实施转移转化，在达成一定目的和达到一定时间后，也应主动放弃。对于那些因技术进步和市场变化而导致已经过时、相应的产品或服务已被淘汰的专利，也没有必要继续保留。

企业在专利权的有效期内对有价值的专利进行持续有效状态的维护是专利效力维护的另一个内容。对技术领域处于产业增长期、稳定成熟期的专利应该重点维护，对企业商业策略在当前或未来能起到对内保护、对外拒止的专利应持续维护缴纳年费，对产业领域的基础专利、核心专利及标准必要专利不应轻易放弃。

企业在专利权的有效期内有效应对专利无效宣告也是专利效力维护的一个重要内容。一般情况下利害关系人（通常是竞争对手）请求宣告专利权无效的理由是依照专利法规定，任何单位或个人，均可请求专利复审委员会宣告其专利权无效。专利复审委员会经过审查，认为确实不具备专利条件的，可作出宣告专利权无效的决定。在实践中，专利无效宣告请求的主要理由绝大多数是围绕新颖性、创造性和实用性来提出的，而专利法规定专利权的保护范围以其权利要求的内容为准，说明书和附图可以用于解释权利要求。因此，在实际工作中，如果收到国家知识产权局专利复审委员会发出的《无效宣告请求受理通知书》，则意味着专利权被他人请求宣告无效，则专利权人要积极应对无效宣告请求。在应对无效宣告请求的准备工作中，专利权人应该认真阅读和理解现有技术，分析自己的权利要求与无效宣告请求人提出的异议之间的本质区别，然后确定对方提出的理由是否成立。如果专利权人发现他人提出的理由不成立，提供的证据不真实，不充分，则专利权人就可以着手准备答辩意见陈述书，请求专利局驳回无效请求。

总体来看，创新主体真正掌握核心技术才是长远发展的基石，只有进一步提升专利的研发、申请、授权质量，才是真正意义上的自主创新，才能真正避免专利纠纷。

（三）专利市场价值的培育路径

专利的市场价值是高价值专利的重要判定依据，是市场竞争优势的基础，也是专利成果转化的必要条件，高价值专利很大程度上取决于其市场价值。市场是衡量专利价值的试金石，专利的技术方案设计再为精妙，权利要求的保护范围再宽，若不能在市场上广泛应用，价值将无从谈起，专利证书最终也只能沦为束之高阁的档案。只有产品在市场上受到消费者的青睐，相关的专利的价值才能得以实现。

专利是否具有市场价值，很大程度上取决于专利所属技术领域的市场状况、竞争情况及政策环境等因素。要培育具有市场价值的专利，可以通过市场调研、信息检索、情报分析等多种手段来发现市场需求，研究竞争对手，寻找政策机会。在知己知彼的基础上，根据行业的趋势和自身的商业战略，在关键领域发力，扬长避短，培育具有市场竞争优势的专利。在基于市场状况、竞争情况及政策环境的专利市场价值培育过程中，可以通过以下步骤实现：

首先，发现市场的痛点，预见市场前景，确定市场需求。主要是通过调查研究发现市场消费行动的障碍，持续跟踪市场反馈，找出阻碍市场的痛点和顽疾，根据市场反馈引导技术创新活动,对具有巨大市场潜力的技术加大研发投入力度。在确定市场需求后，根据市场需求分析存在的技术问题，针对性地提出解决各种技术问题的方案，开展技术攻关。如果解决市场问题的技术高效可靠、成本合理，市场规模就会迅速扩大。需要注意的是，在技术创新初期，市场有时候是很难被察觉的，一旦到了大家都了解认可的时候，往往变革已经开始。

其次，基于自身与竞争对手的专利比较情况，进行针对性的专利布局。在知己知彼的基础上，清晰地确定目前行业内竞争对手的核心专利以及每种形式的产品的具体技术方案，这些现有的技术方案能够给技术人员很大的启发，最终研发人员会根据自己的智慧，考虑到技术可实现性、成本等因素，给出合适的技术方案，专利工作人员再将这些技术方案申请为专利，充实相关的专利组合。在这样的专利培育模式中，企业了解竞争对手每种技术方案的具体技术细节，通常每种解决方案都有对应的几十项专利。研发人员在这些专利的基础上，根据自己的智慧和企业的商业战略进行创新，这些创新培育的专利一方面不依赖于竞争对手的专利，另一方面在潜在的技术方向上进行占位，将来能够发挥市场竞争优势，从而奠定了专利高市场价值的基础。

最后，借力政策因素提升专利价值。科学合理的产业政策是工业后发达国家发展本国产业的正确途径，也是目前被证明的唯一有效手段——美国、英国、德国、法国、日本无一例外是借助国家力量和政策发展工业的成功典范。国家政策是促进行业发展的有效方式，也是高价值专利培育的重要推动力。在国家政策的引导下，政府一方面可以通过研发资助、税费减免、投资补贴、购买补贴等多种措施促进有关技术的发展，另一方面可以通过法律法规引导技术发展方向。在这种情况下，政策极大地刺激了相关行业的发展，形成了广阔的市场前景，相关行业的专利特别是基础核心专利的市场价值更是水涨船高。

在借力政策因素提升专利价值的过程中，创新主体首先要了解相关政策环境和产业战略，熟悉政策的具体措施，其次要评估政策环境对自身技术或产品的影响是“利好”还是“利空”，以此指导技术创新方向，最后，根据政策动向开展相关专利布局，“利好”的技术方向就加强研发和布局，“利空”的技术方向就减少相关投入。

五、高价值专利的产生过程

高价值专利的产生路线实际上就是权力人如何构建专利技术价值、法律价值和市场价值，并不断提升其价值度的过程。在这一过程中，专利构建者、应用者、运营者均发挥着决定性的作用。高价值专利的产生过程也体现出了创新主体对专利创造、专利保护和专利组合运用方面的策略。

（一）构建的专利技术价值

1. 发现市场痛点，寻求技术创新破局之道

技术的创新往往来源于市场需求的驱动，市场痛点的准确发现是技术创新的关键。所谓痛点是指用户对产品或技术的期望没有达到而造成的心理落差或不满。通过研究市场动态和消费新趋势，创新主体以解决技术瓶颈问题为出发点，通过整合优化科技创新资源配置和进行高质量的研发活动，实现关键核心领域的技术突破，即在市场“痛点”中寻找技术“破局”，这个过程实际上往往蕴藏着巨大的商业价值。在这个创新过程中，挖掘从市场“痛点”解决之道中提炼的技术创新方案，准确地扼住行业技术要点的“喉咙”，进行充分必要的技术布局，从而发现高技术价值的专利源泉。

2. 高质量创造，多方位发掘技术价值

高价值技术的诞生总是离不开高质量的研发支撑，在核心技术和关键产品的研发阶段，除了加强研发过程管理、夯实研发基础、了解竞争对手情况外，还应该制定布局规划。在解决市场痛点问题的过程中，会产生很多技术思路和技术方案，通过对这些技术进行科技情报分析，可以帮助创新主体从宏观层面了解行业

技术发展脉络、技术热点和整个领域的竞争态势；可以帮助创新主体从微观层面发现技术价值空白点、进行核心技术和优势技术的发掘，可以帮助创新主体从竞争层面掌握竞争对手的动态和竞争策略，通过分析充分了解技术分支、派生技术分支、上下游产业技术关系等状况。这些研究，有助于启发创新思路、规避侵权风险，也更有助于发现市场机会，推进高质量技术研发并转化成相应的专利成果，从而推动发明创造质量和专利技术价值的显著提高。

3. 合理布局，进一步提升技术价值

在准确掌握了市场痛点破局之道，进行高质量创造和多方位技术发掘之后，创新主体首先应在充分了解行业竞争状况和主要竞争对手情况的基础之上，结合自身的商业战略和实力层次，针对性地进行相应的专利布局或设置技术秘密，有效地防范竞争对手局部垄断。然后再通过差异化保护形成自己的局部垄断，这相当于给竞争对手设置了技术障碍，从而进一步提高了专利技术的防护水平，因此这些专利的技术价值自然就得到了提高。最后，从技术角度改进提升产品或技术的性能，能有效提升专利的技术价值，并最终促成具有高技术价值的专利组合。

（二）构建专利的法律价值

专利的合理布局包括围绕各技术点展开布局，高效保护其对应的技术创新点，并通过法律价值的构建，获得对技术点的全面、高效和稳定的保护。专利法律价值的构建从以下思路获得借鉴。

1. 务求授权范围宽泛、稳定

如果专利授权保护范围过于具体，虽然能够保护技术创新点，但容易被竞争对手从技术上规避而致使专利形同虚设，专利要求限定的技术特征越多，特征描写越具体，保护范围就越小。如果专利保护范围覆盖面宽，那么除了能够保护目标技术创新点不容易被规避以外，还能够保护相似或相近专利的技术点，从而增加技术跟进者进行技术规避的难度，从而实现专利权的有效保护。

几乎所有高价值专利都十分重视争取尽可能覆盖面宽的保护范围，为了获得宽泛的保护范围，有时专利权人提交权利要求时可采取一定的策略。例如，主权利要求提的十分宽泛，从属权利从功能角度进行一定限定、缩小保护范围。逐步缩小保护范围的好处，一是期望获得更大幅度的保护范围，二是为后续审查留下了修改的空间。

在尽量扩大专利权保护范围的目标驱动下，策略性地开展专利撰写、答复和布局，创新主体期望获得即宽泛又稳定的保护范围，需要充分了解现有技术，并在专利确权、无效和诉讼过程中合理利用相关专利申请制度和证据才能实现专利保护范围的最大化。

2. 横纵拓展，全方位编织专利保护网

宽泛合理的保护范围是专利高法律价值的一个重要方面，而实现保护期内对权利要求的高效保护也同样重要。在专利申请时将最佳技术方案与大量可替代方案同时加以保护，合理掩藏最佳技术方案，这种通过由模糊到清晰的递进保护策略值得借鉴。另外值得留意的是，通常用途类权利要求不容易被规避，一旦发生侵权，也非常容易举证。

为了进一步挖掘专利的潜在价值，还能以探索专利技术的不同用途为横向，充分挖掘专利的其他应用价值；同时以改善性能、优化方案、延伸技术深度为纵向，扩张保护角度，横纵联合实现专利价值构建，形成多维度保护网。

对于具有国外市场的技术，应及时通过专利申请的方式将专有权固化，同时还应将保护范围延伸向海外，在全球主要国家和地区申请专利保护，这样总体授权率较高、授权范围也较大。在申请 PCT 专利时，可先申请国内专利，然后利用专利优先权的规则，在提交国内申请日起的 12 个月内提交 PCT 申请，这样的好处是可以适当延长 PCT 专利的保护期限。

专利的分案申请制度既可以用于克服权利要求不具备单一性的缺陷，又同时可以弥补原申请授权范围不恰当的遗憾，在原申请权利要求未能保护的情况下，申请人可以利用分案申请策略，从而提高原案专利的实际价值。

综上所述，对于创新主体掌握的相关技术，可以从申请策略、时间、空间、保护类型、专利制度等方面布局保护网络，尽可能构建全方位的保护，实现法律价值的大幅度提升。

3. 多主题构建发掘专利，形成有效壁垒

创新主体以自身掌握的基础核心专利为基础，围绕基础核心专利不断进行技术更新，紧跟市场趋势，从优化改进的角度对制备工艺、检验方法进行专利挖掘，积极拓展应用范围，有目的、有节奏地构建“糖衣式”专利布局，大规模不断地储备有效专利，不断从时间和技术分布上优化专利组成，筑起严密专利保护网，能最大限度地巩固专利组的法律价值。值得注意的是，在这一过程中，主导型的检测方法专利有可能成为同行业的质量控制标准，标准是围绕产品所布局的专利技术实现价值增值的最高体现形式，标准化的过程意味着这一专利难以被竞争对手规避和取代，其法律价值相应地被前所未有地增强。

（三）构建的专利市场价值

1. 围绕市场痛点、热点和空白点寻求技术突破从而奠定市场价值的基础

技术是为市场需求服务的，市场需求决定着技术发展，正确的市场判断是专利技术实现自身价值的前提。创新主体只有精准把握市场的痛点、热点和空白点，破解行业技术难题，才能依靠出色的技术支持实现与市场的高效链接，才能培育市场和维持市场需求，也只有有了市场才能保障技术的生命力，才能把专利的价值以最为直接的方式体现出来。因此，在构建专利市场价值的过程中，首先要深入研究市场动态、掌握需求趋势，然后有针对性的整合、优化科技创新资源配置进行科技攻关，实现行业内核心关键技术的重点突破，最后建立健全技术标准体系，并持续改进提升技术性能、技术可靠性和拓展技术应用水平。在这个过程中，创新主体要同时密切关注技术研发进展及动态，根据情况适时申请专利保护或设定技术秘密。这样，专利技术的市场价值根基就构筑起来了。

2. 以专利促合作实现市场价值的变换提升

专利的核心价值之一就是促进先进技术转化为生产力，引导发明技术向全社

会传播促进科学技术的不断发展。有价值的专利，如果不进行必要的转化运营，就发挥不出其所有的商业价值，如果不进行必要的知识传播流通，自然也就不能完全发挥出其他潜在价值。在高价值专利通过转化运营实现商业价值提升，通过知识传播实现潜在价值发挥的过程中，寻找第三方合作是最为常用、直接、高效的模式。

对于那些大量掌握基础核心专利、标准必要专利的创新主体，就拥有更多的合作模式和合作方选择机会去实现专利价值的高效变现，赢得最大化利益。例如，高通是世界移动技术的领先企业，但它本身不生产手机，但每年却向全球的手机生产商收取数百亿人民币的专利授权费。

对于那些仅部分掌握核心基础专利技术的创新主体，无论怎么对技术进行升级改进都会落入其他专利权人的保护范围，存在相互侵权的可能，这时可以通过谈判获取交叉许可合作机会，实现共赢。例如，苹果公司在处理与其他同行的专利纠纷案件时，更多时候以签署专利交叉许可协议的方式终结纠纷，为双方拓展市场扫清障碍。

对于那些仅仅掌握某项先进成果核心技术的创新主体，其本身并不具备转化应用的条件和实力，这时可以选择技术转让或技术入股的合作模式实现专利价值的提升和快速变现，这种情况广泛存在于我国数量众多的高校及科研院所中。例如，2017 年，山东理工大学教授毕玉遂团队研发的“无氯氟聚氨酯新型化学发泡剂”被淄博市临淄区补天新材料技术有限公司以 5 亿元人民币天价买断 20 年独占许可使用权，这刷新了国内专利技术转让的记录，同时也引发了很多思考。

对于那些刚刚发现市场应用前景、初步提出核心专利技术方案的创新主体，由于技术成熟度较低距离转化应用还需很长的路要走，这时可以寻找不同领域的不同合作对象以分担投入成本、加快研发进度，实现优势互补、拓宽研究思路，提高研发水平，推动技术成熟，为专利技术的转化应用奠定坚实基础。相比专利授权后的许可、转让，这种研发阶段即引入合作机制的方式，可以使得项目的选择更加符合市场需求，转化过程更为顺畅。目前国内流行的产学研合作模式就属于这种情况，但仍需要在研发目标考核、研发质量提升、过程管控等方面做大量的优化、强化工作。

综上所述，通过以专利促进技术合作的方式，不仅仅能够快速促进专利价值的快速变现，更重的意义还在于通过这种技术合作，能够使专利资源得到更好的配置利用，能够推动发明技术之间的国际国内交流，以避免对相同技术的重复研究开发，能够带动创新主体市场竞争力和品牌荣誉价值的提升，能够引领科学技术向全社会传播以促进科技的不断向前发展，从而实现专利市场价值的进一步构建提升。

3. 以全产业链视角做好专利布局，维护市场价值

专利布局属于专利运营层面的问题，但在构建专利市场价值的过程中同样也起着要重要作用。这是因为，针对某产品或技术取得重要突破的专利申请进行顶层设计，一方面提早进行专利布局，可以抢占市场先机；另一方面更为重要的是，随着产品或技术的不断成熟、进步，其应用范围甚至应用领域会逐步拓宽，产业链也会由单一纵向结构转变为网状协同，这其中会派生出许多新的技术需求，市场竞争的焦点也会随之表现为专利技术竞争的形式，这时就需要创新主体适时采取合适的专利布局策略予以应对。

创新主体在利用专利布局维护、提升市场价值的过程中，首先，要以全球化的视野、全产业链的视角分析市场，站在行业制高点将“专利美景”尽收眼底，精准部署专利。其次，要在产业链关键技术节点上抢占专利，通过控制技术链来主导产业链，进而配置供应链，并最终实现控制产业链的杠杆化效应。最后，要配置好专利资源，抢占专利高地，通过专利情报分析来指导专利组合布局设计，必要时整合资源，构建或加入专利联盟，构建专利组或专利池。总而言之，利用专利布局策略和手段，利用专利的排他性围绕产业链全面形成技术壁垒，是遏制竞争对手的有力武器，也是构建专利高市场价值的有效手段。

（四）构建高价值专利组合

专利组合就是为了特定目的而将不同功能的专利通过某种运营方式而组合到一起的专利集合，它并非是多个专利的简单集合，而是一个彼此之间有差异但又存在一定内在联系的专利集合体。目前，专利组合不仅能够打破单件专利的局限性，对构建技术壁垒、应对和发起专利诉讼、提升专利影响力等有着重要价值，还能从各个价值维度提升专利的价值，促进专利组合价值合力的形成。因此，笔者认为构建专利组是高价值专利产生过程的一个必要环节。在实际工作中，可以从三个层面着力构建高价值专利组合。

1. 充分识别构建专利组合的单件专利的功能

专利组合是一种实现专利战略特定目的的策略性行为和工具，在进行专利组合构建之前，需要首先弄明白每件专利的功能是什么，单件专利在战略体系里能发挥什么样的作用，如何使用每一件专利，这样才能制定出最切合自身实际需求的专利组合策略。从实现专利战略特定目的的需求来看，专利组合中的每件专利都基于自身功能特点发挥着不同的作用，基于这种需求，可将专利组合中的单件专利分为八种类型。

（1）基本专利：这类专利主要是覆盖了创新技术的最主要技术特征，为其提供最大保护范围的若干专利，这些专利发挥了对技术成果最基础、最重要的保护和控制作用。

（2）核心专利 ：这类专利主要是覆盖了创新技术成果的最主要核心技术特征，为基本专利提供细化支撑，是产品化的基础和优选专利。

（3）竞争性专利：主要是为解决同一技术问题，或为实现相同或相近的技术效果的而采取的替代性技术方案的专利。通过围绕某一技术方案设置若干竞争性专利，可以在一定程度上阻止他人的规避设计，提高竞争对手的研发成本。另外，其中的一些也有可能成为创新主体的储备性技术，随着未来技术和市场的发展而替代现在使用的方案。

（4）互补性专利：主要是围绕核心或基本专利衍生出的各类改进型技术专

利，包括对技术本身的优化、改进方案，与各种产品结合时产生的具体应用方案等。互补性专利与基础性专利，在保护范围和保护效果上相互补充、交叉，可以实现对核心和基本专利的有效地延伸和保护。通过互补性专利也可以有效延长对技术的保护时期。

（5）支撑性专利：主要是对核心或基本方案的具体实施起到配套、支撑作用的相关技术的专利，如相关的上下游技术的专利。支撑性专利与基础性专利在对技术的控制作用上相互依赖，可有效扩大企业的技术控制范围，增加企业对产业链的影响力。

（6）延伸性专利：主要是核心或基本方案在向其他应用领域扩展时，所衍生出的各种变形方案，以及其与这些领域中的相关技术相结合时产生的技术组合方案。延伸性专利为潜在的各类扩展应用可能提前建立了保护屏障，使得创新主体对技术控制的领域得以延伸。

（7）防御性公开：为了控制专利申请和管理成本，创新主体对部分自身认为价值不大、但又可能被竞争者所关注或采用的技术成果，可以采用防御性公开的方式。一方面，可以有效阻止其他企业获得该技术的专利，从而避免潜在的专利侵权风险；另一方面，也降低企业的专利申请和管理成本。

（8）迷惑性专利：经过创新主体内部判断，可以有意选择若干产业前景或市场前景并不看好，或是成本竞争力不足，或是技术缺陷明显等实际上为企业所放弃的技术方案来申请专利。这类专利主要目的并不是保护企业的技术方案，而是迷惑竞争对手，让竞争对手难以发现企业真正的技术或产品规划，引导竞争对手选择错误的竞争点位。

在构建组合专利的过程中，首先基础性专利和核心专利构成了专利组合的核心，然后根据专利战略特定目的和保护需求，可以在其外围有选择性地设置若干的竞争性专利、互补性专利、支撑性专利、延伸性专利、防御性公开及迷惑性专利，共同构成专利组合，从而实现单件专利及组合的整体价值提升。值得注意的是，构成专利组合的基础专利、核心专利及其他专利，可以是创新主体布局申请的自有专利，也可以是通过购买、独占许可或交叉许可等方式获得的其他专利权。

2. 专利组合中单项专利的选择原则

相对于单件专利，或零散的、无关联的多件专利，专利组合优势在于依靠其内在的关联性，通过彼此的协同和支撑作用，可以使专利的成果保护、技术控制、竞争防御等作用得到更有效发挥，从而使其价值得到最大限度的实现。因此，选择构成专利组合的单件专利就需要周密部署。

首先，从技术价值维度来看，“基础专利＋核心专利＋外围专利”的组合是比较常见的专利组合形式，可以用“原理型”的专利作为基本专利，可以用更为接近产品的最佳或优选实施方案的核心专利和其他符合目的需求的外围专利构成专利组。其中，布局时要考虑组合专利的实施独立性要强，技术成熟可靠，构成专利组合的单件专利要涵盖能够实现相同功能、解决相同技术问题又具有区别的可替代性专利，这样才能给竞争对手形成较强的市场阻碍。

其次，构成专利组合的单件专利，需要有利于补充和维护专利组合的法律稳定性，尽量选择一系列在保护范围上彼此交织、在技术上相互关联的专利，这样才能够形成多维度、多层次的保护，即使某一项专利被无效了，也不会对整个专利组合形成太大影响。同时，构成专利组合的单件专利要有利于促成保护范围的互补或扩大、有利于预防侵权，这样就能起到阻断式保护作用，大大增加了竞争对手的规避难度。

最后，就实现专利战略特定目的而言，专利组合的根本目的是使专利资源得到最优化的配置利用。因此，对于创新主体来说，需要围绕自身发展战略、商业策略、技术目标、市场竞争及潜在挑战等因素进行专利组合挑选。

3. 专利组合的有效构建

结合新产品或新技术涉及的领域众多、专利申请量大、产业链关系复杂等特点，创新主体可按照“技术领域筛选→产业技术调研→技术体系分解→数据采集分析→组合构建评估→组合维护管理”步骤构建专利组合方案。

（1）技术领域筛选：先对创新主体所涉及的技术领域进行初筛，剔除明显没有内部实施或对外运营前景的技术领域，在此基础上对初步筛选出的技术领域再开展专利检索工作，剔除没有专利储备或所储备专利聚合度不高的技术领域，从而完成构建专利组合的技术领域筛选工作。

（2）产业技术调研：产业技术调研分为产业调研和技术调研两部分。产业调研主要包括选定技术领域的上下游产业链关系梳理、创新主体在产业链中的位置及其供求关系分析，从而初步确定专利组合可能的运营方向，其中专利组合运营方向包括潜在运营对象以及运营模式。技术调研包括创新主体选定技术领域的技术发展情况、参与企业标准、行业标准和国家标准制定的情况等调研分析。通过技术调研分析，可以为后续技术体系分解作铺垫准备，同时也为后续专利组合维护管理提供支撑依据。

（3）技术体系分解：根据选定技术领域前期产业调研和大技术现状调研，结合创新主体储备专利的技术分析，构建选定技术领域的专利技术分类体系。例如，根据产业技术调研，可初步确定一级技术分支；在此基础上结合所属技术领域专利储备情况，细化一级技术分支的各功能点，得到二级技术分支；同时在选定技术领域过大或根据实际组合构建需要进行细分时，对某些特定二级技术分支进行细分，得到三级技术分支。

（4）数据采集分析：根据所选定技术领域特点制定专利检索策略，选择专利检索数据库进行专利检索，在查全率和查准率达到设定阈值时，停止迭代检索，导出专利检索结果。人工逐件分析专利检索结果，剔除明显不属于选定技术领域的噪声专利，确定最终构建专利组合的样本集合。

（5）组合构建评估：逐件评估样本集合中的专利技术，并在技术分解体系中对一级、二级和三级技术分支进行标引。结合产业调研中可能的专利组合运营方向和技术调研中创新主体的技术优势，以技术分支为基本单位构建专利组合。为理清专利组合中授权专利的专利价值，开展专利组合中授权专利的价值评估工作，为后续专利组合的实际运营和管理维护工作提供参考依据。通过专利价值评估，对专利组合中授权专利的重要度进行标引，以体现其在专利组合中的价值。

（6）组合维护管理：随着已构建专利组合中新专利申请的增加，专利法律状态的变化，以及受技术发展和市场需求变化影响导致专利价值度的变化等，已构建专利组合需要开展管理维护工作，具体包括但不限于：监控专利组合技术领域新专利申请的情况，及时将相关专利申请纳入专利组合；定期更新专利组合技术中专利法律状态，剔除专利组合中无效的专利；定期开展组合中已授权专利的价值评估工作，增加或修订组合中已授权专利的重要度。

总而言之，构建专利组合是培育高价值专利过程中的一项重要工作。为提升专利组合的实际运用价值，还应结合潜在运营对象的未来发展规划、产品市场占有率、专利申请和侵权风险分析等综合分析结果，强化专利组合的新申请专利布局。还应注意加强专利组合新申请与标准制定修改相关融合工作，结合潜在专利组合运营对象的综合分析结果预埋高价值专利点，以提升专利组合的整体价值。

六、专利的高价值实现形式

不具备高经济价值的专利不是高价值专利，经过了市场检验的高价值专利才更具有说服力。从专利运营的角度来看，能让专利通过“转化实施”或“交易变现”的办法都是增加专利价值的手段。因此，专利的高价值实现方式也是高价值专利培育的重要内容，这不但有利于理清高价值专利培育的工作思路，而且也是高价值专利培育的最终目的之一。专利作为一种无形资产，具有与其他资产一样的属性特征，只有通过预期交易或相关事项才能为企业带来经济利益，才能形成资产事实。专利价值的实现是专利从“权利”转化为“价值”的核心，是专利提升经济价值的重要手段，也专利权人实现市场收益个根本途径。随着知识产权与金融资本的不断融合，专利权人以高价值专利作为资产在金融市场获得融资愈来愈受到关注与重视。通常来说，高价值专利可以通过自行实施、技术入股、专利许可、专利融资、战略整合等方式实现价值。

（一）专利自行转化实施

专利自行转化实施是指专利权所有人或持有人通过自行投入资金、人力等实现专利技术的成果转化，通过生产销售专利产品或提供技术服务来实现专利获利。例如，2014年1–8月浙江新昌的三花控股集团销售“四通阀”“电子膨胀阀”及“微通道换热器”三大关键产品共计23.6亿元，全球市场占有率均为第一，拥有绝对的议价权。目前“三花”已申报专利近1800项，获授权专利700多项，专利产品创造了七成的公司利润。

（二）专利技术入股

专利技术入股是指专利权人以技术人员的知识或知识产权、技术诀窍、设备、工厂厂房等作为资本股份，投入合资经营或联营企业，从而取得该企业的股份权的一种行为。例如，2017年，武汉工程大学陶瓷膜科研团队研发的一组（8项）专利，被作价2128万元，入股湖北迪洁膜科技有限公司，该团队（主要为9名科研人员）凭专利作价收益，拥有公司50.4%的股份。

（三）专利许可

专利许可是指专利权人自己不转化实施专利技术，而是通过法律的认可或授权方式转由他人在一定时间、一定地域以一定方式实施其专利技术，被许可人须向专利权人支付专利使用费用。专利许可通报包括专利转让、普通许可、独占许可、排他许可等方式。

（1）专利转让：是指拥有专利申请权和专利权人把专利申请权和专利权让给他人的一种法律行为。专利转让权一经生效，受让人取得专利权人地位，转让人丧失专利权人地位，专利权转让合同不影响转让方在合同成立前与他人订立专利实施许可合同的效力。例如，2017年，同济大学王占山教授团队自主研发的“高性能激光薄膜器件及装置”6项发明专利将以3800万元转让给位于张江的润坤（上海）光学科技有限公司，公司将以现金方式支付技术专利转让费。

（2）普通许可：是指被许可方和许可方都对该技术及其产品拥有制造、使用和销售的权利，而且许可方还可以把技术许可给第三方。例如，高通是世界移动技术的领先企业，但它本身不生产手机，除了向全球出售自己核心的芯片和软件之外，每年向全球的手机生产商收取数百亿人民币的专利授权费，单2017年向中国收取的专利费就超过了200亿人民币；另据有关数据分析，中国到2025年将有6亿的人使用5G，仅在专利费方面中国就要向高通支付1.5万亿元之巨！

（3）独占许可：是指技术的接受方在协议的有效期内，在特定地区，对许可协议规定的技术拥有独占的使用权；同时技术的许可方不得在该地区使用该技术制造和销售商品，更不能把该技术再授予该地区的任何第三方。例如，中南大学冶金与环境学院赵中伟教授团队的“电化学脱嵌法从盐湖卤水提锂”技术3件相关专利，以1.048亿元的使用费用独占许可方式转让给了上海郸华科技发展有限公司。

（4）排他许可：指专利权人允许被许可方在预定的范围内独家实施其专利，而不再许可任何第三方在该范围内使用该专利，但许可方仍保留自己在该范围内实施该专利的权利。例如，2018年，深圳信立泰（002294）公告，公司拟与瑞士M.A. MEDALLIANCE SA（MA）签订协议，以自有资金1000万美元，获得MA拥有的雷帕霉素药物洗脱球囊Selution相关知识产权、技术信息，在中国大陆地区的独家许可使用权。

（四）专利融资

专利融资是指债务人或第三人将其所拥有的发明专利、实用新型专利、外观设计专利的财产权经评估后向银行、其他的金融机构或投资公司作质押取得贷款，并按约定的利率和期限偿还贷款本息，当债务人不履行债务时，债权人有权依法以该专利权折价或拍卖、变卖的价款优先受偿的一种融资方式。专利融资的主要形式包括：专利质押、专利证券化、专利信托等方式。

（1）专利质押：是指债务人或第三人将其拥有的专利权担保其债务的履行，当债务人不履行债务的情况下，债权人有权把折价、拍卖或变卖该专利权所得的价款优先受偿的物权担保行为。例如，2017年，甘肃省大象能源科技有限公司以13件发明专利作质押，获得了1500万元融资，从而可以继续锂电池正极材料的研发工作，专利质押融资为企业解决了资金短缺的发展难题，为企业创新发展增添了直接动力。

（2）专利证券化：是指发起人将缺乏流动性但能够产生可预期现金流的专利（基础资产），通过一定的结构安排对基础资产中风险与收益要素进行分离与重组后出售给一个特设机构。由该机构以专利的未来现金收益为支撑发行证券融资的过程。专利证券化是资产证券化在专利领域的延伸，也是一种金融创新。例如，最早开展知识产权证券化的公认事件是1997年1月，美国著名摇滚歌星大卫·鲍伊（David Bowie）由于短时间内缺少流动资金，于是通过在美国金融市场出售其音乐作品的版权债券，向社会公众公开发行了为期10年利率为7.9%的债券，为自己的音乐发展之路募集了资金5500万美元。

（3）专利信托：是指专利权人将自己的专利技术的转化工作委托别人（即金融信托投资机构）依照国家有关法律、法规接受专利委托，并着力于将受托项目进行转化的一种信托业务。专利信托是专利权人以出让部分投资收益为代价，在一定期限内将专利委托信托投资公司经营管理，信托投资公司对受托专利的技术特性和市场价值进行深度发掘和适度包装，并向社会投资人出售受托专利风险投资收益期权，或吸纳风险投资基金，构建专利转化资本市场平台，从而获取资金流。例如，武汉国际信托投资公司在2000年率先推出了“专利信托”服务，成为国内知识产权信托业务的试水者。武汉国投对众多专利进行删选，挑选出专利“无逆变器不间断电源”作为第一个专利信托产品进行运作。武汉国投对专利“无逆变器不间断电源”大致运作模式如下：首先，信托公司将受托的专利“无逆变器不间断电源”的技术特征进行挖掘和评估，然后，信托公司将专利预期的收益权分割为若干信托单位，也即风险收益权证，向风险投资人出售，最后，受托专利许可或转让获取的收益，由专利权人、信托公司以及风险投资人按约定比例分成。

（五）高价值专利战略整合

（1）整合高价值或专利群构建强大的专利保障网络，为企业产品和市场服务。例如，截至2017年12月，华为累计专利授权74307件；申请中国专利64091件，外国专利申请累计48758件，其中90%以上均为发明型专利。与此同时，2017年，华为的年销售收入突破1000亿美元，保持了超过25.7%的高速增长，其海外市场容量超过国内。华为的产品销往全球数十个国家可以畅通无阻，不会遭受美国“337调查”。

（2）整合高价值专利开拓市场，确保自身生产与销售的安全性。如：新大陆科技集团是国内唯一掌握二维码芯片核心技术的企业。2015年3月新大陆正式发布了第四代二维码芯片。在进行 条码芯片开发之初，新大陆就开展了二维码识读芯片专利布局工作，对全球1.7万多个条码专利做了细致的梳理，围绕算法、结构及特别的技术，新大陆二维码芯片获得近120项专利。

（3）整合高价值专利巩固市场、驱逐竞争者。例如，2007年美国国际贸易委员会就纳思达侵犯爱普生墨盒专利案作出终审判决，判定涉案的爱普生专利有效。而该案调查所涉的纳思达等24家公司所出售的墨盒产品侵犯了爱普生专利，被禁止进口及在美国市场销售，这些公司分别来自美国、韩国、德国以及中国。法庭还发出“普遍排除令”和“禁止令”，要求所有进口商都不得将相关专利侵权产品进口和销售到美国。

（4）圈地高价值专利、拓展市场。在科学技术日新月异的今天，专利一直是科技巨头出奇制胜的独门绝技，放眼全球，科技巨头一直在通过各种方式扩建自己的专利库。例如：据美国商业专利数据服务机构IFI CLAIMS Patent Services公布了美国2017年专利申请统计数据，前10名分别是：IBM，共获得9043项专利；三星电子，共获得5837项专利；佳能，共获得3285项专利；英特尔，共获得3023项专利；LG电子，共获得2701项专利；高通，共获得2628项专利；谷歌，共获得2457项专利；微软，共获得2441项专利；台积电，共获得2425项专利；

三星显示器（Samsung Display），共获得2237项专利。这些世界级的科技企业均拥有大量专利，这不仅是企业强大科技实力的体现，也是企业巨额利润的源泉，还是企业开拓市场的利剑和强盾。

（5）高价值专利助力企业扩张。“市场未动、专利先行”，通过企业并购获取高价值专利或构建具有完美布局的专利组合，这也是高科技企业扩张领域、培育竞争力、扩大市场、巩固销售网络的主要手段之一，日益成为推动企业并购的重要力量之一。例如，市场调查公司CB Insights的报告显示，2011年至2016年，近140家人工智能初创公司被收购，2017年第一季度，兼并和收购案例便超过30起，为2016年同期的两倍。其中，谷歌在人工智能收购交易中表现得最为活跃，此外，微软、亚马逊等公司在人工智能方面的专利申请竞争激烈。这表明，科技巨头为抢夺人才、拓展业务领域、布局业务生态，对人工智能企业进行收购是必然选择。

（6）高价值专利技术标准化控制行业。如果将专利技术纳入国家或国际标准中，这样任何同业竞争者生产的产品都必须符合颁布的标准，此时生产出来的产品也就自然落入了标准涉及的专利保护范围，如果在未经允许的情况器，生产该产品的同业竞争者就构成了专利侵权。专利标准化是企业最高层次的专利价值实现方式。例如，2001年由浙江大学牵头，浙大中控技术股份有限公司（SUPCON）为主，会同清华大学、中国科学院沈阳自动化研究所等单位联合承担国家“863”计划CIMS主题重点课题——“基于高速以太网技术的现场总线控制设备”，开始制定EPA技术标准。起初SUPCON只打算制定国家标准，但稍后，发现自己在这方面的研究并不比国外晚，甚至还略有超前，于是在发展EPA为国家标准的同时，SUPCON决定将其推向国际。2002年4月，SUPCON在北京上交了第1份EPA技术标准提案，未被采纳。此后，SUPCON与国内外专家加强合作，积极争取。2005年12月，EPA技术标准最终被IEC接受并发布为IEC/PAS62409标准文件，列入实时以太网国际标准IEC61784–2。自此，工业自动化国际标准一直被欧美发达国家垄断的局面被打破，SUPCON走上了主导国家和国际标准制定的道路。EPA标准也确立了SUPCON公司在国内自动控制领域的领军地位，从专利到标准，SUPCON 为我国科技型企业在专利技术标准化方面作出了榜样。

（7）构建专利池、共享专利价值。专利池又称专利联盟或专利联营，是指两个或两个以上专利所有人之间进行交叉许可，或统一许可条件向第三方进行许可而组成的专利集合。由于专利池整合联盟成员的多项专利，并可以低成本进行联盟内交叉许可或直接使用专利池内的专利，因此极大程度地避免了成员在实施自身专利技术时可能面临的专利壁垒和侵权风险，从而促进了专利技术的转化运用；同时，开放式专利联盟还可以通过对外许可的方式，依据联盟内统一的许可费标准向非成员的第三方收取许可费用以获准使用这些专利。因此，从专利价值实现角度而言，构建专利池的模式已经超越了专利权人自身运用专利的层级，实现了不同利益体之间专利资源的共享和有机整合，提高了专利资源的利用率，专利池横跨不同企业建立了专业价值的实现平台。例如，成立于 2008 年的 RPX Corp 是由美国最大的风险投资机构 Kleiner Perkins Caufield & Byers（KPCB）、Charles RiverVenture 和 Index Venture 联合投资组建的专利池公司。成立以来，先后在移动通信、互联网搜索以及 RFID 领域收购了数量众多的专利及专利权益，并因解决了以苹果为首的 Rockstar 对谷歌等科技巨头为首的 30 多家安卓阵营企业的专利诉讼而名声大噪。

（8）开放专利培植新兴产业。2014 年，特斯拉 CEO 埃隆·马斯克宣布，将对外公布特斯拉全部专利，鼓励所有汽车制造商都来关注、使用特斯拉的专利技术，从而推动全球绿色汽车事业的发展。这也使开放专利这种战略模式获得了世人的瞩目。据了解，特斯拉拥有的 160 多项专利主要集中在电池管理方面，从 IPC 国际技术分类上看在 H02J（供电或配电之电路装置或系统；电能存储系统）以及 H01M（用于直接转变化学能为电能之方法或装置，如电池组），这些技术如果不得到广泛应用的话，显然是无法完全体现出价值的。尤其是充电系统，更是一个社会化工程，单凭 Tesla 一己之力，更是不可能完成充电网络的布局。在这种情况下，采用开放专利策略，表面上看是让竞争对手占了便宜，然而竞争对手在使用 Tesla 的专利同时，也在无形中提高了 Tesla 技术的普适性，使得它在未来标准制定中抢占了有利的地位。实际上除了特斯拉，谷歌、IBM 也曾经采用过开放专利的策略，IBM 开放其 500 项美国专利以及所有的非美国版本，惠普公司将其电池回收技术专利捐赠给世界可持续发展商业理事会开展的“生态专利普及计划”；Gooogle 以免费许可证的授权方式与代表广泛的联盟组织共同开发的安卓操作系统。由此可见，专利开放策略是一种合作中竞争、在竞争中开放的战略模式。通过专利开放特别是基础性专利开放，可以降低行业的进入壁垒，激发更多企业的研究或投资热情和自信心，这对产业未来的长期发展具有很大的推动力。专利开放策略，先以免费策略来扩张圈地，等拥有了一定的用户和产业规模之后再精耕细作、推出收费服务，这会是许多新兴科技产业巨头的生存发展之道。

第三节　知识产权运营公共服务平台

一、知识产权运营服务公共平台概述

（一）发达国家知识产权运营服务平台的发展及经验

20 世纪 80 年代以来，随着知识经济的兴起，知识产权成为各个国家和地区增强其经济、科技实力和国际竞争力、维护自身利益和经济安全的战略资源。为此，西方发达国家为了巩固其在世界经济中的强势地位，陆续采取了一系列加强知识产权创造、运用、管理和保护的措施[1]。其中，建立知识产权交易服务平台便是一项重要措施，这为我国知识产权交易服务体系的构建提供了经验借鉴。

1. 美国、英国的知识产权交易服务平台发展

美国、英国作为发达国家的典型代表，是世界上最早推行知识产权战略的国家，也是知识产权交易市场构建最先实践者。美国政府为了促使知识产权交易市场的发达，首先制定了有利于科研人员分享知识产权的管理制度，对政府投资产生的技术创新成果产权归属加以明确规定，规范了国家创新成果得知识产权配置

方式，也促进了知识产权交易的开展。接着，美国、英国充分利用发达的中介行业开展知识产权交易的服务。中介行业利用第四代信息技术革命积累的优势，充分利用信息技术，建立起网上知识产权交易平台。比较有代表性的如 UTEK 公司建立的交易网站，使技术的拥有者可以在网上发布技术的详细说明，技术的需求者可以在该网上通过匿名发布，需找合适的技术。美国、英国的知识产权网上交易，不仅提高了信息传播的效率，使更多的知识产权供需信息得以匹配，同时也使得交易成本大大减低，也就提高了交易效率。

此外，美国、英国的知识产权交易服务平台为推进知识产权交易，积极探索多种知识产权交易的商务模式，比如 UTEK 公司采用 U2B 模式，将企业的技术需求与大学、政府资助的研究实验室的技术研发进行对接，并促成二者的授权许可交易，UTEK 公司从中获得企业股份。[2] 美国、英国的知识产权交易服务公司还利用发达的信息网络，不断拓展业务范围，提供咨询、评估、商务谈判、法律等服务。美国、英国的知识产权交易服务公司还推动知识产权证券化工作，为投资人开辟新的、增值的投资渠道，为知识产权的市场化运用募集资金。

2. 日本、韩国知识产权交易平台建设

日本、韩国是快速发展起来的新兴发达国家，它们的发展同样离不开知识产权与科技创新。日本和韩国的知识产权交易平台是政府主导型，政府在其中发挥了重要作用，例如，1995 年日本文化部省文化事务局建立了基于数字环境的著作权管理系统，日本专利厅建立了专利技术网上和网下交易市场。韩国知识产权局建设了网上知识产权市场、流动知识产权交易市场和固定的交易场所，并且成立了专利技术转移促进部。而且，日本和韩国均采用网上交易平台和网下交易平台相结合的模式，使有限的知识产权资源得以充分利用，降低交易成本，激活知识产权交易市场。此外，日本和韩国的知识产权交易平台依托其发达的金融体系，开展知识产权融资业务，开发出知识产权产业化的新途径。

3. 新加坡知识产权交易服务平台搭建

新加坡是亚洲经济发展新秀，21 世纪初开启科技创新主导经济发展模式。

新加坡的知识产权交易服务市场发展最显著的特征是政府与企业的合作。政府在此过程中主要发挥鼓励和培育作用，主要通过拨款计划、提供税收优惠等政策，鼓励中介机构发展，在条件成熟后选择退出，交由中介机构市场化发展。[4] 目前，新加坡的知识产权交易中介服务机构发展很是迅猛，一些中介机构自主研发了世界上信息最为全面的专利数据库，而且不断开发新的特色服务，深度挖掘市场技术需求，为技术供需方提供交易撮合机会。此外，知识产权交易服务机构还为企业提供全方位的知识产权运用和交易系统化培训，通过培训，不断提高企业的知识产权运用水平，有力促进了知识产权的交易。

可见，发达国家普遍重视知识产权和科技创新，通过建立知识产权交易服务平台促进知识产权的转化和运用。首先，发达国家的知识产权交易服务平台发展的经验表明，平台构建初期，离不开政府的引导和支持。此外，信息技术的应用是平台构建的关键资源。平台要充分利用信息技术，整合各种资源，不断开发新的服务模式和服务内容，为知识产权的交易提供专业化系统化的服务。

（二）我国知识产权运营服务公共平台的发展现状

1. 我国知识产权运营公共服务平台体系建设

2008 年 6 月 5 日，国务院正式颁布《国家知识产权战略纲要（2008–2020）》（国发〔2018〕18 号），决定实施国家知识产权战略，开启了我国知识产权事业发展的新篇章。《国家知识产权战略纲要（2008–2020）》提出构建国家基础知识产权信息公共服务平台和发展知识产权中介服务。为实施国家知识产权战略，国家知识产权局和财政部于 2014 年决定投资建设全国知识产权运营公共服务平台， 并分别投资在广东珠海和陕西西安试点建设面向创业投资的知识产权运营特色分平台和军民融合知识产权运营特色分平台。为推进全国知识产权运营体系建设，财政部办公厅、国家知识产权局办公室 2014 年 12 月印发《关于开展市场化方式促进知识产权运营服务工作的通知（财办建〔2014〕92 号）》，提出“2014 年支持北京等 11 家知识产权运营机构较为集中的省份开展试点，采取股权投资方式，支持知识产权运营机构”。国家知识产权局 2015 年初发布《2015

全国专利事业发展战略推进计划》，提出“高标准建设知识产权运营体系”，“按照“1+2+20+N”的建设思路，建设1家全国性知识产权运营公共服务平台和2家特色试点平台，在部分试点省份以股权投资的方式支持一批知识产权运营机构”。通过评审，国家知识产权局选择北京智谷睿拓技术服务有限公司等涵盖高校、科研机构、国有技术交易机构和社会知识产权服务机构在内的20家企业开展股权投资试点。

为进一步促进全国知识产权运营体系建设，国务院于2015年12月28日发布的了《关于新形势下加快知识产权强国建设的若干意见（国发〔2015〕71号）》，提出“构建知识产权运营服务体系，加快建设全国知识产权运营公共服务平台”，并将知识产权投融资、知识产权证券化、知识产权信用担保机制、知识产权众筹和众包模式等作为知识产权运营的重要内容。2016年5月31日，国家知识产权局批复苏州等10个城市为首批国家知识产权强市创建市，要求着力抓好知识产权运营服务体系建设等重点工作。2016年8月5日，工业和信息化部、国家知识产权局联合印发《关于做好军民融合和电子信息领域高价值知识产权培育运营工作的通知（工信部联财〔2016〕259号）》，引导重庆等10个城市开展新能源和互联网等重点产业的专利运营工作。为促进区域和产业知识产权运营工作，国家知识产权局2017年2月22日批复建设深圳南方知识产权中心，2017年12月30日批复建设中国汽车产业知识产权投资运营中心。至此，我国初步形成了包括全国平台、特色分平台、区域知识产权运营中心和社会运营机构等在内的全国知识产权运营体系。

我国知识产权运营服务体系如图5–1所示。

2. 我国知识产权运营公共服务平台的职能及服务内容

知识产权运营服务平台作为一个公共服务平台，是知识产权集中运营的载体，虽然各类知识产权运营服务平台基于投资主体和运营主体的资源优势和功能定位的不同，其主要业务职能和服务内容不同，但总体来说，知识产权运营服务平台的职能和服务内容包括以下几个方面。

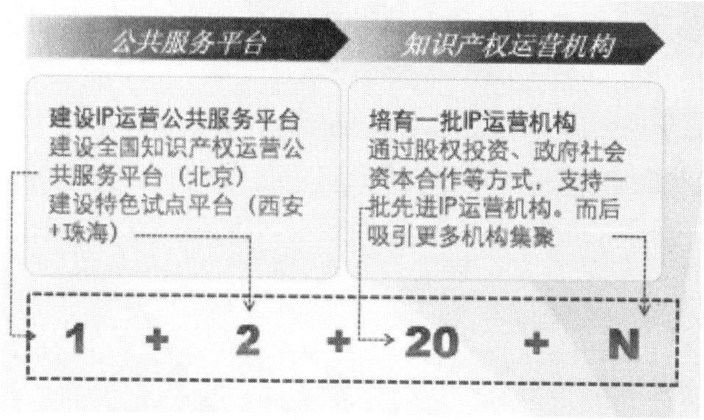

图 5-1 我国知识产权运营服务体系

来源：国家知识产权局公益讲座

1）知识产权数据中心职能和大数据服务

知识产权运营服务平台依托现有的专利、商标、版权、标准、司法判例、运营信息等专业数据库和专业服务机构的资源库，开发建设基于资源共享、信息整合、服务集成的各类知识产权数据库，面向不同需求的用户，提供知识产权全领域、多维度的知识产权大数据服务，实现“分散资源集中使用、集中资源分散服务”。

2）知识产权信息应用职能和服务

知识产权运营服务平台，利用数据资源和信息处理技术能力优势，为各类社会主体和市场提供知识产权数据及其加工服务，开展专利信息检索、专利信息分析、专利预警、专利导航及重大经济活动知识产权评议等服务。此外，知识产权运营服务平台还可以围绕重点产业领域，组建专利联盟和专利池，通过专利收储、组合、包装、运营，实现专利价值最大化[5]。

3）知识产权交易服务

知识产权交易服务是目前我国多数知识产权运营服务平台的核心职能和核心业务。知识产权交易服务以企业、个人、高校、科研院所等为用户群体，以搭建桥梁和纽带方式，向知识产权交易的供需双方提供发布、推介展示、磋商对接、交易支付等一系列线上线下服务。用户可以在平台搭建的专属展示交易区进行专利、商标、版权等知识产权的求购、出售信息的发布和展示，并通过大数据进行智能匹配并达成交易。

4）知识产权全流程运营服务

知识产权运营服务平台整合利用其数据资源、政策资源、人才资源和服务资源，围绕知识产权创造、管理、运用和保护各环节事项，为创新主体、投资主体、产业主体提供专利运营全方位、全流程的一站式服务，包括促成产学研结合、委托开发、申请获权代理、许可转让、价值评估、质押融资、专利分析预警、专利布局和导航、专利诉讼维权等专业性、技术性和法律性服务。

5）知识产权运营法规政策研究和咨询服务

知识产权运营服务平台利用实践和智力优势，进行知识产权运营政策与法律研究，以推动我国知识运营政策的制定和优化。知识产权运营服务平台通过对相关政策法规的解读，对外提供相关政策和法规、管理流程、标准化建设等咨询服务。

6）知识产权运营文化和人才培育职能和服务

知识产权运营服务平台通过其服务、信息展示和对外宣传，对我国知识产权运营文化和市场化运营理念的传播具有重要意义。另外知识产权运营服务平台，通过对区域人才资源的整合，建立知识产权人才库，为区域创新和企业提供人才服务，例如，通过建设知识产权运营人才培养机制（课程体系、胜任能力模型、技能训练和知识模型），培养知识产权运营人才，向社会输送知识产权运营人才。

3. 我国知识产权运营公共服务平台的特征

我国知识产权运营公共服务平台建设借鉴了发达国家的经验，但紧紧结合了我国的国情、政治经济体制知识产权的发展和管理状况，体现出自身的特点：

（1）政府主导性。我国知识产权运营公共服务平台建设体现出很强的政府主导性，政府不仅是知识产权运营的法规、政策、规则的制定者，而且是平台建设的出资者或部分出资者。世界发达国家知识产权运营发展的历史表明，知识产权运营离不开政府的推动和扶持，而我国知识产权市场化服务的中介机构发展基础薄弱，社会科技成果转化的意识和实践经验不足，决定了我国知识产权运营更需要政府的推动和投入。但是，过强的政府主导性也给我国知识产权运营带来了一些问题，比如对政府的过分依赖性，导致运营服务平台的自身造血功能不足，市场需求不足，一些知识产权运营公共服务平台由于业务量不足，难以为继，造成资源浪费。

（2）公共服务与市场运作相结合。我国知识产权运营公共服务平台提供的服务是一种公共服务，但这种公共服务是以市场化运作方式提供，体现了公共服务与市场运作的结合。知识产权运营公共服务平台的设立虽然以行政为主导或由政府的深度参与，但一旦设立是独立的市场主体，而且以服务市场为目标，通过提供市场化服务和股权投资等市场的理念、经营方式和赢利模式获取收益获益，以维持自身的生存和发展。

（3）区域与特色相结合。我国知识产权运营公共服务平台的“1+2+20+N”的体系结构，体现了我国知识产权运营公共服务平台地域与特色相结合的建设思路。其中的“1”即全国知识产权运营公共服务平台，是国家知识产权运营服务体系的枢纽、策源地和数据中心；“2”是指西安的国家知识产权运营军民融合特色试点平台和珠海的国家知识产权运营横琴金融与国际特色试点平台。军民融合特色试点平台以推动国家军民深度融合为导向和主要特色，侧重于军民两用技术等方面的知识产权运营，以促进知识产权“军转军、军转民、民参军”。横琴金融与国际特色试点平台其致力于提供以知识产权金融创新、知识产权跨境交易为特色，开创知识产权与资本市场密切结合的知识产权运营新模式。“20”是国家根据地方经济发展需要和知识产权发展水平，以试点省份国家专利运营试点企业基本情况和历年报送的数据资料为评估依据，通过遴选，选取的以国家财政资金股权投资方式支持的，依托全国知识产权运营总平台面向地方提供专利运营服务的服务机构。随着我国知识产权运营的进一步发展，将会有更多的“N”以面向地方和特色产业特定领域提供知识产权的运营服务的知识产权运营服务机构建立起来，如中国汽车产业知识产权投资运营中心平台和国家知识产权运营公共服务平台高校运营（武汉）试点平台等。

（4）线上与线下相结合的运作模式。传统的知识产权服务存在供求信息不对称、受时间和空间限制、市场化程度低的缺陷。随着互联网技术的成熟及互联网经济同各行业的融合，以互联网为基础的知识产权运营平台充分利用信息技术，为交易双方提供在线咨询、在线展示、线上交流的平台，极大地加速信息流动的速度，降低交易成本，提高交易效率。我国知识产权运营服务公共平台的建设正值互联网和信息技术发展成熟的好时机，运用“互联网＋”的知识产权运营模式”通过线上线下、网内网外资源的有机融合，实现线上线下服务有机结合和互相转化，形成从知识产权信息应用、价值评估、质押融资、孵化转移、维权保护、咨询培训等一站式专业化知识产权运营全流程综合服务和支撑体系，为我国知识产权运营插上了腾飞的翅膀。

资源共享与一体化。我国“1+2+20+N”的知识产权运营公共服务平台体系，按照标准化、一体化的业务体系要求和资源共享、业务协作的机制构建，国家平台统一标准、统一业务流程，区域和特色平台要保持与国家平台上的标准一致、资源共享和业务协作，避免重复建设和资源浪费。

4. 我国知识产权运营公共服务平台建设的意义

知识产权运营是知识产权的商业化运用，是实现知识产权价值和价值增值的有效途径。我国的知识产权运营遵循“平台＋机构＋资本＋产业”四位一体的发展思路，是推动我国知识产权与产业经济融合，实现创新驱动发展战略和科技兴国战略的必然要求。其中，知识产权运营服务平台的建立，不仅加速知识产权向生产力的转化，而且为知识产权进入资本市场、整合市场资源、创新产业融资模式、降低知识产权投资风险提供实践的舞台。

（1）提升科技成果转化率，促进知识产权的转移转化。科技成果只有转化为现实生产力，才能切实发挥科技对经济社会发展的支撑引领作用。我国科技成果难以实现产业化应用，转化率低，一直是我国经济发展的制约因素。其中，转移转化渠道不畅通、机制不健全，缺乏资金，是重要原因。知识产权运营服务公共平台，按照市场化运作方式，促进知识产权交易，并通过市场融资并股，解决资金问题，从而进一步提升科技成果转化率。

（2）打通知识－资本－产业通道。知识产权运营公共服务平台，通过市场化运作，为知识产权或科技成果所有者、成长性企业和投资者提供技术与资本对接的便利通道，为推动具有自主知识产权的重大创新成果实施转化和二次开发做服务。知识产权运营公共服务平台，为企业研发的新产品和新专利提供交易平台，通过平台寻求贷款方或投资者，为项目或产品获得资金，促进知识产权产业化运用。

（3）促进信息公开，解决市场信息不对称。交易市场普遍存在信息不对称现象，在市场竞争中，只有促进信息公开，改善信息透明度，才能减少不公平竞争可能性的产生。企业研发人员通常通过知识产权运营服务公共平台进行信息检索，以了解当前技术的发展动态，从而避免重复开发，提高研发效率，降低技术侵权风险。专利购买者同时也通过平台进行信息检索，熟知受让专利的法律状态与最新技术发展状况，避免购买过期专利、侵权专利和无效专利，双方在平台上通过信息交流，满足双方的信息需求。

（4）整合资源，降低交易成本。营中心平台通过整合知识产权交易资源，降低交易成本，提高成交率。知识产权运营服务公共平台，拥有配套的金融融资服务体系和鉴定、评估、专利代理等专业中介服务机构，为知识产权持有人、意向方和投资方提供方知识产权展示推介、资产评估和质押融资等提供一系列综合配套服务，有利于交易双方对自身购买或出售的专利技术进行合理评估与价值比较，提高买卖双方交易的成功率，降低成本费用。

二、国家及区域知识产权运营服务公共平台简介

1. 国家知识产权运营公共服务平台

国家知识产权运营公共服务平台（简称“国家平台”）是国家“十三五”规划的重要工作部署，由国家知识产权局和财政部共同支持建设。国家平台于

2014年启动，于2017年4月实现上线运营。国家平台是构建我国“1+N”知识产权运营体系的核心和基础，发挥着主导性、资源性和统筹协调性职能，向社会集中供给优质知识产权运营公共服务。作为“1+N”国家知识产权运营服务体系中的“1”，国家平台以遍布全国的各类区域性、功能性、产业性知识产权运营平台（中心）为分支，以知识产权运营机构为节点，以重点产业知识产权运营基金为支撑，逐步实现业务流、信息流、资金流的互联互通。全力搭建规则统一、遍及全球的平台运营网络，打造从创意产生到知识产权创造、运用、保护于一体的线上线下立体式平台，形成全国“一张网”、全要素的可持续性发展的知识产权运营生态圈。

中国专利技术开发公司、知识产权出版社有限责任公司、中国专利信息中心共同出资成立华智众创（北京）投资管理有限责任公司（下称“华智众创”），经国家知识产权局授权，作为国家平台的建设和运营主体，全面承担全国平台的建设和运营工作。

国家平台集中整合下列资源，为全国知识产权运营体系提供知识产权运营资源的集中供应服务：

（1）数据资源：国家平台将汇集知识产权全生命周期的基础数据，建立知识产权的数据中心，实现基础数据的集中供给服务。

（2）项目资源：国家平台通过收储全国各类创新主体的运营项目，构建国家平台项目库，打造国家运营体系的创新资源发源地，对外提供创新资源的配置服务；

（3）用户资源：国家平台拥有五大用户主体资源，分别是以企业、大学、科研院所、个人为对象的创新主体资源；企业、投资机构、投资基金为对象的创新技术应用主体资源；包括专利池、专利联盟、知识产权交易中心在内的知识产权运营机构；为知识产权提供代理、法律、评估、咨询、金融、担保等专业服务的知识产权市场化服务机构；各级政府、行业协会和产业园区。总平台按照区域、产业等维度将这些资源与各级平台和运营机构进行贯通，促进资源的高校流转。

（4）政策资源：国家平台汇集各级政府知识产权运营政策，并进行线上发布，构建国家知识产权运营的策源地。

人才资源：国家平台通过建立知识产权运营人才培训体系，提供人才培训服务，构建高端知识产权运营人才、知识产权运营实务人才等层级丰富的运营人才资源池，为知识产权运营提供智力资源服务。

综合资源：国家平台拥有作为知识产权运营基础的产业资源、信息技术等支撑资源，并向用户主体提供供给服务。

国家平台为用户提供创意研发、知识产权创造、知识产权交易、专利导航、知识产权金融、知识产权保护及管理服务。

2. 国家知识产权运营服务公共平台特色平台——横琴金融试点平台

横琴国家知识产权运营服务公共平台（简称“横琴国家平台”）是由财政部、国家知识产权局于 2014 年 12 月在珠海横琴自贸试验片区首设的知识产权运营金融创新试点平台。该平台是国家“1+2+20+N”的知识产权运营体系中的重要组成部分，是国家两大试点特色分平台之一。

横琴国家平台作为全国首个金融创新知识产权运营交易平台，承担知识产权金融创新试点和国家知识产权运营公共服务基础设施建设的任务，致力于提供以知识产权金融创新、知识产权跨境交易为特色的全方位、一站式的知识产权资产交易和服务交易。

目前，横琴国家平台结合市场需求和工作实际，确立了“社交”“IP 金融”“IP 电商”“大数据”4 大功能模块和“信息化”“核心业务”“派生业务”“支撑业务”4 大业务体系。同时，横琴国家平台从市场需求出发，开发覆盖创新全链条的知识产权资产（专利、商标、版权）、知识产权运营服务（受托、收购、专利池、标准化）；知识产权服务（代理、诉讼、分析、咨询、培训）、知识产权创业项目（以知识产权为核心的创业项目）、创业辅导及投融资服务、研发服务；设计产业服务、知识产权支撑型商品 8 大交易品类，提供知识产权产业全方位、一站式、高品质的服务[7]。

知识产权金融创新与知识产权跨境交易构成横琴国家平台的构成平台的两大特色业务板块。在金融创新方面，横琴国家平台积极参与知识产权质押融资“珠海模式”的建立，与珠海市知识产权质押融资风险补偿基金、合作商业银行、担保公司、保险公司等机构成立珠海市知识产权质押贷款服务联盟。横琴国家平台作为珠海市知识产权质押贷款服务联盟秘书长单位，负责对联盟开展的所有知识产权质押贷款业务进行全流程的服务及跟踪、组织对拟质押的知识产权出具评估报告、办理知识产权质押手续，并对已质押的知识产权进行日常状态监控、对出现风险的贷款项目借助自身交易平台优势进行处置。截至 2018 年 4 月，平台共推动全市知识产权质押融资业务 22 笔，业务规模共计 8690 万元，其中已放款 3890 万元。横琴国家平台还积极筹建知识产权投贷联动基金，用于开展知识产权运营交易、重点产业专利池构建以及债权投资、股权投资等工作。下一步，横琴平台还将开展知识产权资产证券化业务。

在知识产权跨境交易方面，横琴国家平台积极搭建国际业务服务体系，不仅推动国际版网站 HIPEX 上线，而且完成了“海外护航”和“IP 资本化”两大国际运营产品系列的设计和优化。横琴国家平台根据自身的区位优势，针对港澳台地区、葡语、拉美系国家开展业务，与日本、美国、港澳台等地建立联营合作。横琴平台通过开展国际知识产权培训、组织国家展会、论坛以及会议，不断提升平台的影响力。此外，平台对外提供知识产权申请、保护、诉讼、咨询以及资本化国际知识产权服务业务，并积极打造全球知识产权的集散地。

3. 综合性知识产权运营服务公共平台——苏知中心

苏国际知识产权运营交易中心（以下简称“苏知中心”）是由江苏省政府同意、江苏省金融办批准，国家知识产权局、江苏省知识产权局重点扶持的省级综合性知识产权运营交易平台。

苏知中心由苏州产权交易中心有限公司、苏州高新创业投资集团有限公司、苏州科技创业投资公司、苏州市集合创业投资服务有限公司、苏州高新智慧产业发展有限公司五家国资公司联合出资组建，注册资金 5000 万元人民币，位置选在江苏省苏州高新区国家知识产权服务业集聚发展试验区。中心平台建设工作于2016年10月启动，2018年2月进入公测和运营。

苏知中心将“立足江苏、服务全国、放眼世界”定位为发展战略，将整合人才资源组建专业化的运营团队，采用线上线下相结合的商业模式，围绕产业转型、企业创新需求、众创空间项目，为会员提供技术和知识产权需求、知识产权转让、许可、投资、入股、质押以及其他转化运用活动的服务，实现技术、知识产权与产业的有效对接。

目前，苏知中心聚焦IP政策、IP交易、IP金融三大重点业务板块，面向政府部门、科研院所、企业、服务机构和金融机构提供产品发布、企业展示、商业情报、政策推送、知识产权管理、找成果、找代理、找资金、找评估的全产业生态链的一站式服务。

江苏国际知识产权运营交易中心作为省级综合知识产权运营服务公共平台，将会发挥省级区域知识产权运营服务的示范引领作用。随着其他省份的经济发展水平的提升对知识产权运营服务的需求的增强，建立省级综合性知识产权运营服务公共平台的省份会越来越多。

4. 产业知识产权运营公共服务平台——中国汽车产业知识产权投资运营中心

中国汽车产业知识产权投资运营中心是国家知识产权局2017年底批复建设的第一个产业类知识产权运营中心。中国汽车产业知识产权投资运营中心将充分发挥国家平台综合服务资源和北汽集团汽车技术创新与产业投资优势，将知识产权融入汽车产业创新链、资本链和政策链，对提升汽车产业创新发展层次，加快构建高精尖经济结构，推动我国自主品牌汽车走向世界起助推作用。

中国汽车产业知识产权投资运营中心以“立足北京、示范全国、服务全球”为发展战略，切实发挥服务行业构建生态、引领发展的示范作用。

中国汽车产业知识产权投资运营中心将与国家知识产权运营公共服务平台建立标准化、一体化的业务体系，形成资源共享、业务协作机制；将加快建设汽车产业知识产权线上运营交易平台和线下投资运营联盟，以发明投资、协同创新为核心，打通知识产权投资和运营服务全链条，为加快培育发展汽车领域知识产权强企提供重要支撑；将加快设立汽车产业知识产权运营基金，投资孵化汽车产业高价值专利项目，建立“投、贷、担、保、服”联动的知识产权投融资体系，拓宽汽车领域创新创业企业融资渠道。

目前，中国汽车产业知识产权投资运营中心平台正在建设中，将于2018年底上线开始公测运营。

中国汽车产业知识产权投资运营中心作为国家知识产权局批复建设的第一个产业类知识产权运营服务公共平台，将为我国探索“知识产权＋产业＋金融”的知识产权运营模式提供示范引领和经验。随着我国高科技产业的进一步发展，各种产业类知识产权运营公共服务平台会不断出现，如生物大健康产业的知识产权运营中心平台等。

5. 高校知识产权运营公共服务平台——云南省高校知识产权管理与服务中心

云南省作为西部经济欠发达省份，知识产权的创造、管理、运用和保护，相对于其他省份比较薄弱，尤其是科技成果转移转化率低是制约云南经济发展的短板。由于知识产权发展水平低，知识产权服务业不发达，知识产权的运营服务体系尚未建立起来。目前，云南省正在践行科技强国强省战略，实施创新驱动发展战略，迫切需要提高科技创新能力和知识产权的运用转化能力，其中提高知识产权服务水平，推动知识产权运营服务体系建设。

在国家加快知识产权运营服务市场化体系建设的政策推动下，云南省积极探索知识产权运营服务公共平台的建设工作。基于云南省创新资源集中在高校和科研院所，高校和科研院所科研成果转化难转化率低的实际情况，云南省省委省政府决定率先建立高校知识产权管理与服务中心。

云南省高校知识产权管理与服务中心（以下简称“中心”），由云南省委、省政府主导、云南省委高校工委、省科技厅、省教育厅、省内部分重点高校多家单位联合建设，建设工作于2016年6月启动。中心采用市场化运作模式，旨在打造成为一家全面促进云南省高校及科研院所的科学技术创新和知识产权转移、转化，并具有权威性、专业性的市场化公共服务平台。

中心通过聚合全省高校、科研院所优势技术资源，并运用互联网技术构建高效专业的信息化数据库和网络平台，依托现有的科技工作成果、科研基础条件平台和产业化支撑体系，形成知识产权、科技成果孵化转移、转化的市场链接。中心以“立足高校、服务全省、辐射东南亚”作为发展战略，着力于提高云南技术转移效率，改善技术转移市场发展环境，并充分利用云南区位优势加强与周边国家的知识产权及技术转移合作，力争在短期内成为云南实施创新驱动发展的重要策源地和面向南亚、东南亚科技创新的重要辐射源之一。

中心正致力于建设全面、开放、精准、专业化的综合服务体系，依托丰富的高校、科研院所技术资源优势和人才优势，为全省各高校及科研院所提供优质的知识产权代理、科技企业孵化、科技中介、新材料技术开发、推广、转让、咨询等知识产权服务，并联通全国知识产权运营服务平台，不断发展壮大，力争成为西南地区具有影响力的知识产权运营服务公共平台。

参考文献

[1] 滕诣迪 . 高校专利运营管理体系研究 [D]. 南京理工大学 ,2017.03.

[2] 彭茂祥 , 李浩 . 基于大数据视角的专利分析方法与模式研究 [J]. 情报理论与实践 ,2016（07）.

[3] 彭绘羽 . 我国专利质押融资概况研究 [J]. 现代商业 ,2017（5）:49-51.

[4] 中国军民融合平台 . 我国专利质押情况分析报告 [EB/OL].(2012-09-03)http://www.sooip.com.cn/app/newsDetail?cod e=6e2bbd73acac00065ea28b80ca105b25.

[5] 杜蓓蕾 , 安中业 . 我国专利质押融资模式的比较及启示 [J]. 牡丹江大学学报 ,2017（9）.

[6] 杨铁军 . 企业专利工作实务手册 [M]. 北京 : 知识产权出版社 ,2013.

[7] 国家中小微企业知识产权培训（南海）基地 . 中小企业专利管理实务 [M]. 北京 : 知识产权出版社 ,2016.

第六章　专利导航

第一节　概　　述

一、专利导航的基本内涵 [1]

专利导航主要围绕创新驱动发展战略，以专利为纽带，以创新为核心，以市场为导向，引导科技创新，促进管理创新，增强我国创新主体运用专利提升核心竞争力的能力，最终提高国家整体科技竞争实力。

专利导航以专利密集型产业为主要对象，以专利数据为信息获取主体，综合运用专利信息分析和市场价值分析手段，结合经济数据以及龙头企业知识产权战略等信息的分析和挖掘，准确把握专利在整个产业发展中所体现的内在规律及影响程度，深刻揭示产业竞争格局、科学凝练技术创新方向、有效防范产业发展风险、稳步提升专利运用水平。

在此基础上，专利导航主要通过以下功能的发挥，实现对创新驱动发展战略的支撑和对产业转型升级的指引。一是为科技创新提供有效的竞争信息，提高创新主体的自主创新能力，有效规避和减少产业发展过程中可能出现的风险，促进科技创新质量和效益的提升；二是融入产业发展决策体系，通过产业技术专利竞争格局分析、产业技术发展路线图研究、重大经济技术项目知识产权评议等，增强产业发展规划决策和重大项目决策的科学性、产业技术发展路线选择的合理性、产业创新政策导向的准确性以及产学研结合的针对性；三是提升专利运用能力，通过紧贴自主创新过程，围绕创新成果保护提高专利申请质量、优化专利布局结构，促进技术商业化、产业化和市场化，实现科技创新成果的价值和效益，引导相关主体有针对性地开展专利收储、专利组合和专利交易等，实现产业内专利资源的高效整合，产业发展风险的共同防范，促进产业技术创新力和核心竞争力的有效提升。

同时，专利导航还以专利技术分析为先导，深刻揭示产业链、技术链、企业链、人才链之间的关系，揭示产业结构与现行技术的关系，从产业和企业两个维度，通过技术、人才、管理、政策等多要素的有机配置，实现区域知识产权产业和企业两个攻防体系的构建。

专利导航并不意味着仅仅依靠专利来解决产业发展面临的所有问题，也不意味着仅仅依靠专利就可以形成支撑产业发展的核心动力，而是强调要站在产业发展的高度，深刻理解专利在产业发展中的影响力和作用方向，深度结合产业发展规律和市场发展趋势，充分发挥专利在技术创新中的促进作用，以技术创新带动企业和产业整体能力提升，充分发挥专利在市场竞争中的资源配置作用，以专利运营带动企业和产业的国际化水平，增强市场竞争力，最终实现可持续发展。

二、专利导航的政策背景

为实施创新驱动发展战略和知识产权战略，有效运用专利制度提升产业创新驱动发展能力，促进我国产业迈向全球价值链中高端，国家知识产权局于 2013 年 4 月印发了《关于实施专利导航试点工程的通知》，标志着专利导航试点工程正式启动。这也是“专利导航”这一概念首次在官方文件中被正式提出。

该通知指出，试点工程是以专利信息资源利用和专利分析为基础，把专利运用嵌入产业技术创新、产品创新、组织创新和商业模式创新，引导和支撑产业科学发展的探索性工作。其主要目的是探索建立专利信息分析与产业运行决策融合、专利创造与产业创新能力高度匹配、专利布局对产业竞争地位保障有力、专利价值实现对产业运行效益支撑有效的工作机制，推动重点产业的专利协同运用，培育形成专利导航产业发展新模式。总体目标是力争利用5年左右时间，初步形成专利导航产业发展有效模式[2]。

随后，国家知识产权局陆续出台了《关于确定国家专利导航产业发展实验区、国家专利协同运用试点单位、国家专利运营试点企业的通知》《关于组织申报国家专利导航产业发展实验区的通知》《关于组织申报国家专利协同运用试点单位的通知》《关于组织申报国家专利运营试点企业的通知》《2015年专利导航试点工程实施工作要点》等文件，为专利导航试点工程的推进奠定了政策基础，专利导航工作也开始有条不紊地开展。

三、专利导航的现状[3]

近20年来，全球专利申请量呈现爆发式增长，从1985年的88.4万件到2010年的198万件，再到2014年的270万件，这些专利文献正形成一个容纳海量数据的数据库。专利文献中同时包含技术、法律、市场、经济等多方面的信息。如何对这些海量的信息进行深入的挖掘和分析，一直没有得到太多的关注。近年来，随着"大数据时代"的兴起，各国政府、企业开始意识到隐藏在大数据背后的"金矿"。专利导航正是对专利大数据利用的一种尝试，试图在浩瀚的专利大数据中，找出指引企业发展的导航仪、指南针。

2013年10月，全国最先确定了8个专利导航实验区，包括北京中关村科技园区、苏州工业园区、上海张江高科技园区、杭州高新技术产业开发区、郑州新材料产业集聚区、武汉东湖新技术开发区、长春高新技术产业开发区和宝鸡高新技术产业开发区。这些单位、企业的专利导航试点工程均取得了一系列进展，专利导航试点工程在推动产业转型升级方面效益显著。

其中，苏州工业园区在物联网、通信电子石墨烯等关键领域已实现有效专利委托、收储1000件以上，专利转让或许可达到40%，经济效益突破500万元。以生物医药产业见长的上海张江高科技园区，2014年共提交专利申请8000余件，有2000余件获得授权。其中，中信国健药业股份有限公司是我国抗体药专利申请量排名前十的申请人中唯一的一家企业、已提交了100多件专利申请。2014年年底，上海张江高科技园区以抗体药物专利导航规划项目组提供的专利数据为基础，建设了抗体药物专题数据库。在北京中关村科技园区，由北京国知专利预警咨询中心经过调研、检索、分析后完成的《专利导航中关村移动互联网产业创新发展规划项目第一阶段研究报告》已于2014年年底完成。截至目前，知识产权运营机构已帮助企业挖掘并提交了228件国内发明专利申请、34件PCT国际专利申请，收购了7个国家和地区的129件国内外专利，有效提升了相关企业的专利运用能力。杭州高新技术产业开发区专利导航项目第一阶段报告于2014年12月经过了专家审议。

同时，更多的企业也开始加入专利导航项目中。广东省知识产权局于2014年确定由深圳、佛山、东莞和中山四市知识产权局牵头承担“珠江三角洲地区重点产业转型升级专利导航工程”项目，在生物医学工程、高端制造装备、工业机器人以及海洋工程装备四个产业领域运用专利导航加快产业转型升级，提升区域产业整体竞争力。在广东省知识产权局的支持下，东莞已经启动了第三代半导体（LED）、云计算、工业机器人三大新兴产业的专利导航项目，通过1～2年的时间建立这些行业的专利信息库、专利分析评价体系，并依托其制定产业专利战略规划和技术路线图。2015年12月，福建省也正式启动全省专利导航试点工作，确定新大陆科技集团有限公司等8家企业为导航试点企业。2018年4月，云南省也启动了全省专利导航实施项目，确定了“铁路养护机械捣固类产业专利导航”等四项专利导航项目。

专利导航在实施过程中也还存在一些问题，如怎样对产业进行领域细分、如何让企业和园区具体实施、专利导航政策和理论方面的研究还不完善等。专利数据量庞大且信息冗杂、专利信息整理处于低效阶段，以及人才的匮乏等都是制约专利导航发挥作用的因素。随着专利导航试点工程的不断推进，国家知识产权局及各省知识产权局均开始注重专利分析、专利导航等方面的人才培养。

第二节 专利导航的分类

在专利导航试点工程的推进过程中，根据实际的分析重点及分析类型将专利导航分为较为宏观的产业规划类专利导航和相对微观、结合企业实际的企业规划类专利导航。

一、产业规划类专利导航

产业规划类专利导航报告是从产业现状分析入手，梳理产业创新发展面临的问题，揭示专利控制力与产业竞争格局的特征关系，结合产业创新资源而编写的产业创新发展政策性文件和指导性文本。其主要内容由产业情报分析、产业专利分析和产业规划设计三部分组成。

（一）产业情报分析

为了进行目标产业的发展定位，能够准确地发现专利分析需求以及专利政策重点支持方向，可以从国内外产业发展动向、核心技术链、龙头企业链和市场环境竞争入手。

产业链：产业链环节重点从产业链、供应链和价值链以及产业发展动向上，了解产业发展历史，以技术生命周期来推测产业演进，从萌芽期、成长期、成熟期和衰退期的发展过程预测产业发展变化。了解产业竞争者框架，能够对竞争对手的现行战略、未来目标以及拥有能力进行初步掌握。了解市场信号变化趋势，能够从市场信号中得到竞争者意图、动机或目标在内的潜在行动。

企业链：企业链环节重点了解产业内所有企业的基本状况，清楚区分技术引领者、市场主导者、产业跟随者和新进入者。找准目标产业龙头企业在国内和国际上的定位，确定主要竞争对手和发展目标，研究竞争者的市场策略。

技术链：技术链环节重点了解产业内主流技术的演变情况，初步掌握热点技术、关键技术、技术壁垒、空白技术和前瞻或先导技术的发展脉络，以及技术持有者的类型、产业影响力和市场控制力。对技术交易、技术转移、技术许可等技术流向和形成因素有初步了解。

市场竞争：市场环境方面，通过充分的市场调研，了解市场竞争要素及市场对产业发展的反馈影响。总结现有企业间的竞争、替代技术或替代品的威胁、新进入者的威胁，成本、人才、技术、资源等要素在市场竞争中的平衡点和交叉点，找到促使市场出现拐点的主要因素，对目标产业在市场中的战略定位进行初步规划。

专利影响力：通过产业链、企业链、技术链和市场竞争的研究，对目标产业在技术和经济层面有充分了解，可以确认产业中专利附加值的分布，以及在价值链中各类企业所处的位置、每个企业拥有的技术状况等，为开展专利分析提供翔实的背景依据。通过国内外产业现状和专利焦点的比较，可以为实验区产业发展圈定重点关注的专利问题，进行深入分析。通过定量分析与定性分析相结合的方法，形成与产业密切结合的专利分析成果。

（二）产业专利分析

产业专利分析是专利导航工作的核心内容，根据行业发展的目标、所处阶段、特点和专利分析需求，找准专利分析的切入点，订单式选择专利分析模块等，构建专利分析框架，形成围绕产业实际需求且涵盖技术路线、企业发展、产业规划和市场竞争的专利分析报告，为支撑产业技术创新发展提供翔实的专利信息情报。

专利分析可以首先从基础专利态势分析展开；主要采取定量分析的手段，对专利技术发展趋势、专利区域分布、专利主要申请人和专利技术主体进行全面研究，同时还可以围绕各项指标进行综合分析。

在此基础上，可以根据需要进一步开展专利价值和应用分析。主要采用定性分析的手段，结合专利态势分析的成果，从专利创造、运用、保护和管理等环节入手。

（三）产业发展规划建议

在综合提炼分析结果后，从产业发展技术路线、技术空白点、产业转型升级途径、专利风险分析等方面对产业发展方向及改进完善措施提出建设性意见，主要需注意以下四个方面：

一是要完善专利竞争信息分析报告机制，加强专利信息资源利用和产业专利分析，追踪主导产业关键技术的国内外专利动态，把握产业链中关键领域的核心专利分布，以全球视野明晰产业竞争格局，确定产业发展定位。

二是根据产业发展趋势和重点，选取产业基础较好、产业辐射带动作用较强的专利密集型产业，充分发挥专利导航辅助引导产业升级的功能，聚焦产业和技术发展趋势，明确产业发展方向和重点。

三是要按照资源共享、利益共享、风险共担、协同运行的原则，以专利纠纷频发、专利壁垒问题突出、国内企业技术和专利分散的产业为重点，紧扣产业特点，引导吸纳能够实现技术协同创新和专利协同运用的创新主体和市场主体参与专利协同运用。

四是要依据产业专利导航分析结果，基于产业技术现状，分析现行产业链结构，围绕技术布局要求，加快产业链缺链、弱链环节进行建链、补链和强链。

二、企业运营类专利导航

企业运营类专利导航是以提升企业竞争力为目标，以专利导航分析为手段，以企业产品开发和专利运营为核心，最终实现专利推动企业创新发展的目标。其主要从以下三个板块开展：企业发展现状分析、企业重点产品专利分析、企业重点产品专利布局。

（一）企业发展现状分析

产业环境分析：从政策环境上分析企业所在区域、行业的政策导向，尤其对于政策依赖性强的行业，要重点关注政策变动可能给企业带来的市场机遇及风险。分析企业所处产业链位置，明晰企业的上下游配套和横向竞争关系；分析相关市场企业集中度、新进入者数量等，分析市场需求层次、竞争强度和竞争格局。

企业现状分析：分析企业的整体运行情况和创新水平，包括企业的发展历程、人力资源、盈利能力、产品结构、创新能力等基本情况。通过资料查阅和实地调研，梳理企业发展历程，理清企业的组织架构和管理模式，分析产品技术换代、企业并购重组、经营模式升级等关键节点；从企业规模及盈利能力上，掌握企业的年产值、年产值增长率、年营业收入、年营业收入增长率、年利润、年利润增长率、人力资源规模等，对企业的经营规模和盈利能力进行客观评价；从企业产品和技术结构，对企业的主营产品进行梳理，并按照产业链结构进行产品归类，同时对企业产品相关的技术进行梳理和分类；统计企业的年研发投入总额、研发投入占全年营收的百分比、研发人员数量、研发人员占比、新产品销售收入占比、知识产权产出等，对企业的创新资源和能力进行客观评估。

发展定位分析：从企业规模、市场份额、创新能力等多个角度综合判断企业的整体定位，从产品、技术等不同方面出发，在上述环境与现状分析基础上，确定企业的具体定位。一是产业定位，判断产业发展所处的阶段，比如萌芽期、成长期、成熟期或衰退转型期，专利在不同产业发展阶段的作用不同。二是企业定位，分析企业的类型与发展阶段，如龙头企业、跟随型企业、新进入型企业等类型，或起步期、快速发展期、成熟期、转型期等阶段。

（二）企业重点产品专利分析

企业在明确重点发展产品的基础上，围绕产品相关的关键技术，通过分析产品相关核心专利分布格局，及其对于企业产品开发形成的潜在风险或直接威胁综合给出企业开发重点产品应该采取的策略和路径。

聚焦核心技术：围绕企业需要重点发展的产品，分析产品相关专利，确定企业改造升级或新开发该产品所需突破或引进的材料、装备、工艺等方面的关键技术，包括总体趋势分析、技术构成分析、专利技术活跃度分析、技术功效矩阵分析和重点专利分析。

竞争对手分析：围绕重点发展的产品，从产品相关专利主要持有人入手，识别竞争对手，分析掌握竞争对手的技术布局情况，以及运用专利开展运营的策略和习惯等。其中有竞争对手识别、竞争对手专利申请趋势分析、主要竞争对手研发方向分析、新进入这技术方向分析、协同创新方向分析以及专利运营活动分析。

评估侵权风险：围绕企业重点发展的产品，分析当前面临的专利壁垒情况，通过专利壁垒分析、专利侵权风险分析和专利可规避性分析，评估专利侵权风险程度以及通过产品设计规避侵权专利的可行性。

（三）企业重点产品专利布局

在分析企业现有专利储备格局的基础上，结合企业发展现状和重点产品开发策略，围绕企业产品和技术发展目标，优化企业专利布局策略。

根据重点产品的不同开发策略，企业专利布局的着力点不同。对于采取自主创新策略的重点产品，企业应围绕重点产品加强前瞻专利布局，提高对未来产品的需求引导和市场控制力。

对于采取协同创新策略的重点产品，企业应围绕重点产品加强对原有专利布局的整合与优化，汇聚和梳理不同合作对象的已有专利资产，通过协同创新体系内专利共享的方式，整合形成一批足以支撑重点产品市场拓展的专利布局，并在协同创新过程中进一步补强专利布局。

对于采取引进消化吸收再创新策略的重点产品，企业应围绕企业技术链的薄弱环节，明晰企业专利收储的重点领域，通过专利分析，识别专利收购或获取许可的对象，综合评估以收储专利的质量和价值，进行自主研发与收储的成本分析，最终确定采取购买、许可或企业并购参股等方式获取专利权或其使用权的收储策略。

第三节　专利导航分析的基本流程

一、专利分析检索[4]

（一）检索策略

专利分析检索的要求之一是获得与技术主体相关的总体文献。常见的检索策略包括分总分式检索和总式检索两种策略，针对具体情况，还可以采用钓鱼或网鱼检索策略、分筐检索策略、引证追踪检索策略和补充检索策略。

分总式检索策略为：首先，分别对技术分解表中的各技术分支展开检索，获得该技术分支下的检索结果；其次，将各技术分支的检索结果进行合并，得到总的检索结果。分总式检索策略适用于各技术分支之间的相似度不高的情形，即各技术分支的检索结果之间的交集较小。

总分式策略：与分总式检索策略不同的是，总分式检索策略是一种自上而下的方式。首先，对总体技术主题的检索，其次在总技术主题检索的检索结果中进行各技术分支的检索。总分式检索策略适用于技术领域和分类领域等涵盖范围好且较为准确的情形。总分是检索策略的优势在于，检索人员可以全面地了解各技术分支，为以后的标引和技术分析作准备。

表 6–1 所示案例是根据废弃电器电子产品处理行业的技术特点，结合前期调研所了解的行业划分习惯，将其划分为废弃整机拆分、废弃线路板、废弃阴极射线、废弃制冷系统、废弃电池、废弃液晶处理 6 个一级分支，各部分根据专业分工选定 18 个二级分支进行研究。按照各级分支，根据不同检索系统的特点构建检索式，再结合相关的分类号检索，通过“与”“或”等逻辑运算得到检索数据样本。

表 6-1 废弃电器电子产品再生循环利用项目分解[3]

<table>
<tr><td rowspan="6">废弃整机拆分</td><td>电视机拆分</td><td rowspan="3">废弃阴极射线管</td><td>玻屏处理</td></tr>
<tr><td>计算机拆分</td><td>荧光物质回收</td></tr>
<tr><td>冰箱拆分</td><td>铅金属回收</td></tr>
<tr><td>空调拆分</td><td rowspan="3">废弃制冷系统</td><td rowspan="2">制冷机回收</td></tr>
<tr><td>洗衣机拆分</td></tr>
<tr><td>显示器</td><td>发泡材料回收</td></tr>
<tr><td rowspan="4">废弃线路板</td><td>破粉处理</td><td rowspan="3">废弃电池</td><td>破碎处理</td></tr>
<tr><td>分选</td><td rowspan="2">金属回收</td></tr>
<tr><td>热处理</td></tr>
<tr><td>金属回收</td><td>废弃液晶</td><td>液晶处理</td></tr>
</table>

表 6-2 所示案例根据铜渣资源化处理行业的技术特点划分为铜渣的有价金属回收、方法的改进、综合利用 3 个一级分支，各部分根据专业分工选定 11 个二级分支进行研究。按照各级分支，根据不同检索系统的特点构建检索式，关键词结合相关的分类号进行检索，通过“与”“或”等逻辑运算得到检索数据样本。

表 6-2 楚雄经济开发区“铜渣处理技术现状及专利分析报告”– 技术分解表

<table>
<tr><td rowspan="11">铜渣的资源化</td><td rowspan="4">铜渣的有价金属回收</td><td>铜的回收</td></tr>
<tr><td>贵金属的回收</td></tr>
<tr><td>铁的回收</td></tr>
<tr><td>锑、砷、铋的提取</td></tr>
<tr><td rowspan="5">方法的改进</td><td>分离</td></tr>
<tr><td>用液体或用风力摇床或风力跳汰机分离固体物料</td></tr>
<tr><td>从固体物料或流体中分离固体物料的磁或静电分离；高压电场分离</td></tr>
<tr><td>浮选；选择性沉积法</td></tr>
<tr><td>电解法生产、回收或精炼金属的工艺；其所用的设备</td></tr>
<tr><td rowspan="2">综合利用</td><td>制备水泥</td></tr>
<tr><td>制备石棉</td></tr>
</table>

（二）数据去噪

数据去噪是为了提高查准率。数据去噪的主要手段有：关键词检索去噪、分类号检索去噪、标题检索去噪和申请日检索去噪。一般在数据去噪过程中，需要结合数据量和数据特性，利用多种数据去噪手段进行综合去噪。

关键词检索去噪：关键词去噪是一种直观的去噪方式。分析与检索主题不相关的噪声文献，寻找噪声文献中出现频率较高的关键词或关键词组合，将其作为检索要素可检索出疑似噪声文献，利用关键词去噪时部分有效文献会被去除，需要从去除的疑似噪声文献，随着去噪的进行，可利用的噪声关键词越来越少，去噪的效率会明显降低。

分类号检索去噪：分类号检索去噪要点在于，统计分析各分类号下的噪声率，针对不同噪声率的分类号使用不同的策略进行去噪。与分析对象直接对应的主分类号的噪声率相对较小，可以不进行去噪处理。主分类号的扩展或副分类号的噪声率相对较高，可以进行相对宽松的去噪处理。

标题检索去噪：标题所能反映的信息量过于局限，一般情况下不能仅通过标题判断该文献是否噪声文献，因此，标题去噪的方式一般仅适用于绝对噪声的去噪。

申请日去噪：有些技术的出现有明确的日期，则可以将技术主题出现日之前的所有文献都视为噪声文献。

二、数据处理

（一）数据采集

数据采集的方法与检索使用的系统有较大的关系。不同的检索系统的数据采集方法也不相同。

EPOQUE 系统：在 EPOQUE 系统中可以使用 WPI 和 EPODOC 数据库进行检索，但通常是从 WPI 中将检索结果输出。结果输出的方法有两种：一种是将

EPODOC 检索的数据利用转库命令转库到 WPI 数据库中，然后 PDB 下拉菜单下载数据；第二种是定义需要采集的字段为某种格式，然后利用“..OP”定义显示行数，使用“..li”命令显示后拷贝到文本文件中。

CPRS 系统：首先进入“浏览结果”界面，浏览检索式的检索结果。在看检索结果是否符合检索主题的要求，如果检索到的专利文献符合要求，如符合设定的查全率和查准率的要求，就将结果输出。在检索结果中存在某些文献不符合要求并且无法用检索等手段进行去除时，可先进行初步的人工清理，也可以留待除噪时人工清理。

S 系统：在 S 系统中进行数据采集，首先进行检索，其次定义需要采集的字段，然后显示出所定义字段的内容，最后，结果输出，将显示的结果全部复制粘贴到记事本中进行保存。

（二）数据标引

数据标引是指根据不同的分析目标，对原始数据中的记录加入相应的标识，从而增加额外的数据项来进行特定分析的过程。通常数据标引是数据处理的最后一步，根据不同的分析目的与分析项目，确定用于图表制作与统计分析的规范的数据。因此，数据标引的准确性与规范性，对于后续分析结论的获得及其准确性起着至关重要的作用。数据标引过程与修订技术分解表、调整检索策略、修正检索结果都有着密切的联系。

在标引过程中，标引字段通常分为两大类：常规标引字段和自定义标引字段，对于常规数据进行标引时使用常规标引字段的标引比较方便。而自定义标引字段的标引主要包括对技术分支及技术功效等。对于技术分支及技术功效等的标引，可以利用专利信息分析系统进行标引，也可以利用 Excel 表格进行标引。

人工阅读标引：在自定义字段标引中，人工标引最为常见。该方式是在文献量可阅读范围内，通过人工阅读的方法，对技术分支、技术功效进行标引，其标引精确度高、效果好。所以一般在 Excel 表格中进行。由于受到人力、物力、时间等因素的影响，人工标引具有一定的适用范围，通常适用于微观分析，主要用于中文数据库检索结果和外文数据库检索结果的部分技术分支。

检索批量标引：主要适用于文献量较大时标引，一般情况下外文数据库的检索结果文献量较大，同时考虑到语言等因素的影响，进行人工标引的可行性较差。因此，通常需要采取批量的方法、结合部分文献的人工标引进行。

技术功效（技术需求）的标引：技术功效的标引是进行专利信息深层次分析的必要基础和必经阶段。通常情况下，技术功效的标引有以下 3 种方法：人工标引、关键词标引、分类号标引，这 3 中方法通常结合使用，在实际操作中以人工标引为主，辅以关键词和分类号来提高标引的精度和效率。

三、专利分析

（一）专利分析工具

随着时代的发展，技术创新步伐的加快，专利申请数量快速增加。面对浩如烟海的专利数据，要有效率地对其进行多角度、全方位的分析、就必须寻找合适的专利分析工具。专利分析工具的好坏将直接影响到专利分析的效率与准确性，因此专利分析工具在专利分析中的重要性必然会越来越强。

现有的专利分析工具大概分为两类：一类是专门用来进行专利分析的工具，如针对专利数据的特点专门开发研制的软件；另一类是常用的数据分析工具，其可以利用其数据分析功能来进行专利分析，如 Excel 软件。

专利分析工具的作用在于，将检索得到的数据项进行处理以输出可使用的图表或可以用来制作图表的数据。目前专利普遍推广项目使用的主要专利分析工具为中国专利技术开发公司提供的专利信息分析系统。在专利信息分析系统中，完成模板的导入（或导出）、数据的导入（或导出）及常规的分析操作，包括专题的建立与导出，专题合并与数据拼接和专题的比较。在专利信息分析系统中会出现导入数据或是导入的过程中异常终止的问题，一般情况下，出现这种问题的原因主要在于待导入的数据与使用的模板不匹配，解决的办法是建立与待导入数据完全兼容的模板，然后使用该模板重新导入数据如果，仍然存在问题，可将出现问题的数据暂时删除，待将其他数据重新导入后，再导入有问题的数据，之后可通过专题合并的方式来将专利数据合并起来。

Excel 是电脑普及以来用途最广泛的办公软件之一，是目前进行数据处理和分析的最常用的工具之一。Excel 之所以这样普及，是因为它被设计成为一个数据计算与分析的平台，集成了优秀的数据计算与分析功能，具有强大的数据处理功能。用户完全可以根据自己的想法和思路来创建自己的电子表格，完成数据处理和分析任务。Excel 最擅长的工作之一就是数据分析， 其中包括排序、筛选和分类汇总等数据统计分析功能。Excel 作为一个具有强大的数据处理和分析功能的工具，其必然是专利分析可选的一种分析工具。

（二）专利分析图表制作

专利分析中将采用各式各样的图表对专利分析结果进行展示。在专利分析研究过程中，图表制作得清晰准确与否将直接关系到后续分析的正确性以及整个专利分析报告的质量，因此图表制作在专利分析中至关重要。

在制作专利分析图表时，从开始拿到的数据到图表的完成，主要包括以下部分：明确所要选择的内容；确定统计项和图表类型；根据统计项进行统计，生成相关数据；选择工具进行图表制作及后续处理；最后的图表及相关数据的储存。由此可见，图标类型的选择，并不仅仅是由数据来决定的。图表的表现形式也是种类繁多，主要分为以下几种：折线图、柱形图、条形图、饼图、散点图、数据列表等。专利分析中用到的图表类别也是丰富多样，其中比较常见的有：发展趋势图、份额图、排名图、技术生命周期图、技术 - 功效矩阵图等。

图表是传递信息的一种重要形式，精心构思和设计的图表能有效地帮助我们更直观、更快递的传递其中的信息，反之，如果构思和设计有问题，图表就会造成信息表达混乱。因此，有必要遵循一定的原则和方法来进行图表的选择，让图表真正清楚、完整的表达并传递信息。图表的选择应遵循以下原则：突出主题、信息量适度、兼顾美观、图表组合。

（三）专利分析方法

专利分析方法从研究对象的维度进行分类，通常将专利分析方法分为定性分析、定量分析、拟定量分析等类型[5]。

定量分析的分析手段和分析内容主要有：技术生命周期分析；分类号、关键词等技术主题聚类分析；时间顺序分析；地域分布和技术构成分析；技术实施情况统计分析等。

案例 [6-1]　楚雄经济开发区《铜渣处理技术现状及专利分析报告》中的铜渣处理技术 IPC 分布图

由图 6-1 中可以看出：铜渣处理技术研究领域主要涉及 C22B-007（处理非矿石原料）、C22B-015（铜的提炼）、C22B-013（铅的提炼）、C22B-019（锌或氧化锌的提炼）、C22B-0005（还原成金属的一般方法）、C22B-003（用湿法从矿石或精矿中提取金属化合物）、C22B-011（贵金属提炼）、C22B-001（矿石或废料的预处理）等领域。

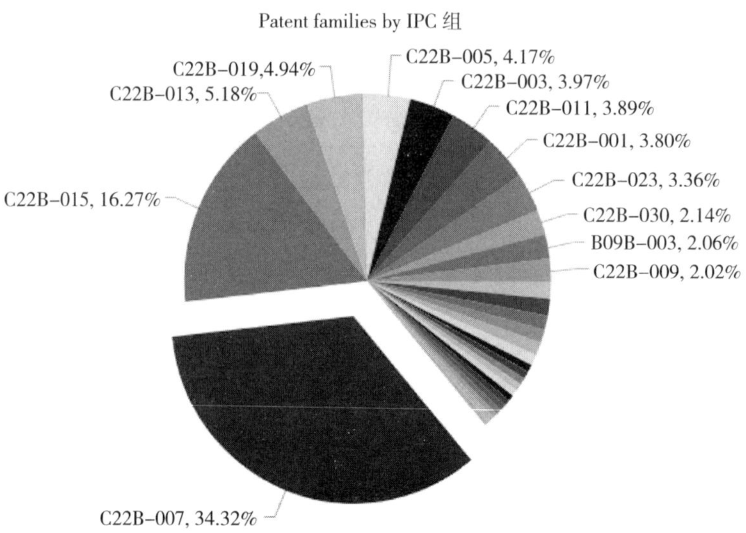

图 6-1　铜渣处理技术 IPC 分布图

案例 [6-2] 楚雄经济开发区《铜渣处理技术现状及专利分析报告》中的铜渣处理研究热点聚类分析图

目前研发重点可以进一步划分，包括对渣的处理、回收铜、回收有价金属、酸浸出、回收锌等。

案例 [6-3] 楚雄经济开发区《铜渣处理技术现状及专利分析报告》中的铜渣处理专利地图

目前研究的热点主要有八大方向，包括旋转炉铜渣、铜冶炼铜渣、阳极泥回收银锑渣、锌冶炼渣等领域。重点来看，专利布局均比较松散，可以在其中进行布局。

定性分析的分析手段和分析内容主要有技术功效矩阵分析；核心专利分析；权利要求分析；技术发展路线分析等。

案例 [6-4] NIPT 技术路线图[6]

通过图 6-2，能够清晰地看出，在各个时间节点 NIPT 技术发展情况。

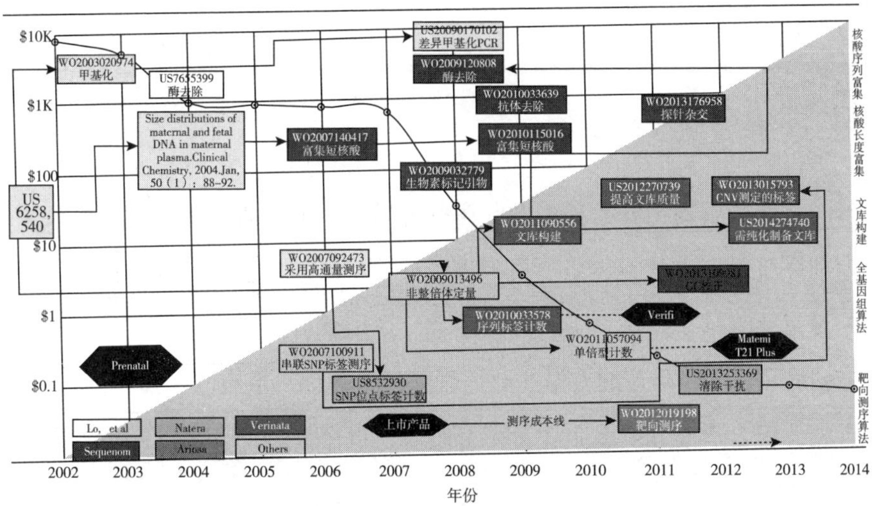

图 6-2 NIPT 技术路线图

案例 [6-5]　罗氏肿瘤基因检测领域在华预测治疗响应最广谱的靶点[6]

从图 6-3 中能看出在预测癌症治疗响应方面最广谱的靶点，包括 bFGF、HER2/HER3&HER2/HER1 复合物、DLL4、GalNac-T14 和 EGF，DLL4 和 EGF 是多位点组合，上述点对 4 ~ 6 种癌症都可以预测治疗响应。

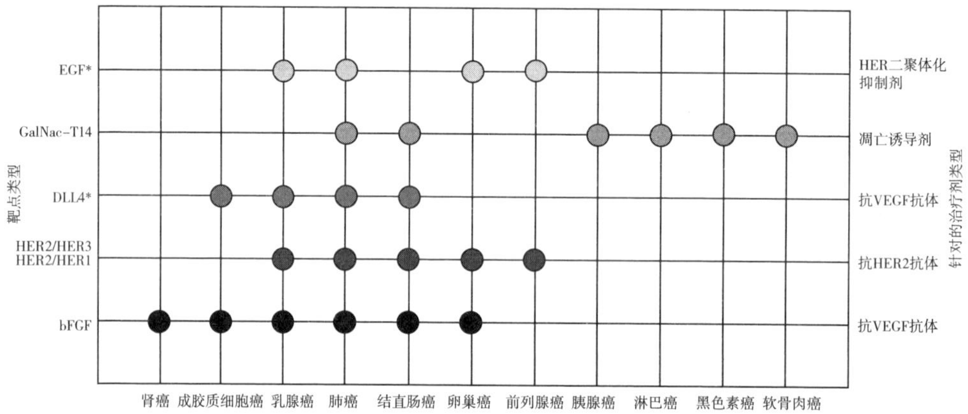

图 6-3　罗氏肿瘤基因检测领域在华预测治疗响应最广谱的靶点

拟定量分析的分析手段和分析内容主要有专利文本数据挖掘、专利价值评估分析、专利引文分析等。

四、完善专利导航报告

不论是产业规划类导航还是企业运营类导航，最终研究成果的重要表现形式还是专利导航报告，其不仅是项目验收的重要依据，也是研究成果推广应用的基础。一份文笔流畅、结构严谨、事实客观、视角独特的报告对产业或企业具有重大的推动作用。报告撰写的质量主要体现在撰写思路、布局以及描述方式等方面。结合专利分析、产业分析或企业分析等结果，根据搭建的专利导航报告框架来丰富报告文本。

参考文献

[1] 贺化 . 科学开展专利导航有效服务产业转化升级 [N]. 知识产权报 ,2013–10–24.

[2] 国家知识产权局 . 国家知识产权局关于实施专利导航试点工程的通知 [EB/OL].(2013–04–25) http://www.hengdaoip.cn/html/2016111581.html.

[3] 中国循环经济协会 , 国家知识产权局专利局审查协作广东中心 . 废弃电器电子产品处理产业专利导航研究报告 [R]. 北京 : 知识产权出版社 ,2018:2–4.

[4] 杨铁军 . 专利分析实务手册 [M]. 北京 : 知识产权出版社 ,2012.

[5] 方曙 , 张娴 , 肖国华 . 专利情报分析方法及应用研究 [J]. 图书情报知识 ,2007（4）.

[6] 杨铁军 . 产业专利分析报告（第 47 册）: 基因测序技术 [M]. 北京 : 知识产权出版社 ,2016:2–4.

第七章　专 利 维 权

第一节　专利权无效

一、什么是专利权无效

在了解专利权无效制度之前，先简单了解一下专利授权阶段的审查制度，根据《专利法》的规定，专利包括发明、实用新型和外观设计三种类型。其中发明专利申请的审批程序包括受理、初步审查、初审合格后公布、实质审查以及授权或驳回五个阶段。实用新型专利和外观设计专利在审批中不进行早期公布和实质审查，只有受理、初步审查和授权或驳回三个阶段，初步审查的目的只是审查文件形式和明显实质性缺陷。了解了中国目前的专利审查程序，读者会有疑问：实用新型专利和外观设计专利的审查是比较宽松的，发明专利也只经过一位审查员的审查，因此在已授权的专利中，会不会存在一些瑕疵专利，这些瑕疵专利有可能不符合专利法及其相关法规的规定，不应该被授予专利权。而在专利侵权诉讼中，“专利有效原则”是法院必须遵循的原则，如果在侵权诉讼中发现不该授权的专利或存在不应该获得过大保护范围的瑕疵专利也只能承认该专利有效。因此，设立一种能够纠正错误的授权决定的程序将十分必要，专利无效制度应运而生。专利权无效制度是对已授权专利的再审查制度，是专利授权制度的延续，用于剔除不符合授权条件的已授权专利，是对专利权人的一种制约，维护专利权授予的公正性，从一定程度上避免因专利授权程序的瑕疵导致社会公众的利益受损的情形。

世界各国专利法中关于专利权无效宣告制度的设置大体有两种情形：一是不规定专门的专利权无效宣告程序，而允许专利侵权诉讼中的被告提出专利权无效宣告以作为抗辩手段，但是专利审批更倾向于技术上的认定，法院更擅长法律上的认定和适用，这种制度加大了法院审案的难度；二是专门规定专利权无效宣告程序，允许公众对不符合专利法规定条件的发明创造专利权提出专利无效宣告请求，也可以在专利侵权诉讼中将专利权无效宣告作为一种抗辩手段应用。我国的专利法采用后者制定专利权无效宣告制度，将专利权无效宣告集中审理。中国国家知识产权局设立专利复审委员会，自专利局公告授予专利权之日起，任何单位或个人认为该专利权的授予不符合专利法有关规定的，可以请求专利复审委员会宣告该专利权无效。

二、近几年专利权无效案件的发展趋势

（一）2015—2018 年专利权无效受理量统计

我国有效专利保有量巨大，根据国家知识产权局网站公开的数据，截至 2017 年 12 月，国内发明有效专利保有量为 2085367 件，国内实用新型有效专利保有量为 3603187 件，国内外观设计有效专利保有量为 1459054 件。相对于百万级的有效专利保有量，专利权无效宣告案件的数量相对较少。国家知识产权局专利复审委员会 2018 年上半年，共受理专利无效宣告请求案件立案量为 2445 件，结案量为 2433 件；2017 年，共受理专利无效宣告请求 4565 件；2016 年，共受理专利无效宣告请求 3969 件，专利无效宣告请求结案 4100 件；2015 年，共受理专利无效宣告请求 3724 件，专利无效宣告请求结案 3652 件（图 7-1）。

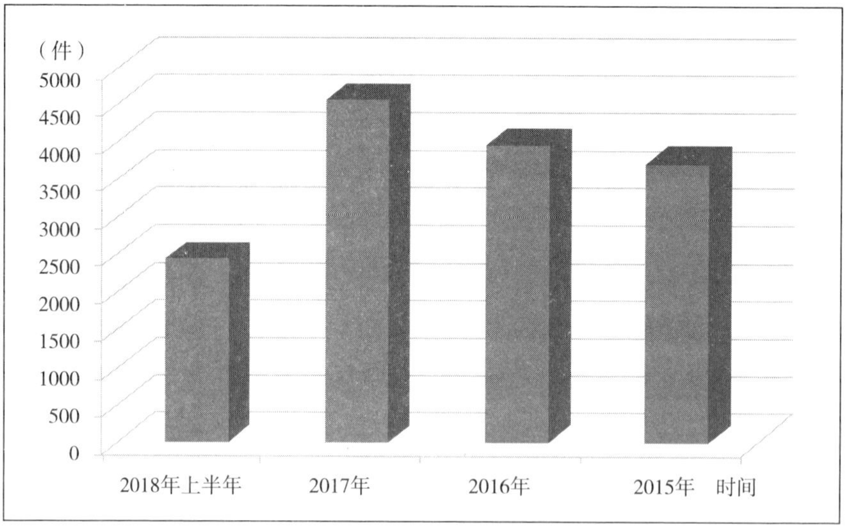

图 7-1 专利无效宣告案件受理量统计图

（二）基于哪些情形提出专利无效宣告请求

“专利的活力在于行使，专利的价值在于获益”，申请专利的目的是“使专利申请人能够在专利有效期内垄断性的使用新技术，保证产品的市场独占地位，从而实现较小的经济投入得到较大的经济回报”。专利制度是为了鼓励公开创新而给予那些为创造新技术而付出脑力劳动的人一定的独享利益的制度。目的是“鼓励发明创造，推动发明创造的应用，提高创新能力，促进科学技术进步和经济社会发展”。专利具有两个最基本特征“垄断”和“公开”，专利权实质就是公开换垄断。以“有限垄断”换取“全民共享”的机会。“有限垄断”有两层含义：一是一定期限内垄断使用，到期后专利技术成为了全社会的共同财富；二是保障公示信赖利益，就专利权证书限定的方案（权利要求书）享有排除他人未经许可而为的权利。

专利权是一项静态权利，只有行使专利权的时候才会由静态权利变为动态权利，因此一般只有在专利权人行使权利的时候，涉嫌侵权方才会提出专利权无效宣告请求，被提出专利权无效宣告请求的专利，侧向证明了其市场价值，一般情况下，专利权无效宣告请求程序基于以下几种情形被提出。

（1）在专利侵权诉讼中，被诉侵权方作为一种抗辩方式提出专利权无效宣告请求。专利权无效和专利侵权往往是一对孪生案，被诉专利侵权，只有专利权有效才可能构成侵权，当被告没有其他抗辩方式或其他抗辩方式不成立的情况下，会采取釜底抽薪的手段提出专利权无效宣告请求。

（2）在专利行政投诉案件中，被投诉方作为一种抗辩方式提出专利权无效宣告请求。

（3）在产品研发中，产品开发者为了扫除专利壁垒提出专利权无效宣告请求。在国家加大知识产权打击力度的今天，所有企业开发出新产品，在产品推向市场之前都应该做 FTO（freedom to operate）尽职调查，FTO 尽职调查又被称为对一项技术自由实施尽职调查，指的是实施人是否可在不侵犯他人专利权的前提下对该技术自由地进行使用和开发，并将通过该技术生产的产品投入市场。FTO 尽职调查的一个作用是避免被法院认定为故意侵权，现有的司法审判中，法院根据侵权人侵权的性质和情节等因素对赔偿额度作出决定，而侵权人是否构成故意侵权也是法院考量的一个因素。

预防的意义胜于仓促应对，FTO 尽职调查的主要作用是评估该技术是否可能会侵犯第三方专利权，如果该技术落入了现有有效专利的保护范围，可采取以下措施：①规避：修改欲实施的技术方案，避开专利的保护范围；②无效：马上进行检索，为了扫除专利壁垒提出专利无效宣告请求，专利被无效了当然可以自由实施该项技术；③无效 + 规避：如果专利的保护范围保护过大，修改技术方案的方式无法避开其保护范围，全部无效其专利的难度又比较大，可采取“无效 + 规避”的方式，无效具有威胁的目标专利的部分权利要求或运用禁止反悔原则压缩其保护范围，达到避开专利保护范围的目的。

（4）在技术实施过程中，技术实施者收到专利权人的警告函而提出专利无效宣告请求。技术实施者收到专利权人的警告函，但是认为该专利不符合专利法规定的授权条件，为了避免诉累而主动提出专利无效宣告请求；或为了促进与专利权人的和解而提出专利无效宣告请求。

（5）在技术实施过程中，技术实施者主动发现正在实施的技术落入了现有有效专利的保护范围，为了消除诉讼隐患而主动提出专利无效宣告请求。

（6）为了打击竞争对手而提起专利无效宣告请求。目前各个行业的市场竞争非常激烈，在平常的商业经营中，可能基于市场不重叠或不想破坏行业和气，对竞争对手拥有且不符合专利法规定的专利采取容忍态度，但是在上市、融资、技术成果转化等重大利益节点上，竞争对手会采取专利无效宣告请求的手段来保证竞争秩序。

（7）专利权人为了锤炼自己的专利，主动提出专利无效宣告请求。专利授权之后，专利权人是不能够主动修改专利文本的，但是如果专利权人发现自己已授权的专利存在一些小缺陷，该些小缺陷可能会影响后续行使该专利，专利权人可以主动提出专利无效宣告请求，在无效宣告程序中可以在允许的情况下修改权利要求，消除小缺陷，但是该种方式需要非常了解相关专利无效程序和无效规则，拿捏轻重，避免不但达不到消除瑕疵的目的，而且还有可能自己把自己的专利无效了。

三、怎样提出专利无效宣告请求

（一）专利无效宣告请求的客体

专利权无效宣告请求的客体是已经公告授权的专利，包括已经终止或放弃（自申请日起放弃的除外）的专利。专利权无效宣告请求不是针对已经公告授权的专利的，不予受理。

专利复审委员会作出宣告专利权全部或部分无效的审查决定后，当事人未在收到该审查决定之日起三个月内向人民法院起诉或人民法院生效判决维持该审查决定的，针对已被该决定宣告无效的专利权提出的无效宣告请求不予受理。

（二）专利权无效宣告请求的主体

《专利法》第四十五条规定自国务院专利行政部门公告授予专利权之日起，

任何单位或个人认为该专利权的授予不符合本法有关规定的，可以请求专利复审委员会宣告该专利权无效。因此专利权无效宣告请求的主体是任何单位或个人，此处的任何单位或个人应当具备民事诉讼主体资格，其具体的法律含义是民事主体享有民事权利和承担民事义务的能力，法律对这种能力分为两个种类，即民事权利能力和民事行为能力。民事权利能力是指民事主体依法享有民事权利和承担民事义务的资格；民事行为能力是指民事主体以自己的行为享有民事权利和承担民事义务的资格。单位指的是法人和其他组织，“其他组织”是指合法成立、有一定的组织机构和财产，但又不具有法人资格的组织。个人指的是享有民事权利和承担民事义务的能力公民。

根据《专利审查指南》的规定，专利权无效宣告请求的主体具有以下几种例外的情形：①以授予专利权的外观设计与他人在申请日以前已经取得的合法权利相冲突为理由，请求宣告外观设计专利权无效，但请求人不能证明是在先权利人或利害关系人的。其中，利害关系人是指有权根据相关法律规定就侵犯在先权利的纠纷向人民法院起诉或请求相关行政管理部门处理的人。②专利权人针对其专利权提出无效宣告请求且请求宣告专利权全部无效、所提交的证据不是公开出版物或请求人不是共有专利权的所有专利权人的。③多个请求人共同提出一件无效宣告请求的，但属于所有专利权人针对其共有的专利权提出的除外。

（三）专利权无效宣告请求的文件形式要求

提出专利权无效宣告请求，请求人应当提交无效宣告请求书和证据各一式两份。请求人应当使用国务院专利行政部门制定的《专利权无效宣告请求书》表格，并严格按照填表注意事项填写。无效宣告请求人是单位的，应当填写单位正式全称，并与所使用的公章上的单位名称一致，同时填写组织机构代码、注册国家（地区）和营业所所在地和地址；无效宣告请求人是个人的，应当填写本人真实姓名、居民身份证件号码、国籍、经常居住地和地址。未委托专利代理机构的，由指定的收件人代替请求人接收专利复审委员会所发信函。

在无效宣告请求理由的具体陈述意见部分，应当结合提交的所有证据具体说明无效宣告请求的理由，并指明每项理由所依据的证据。请求人提交多篇对比文件的，应当指明与请求宣告无效的专利最接近的对比文件，以及对比方式为单独对比还是结合对比，具体描述涉案专利和对比文件的技术方案，并进行比较分析。如果是结合对比，存在两种或两种以上结合方式的，应当指明具体结合方式。对于不同的独立权利要求，可以分别指明最接近的对比文件。

无效宣告程序中，当事人提交外文证据的，应当提交中文译文，未在举证期限内提交中文译文的，该外文证据视为未提交。当事人应当以书面方式提交中文译文，未以书面方式提交中文译文的，该中文译文视为未提交。当事人可以仅提交外文证据的部分中文译文。该外文证据中没有提交中文译文的部分，不作为证据使用。但当事人应专利复审委员会的要求补充提交该外文证据其他部分的中文译文的除外。对方当事人对中文译文内容有异议的，应当在指定的期限内对有异议的部分提交中文译文。没有提交中文译文的，视为无异议。对中文译文出现异议时，双方当事人就异议部分达成一致意见的，以双方最终认可的中文译文为准。双方当事人未能就异议部分达成一致意见的，必要时，专利复审委员会可以委托翻译。双方当事人就委托翻译达成协议的，专利复审委员会可以委托双方当事人认可的翻译单位进行全文、所使用部分或有异议部分的翻译。双方当事人就委托翻译达不成协议的，专利复审委员会可以自行委托专业翻译单位进行翻译。委托翻译所需翻译费用由双方当事人各承担50%；拒绝支付翻译费用的，视为其承认对方当事人提交的中文译文正确。

请求人应当对其提交的证据材料逐一分类编号，并与无效宣告请求书附件清单内容一致。无效宣告请求人应当自提出请求之日起1个月内，缴纳无效宣告请求费。无效宣告请求费：发明专利3000元；实用新型专利1500元；外观设计专利1500元。

无效宣告请求费付费方式如下。

（1）邮局汇付。

地址：北京市海淀区蓟门桥西土城路 6 号（100088）

客户商户号：110000860

收款人：国家知识产权局专利局收费处

（2）银行汇付。

开户银行：中信银行北京知春路支行

银行账号：7111 7101 8260 0166 032

专利收费户名：中华人民共和国国家知识产权局专利局

费用查询：010-62085566

（3）到国家知识产权局或代办处面缴。

请求人选择邮局汇款或银行汇款时应当注明被无效宣告专利的专利号和无效宣告请求费及分项金额。期满未缴纳或未缴足的，视为未提出无效宣告请求。

在无效宣告程序中，当事人委托专利代理机构的，应当提交国务院专利行政部门制定的《专利权无效宣告程序授权委托书》原件一份，专利权人继续委托专利申请程序中的专利代理机构的，也应当递交无效宣告程序委托书。请求人委托书的内容应当与无效宣告请求书的内容一致，专利权人委托书的内容应当与专利权信息的内容一致，并明确代理权限。代理权限仅涉及提交请求书、意见陈述书、证据和其他相关资料，参加口头审理以及处理其他相关事宜，而不涉及权利处分的，代理权限为一般代理。代理权限包含下列各项之一的，须在委托书中特别注明：①专利权人的代理人代为承认请求人的无效宣告请求；②专利权人的代理人代为修改权利要求书；③代理人代为进行和解；④请求人的代理人代为撤回无效宣告请求。在中国没有经常居所或营业所的外国人、外国企业或外国其他组织作为当事人的，应当委托专利代理机构。当事人委托公民代理的，参照有关委托专利代理机构的规定办理。公民代理的权限仅限于在口头审理中陈述意见和接收当庭转送的文件。

（四）专利无效宣告请求中的证据要求

当事人对自己提出的无效宣告请求所依据的事实或反驳对方无效宣告请求所依据的事实有责任提供证据加以证明。

在依据前述规定无法确定举证责任承担时，专利复审委员会可以根据公平原则和诚实信用原则，综合当事人的举证能力以及待证事实发生的盖然性等因素确定举证责任的承担。

没有证据或证据不足以证明当事人的事实主张的，由负有举证责任的当事人承担不利后果。

域外证据及香港、澳门、台湾地区形成的证据的证明手续，域外证据是指在中华人民共和国领域外形成的证据，该证据应当经所在国公证机关予以证明，并经中华人民共和国驻该国使领馆予以认证，或履行中华人民共和国与该所在国订立的有关条约中规定的证明手续。

当事人向专利复审委员会提供的证据是在香港、澳门、台湾地区形成的，应当履行相关的证明手续。

但是在以下三种情况下，对上述两类证据，当事人可以在无效宣告程序中不办理相关的证明手续：

（1）该证据是能够从除香港、澳门、台湾地区外的国内公共渠道获得的，如从专利局获得的国外专利文件，或从公共图书馆获得的国外文献资料。

（2）有其他证据足以证明该证据真实性的。

（3）对方当事人认可该证据的真实性的。

专利无效宣告请求案件中，对于证据的基本要求为专利申请日前公开发表的资料，实践中常用的证据是专利文献证据、论文证据和书籍证据，来源为国家知识产权局专利文献数据库、论文数据库和图书馆。进行无效宣告证据检索，重点是把握其“时间性”和“技术性”，“时间性”指的是证据必须是现有技术，即证据的公开时间必须是专利申请日之前公开的证据，有优先权的需早于优先权日；

“技术性”指的是证据属于相同或相近的领域，并公开或启示了相关技术。进行专利无效宣告请求案件的证据检索，可从以下几个方面循序渐进地进行检索：

（1）查询专利审查档案，根据审查程序引用的对比文件作为线索，顺藤摸瓜式的检索对比文件；

（2）根据专利的《国际专利分类表》（IPC 分类）进行检索，如果检索外文专利，而具有语言障碍，是一种比较好的方式；

（3）提炼关键词组成检索式进行检索，这是能够检索到有用对比文件的主要方式，但是不同的部件或不同的成分会有不同的叫法，而且专利申请人或专利代理人还有可能使用了一些臆造的名词，因此关键词的筛选是一个动态的过程，边检索边调整，这需要大量的实践经验。

（4）利用图书馆检索图书资料；

（5）利用期刊论文数据库检索论文资料；

（6）利用“百度”“谷歌”等搜索引擎进行检索。

四、专利无效宣告请求的审查程序概述

（一）专利无效宣告请求的受理机构

专利无效宣告的受理机构是国家知识产权局专利复审委员会（以下简称“专利复审委员会”），专利复审委员会成立于 1985 年 4 月 5 日，当时全称为“中国专利局专利复审委员会”，为中国专利局内设机构。此后，随着 1998 年国务院机构改革以及 2001 年《专利法》的修改，其经历了两次更名：1998 年更名为“国家知识产权局专利局专利复审委员会”；2001 年更名为“国家知识产权局专利复审委员会”。2003 年底，经批准，专利复审委员会成为具有独立法人资格的国家知识产权局直属事业单位。

依据《专利法实施细则》第五十九条的规定，专利复审委员会由国务院专利行政部门（国家知识产权局）指定的技术专家和法律专家组成，主任由国家知识

产权局局长兼任。

专利复审委员会主要履行下列职能。

（1）对不服国家知识产权局驳回专利申请及集成电路布图设计登记申请决定提出的复审请求进行审查。根据国家知识产权官网发布的数据，2018年上半年，专利复审请求案件立案量为1.84万件，结案量为1.56万件。2017年，专利复审委员会共受理复审请求3.4万件，同比增长160%。2016年，专利复审委员会共受理复审请求1.3万件，复审请求结案1.8万件。2015年，专利复审委员会共受理复审请求1.3万件，2015年复审请求结案2.6万件。

（2）对宣告专利权无效的请求及集成电路布图设计专有权撤销案件进行审理。

（3）负责专利复审委员会作为行政诉讼被告的应诉工作。

（4）参加专利、集成电路布图设计确权和侵权技术判定的研究工作。

（5）接受人民法院和管理专利的部门委托，对专利确权和专利侵权案件的处理提供咨询意见。

（二）专利无效宣告请求的递交方式

专利无效宣告请求人和专利权人提交请求材料或中间文件，具有CPC（离线式）电子提交、交互式（在线式）电子提交、纸件提交三种方式。

CPC（离线式）电子提交的具体操作方式为：访问中国专利电子申请网，注册为申请用户，获得用户代码；登录网站，下载并安装数字证书和客户端；使用客户端编辑并提交请求材料或中间文件；可通过中国专利申请网缴费。优势：支持批量离线数据的导入，立案快，提交成功后即时获得电子回执，可通过中国专利电子申请网缴费，缴费方便快捷。

交互式（在线式）电子提交的具体操作方式为：访问中国专利电子申请网，注册为申请用户，获得用户代码；登录网站，下载并安装数字证书；登录在线业务办理平台，在线编辑并提交请求材料或中间文件，可通过中国专利电子申请网缴费。优势：可根据即时接收到的系统指导、反馈或帮助等信息进行准确操作，立案快，提交成功后即时获得电子回执，可通过中国专利电子申请网缴费，缴费方便快捷。

纸件提交有邮寄或面交两种方式，面交为到国家知识产权局指定窗口提交请求材料或中间文件，寄交为将请求材料或中间文件邮寄到专利复审委员会，地址为：北京市海淀区蓟门桥西土城路6号国家知识产权局专利复审委员会，邮编：100088，联系电话：010-62801799，传真：010-62801704。

国务院专利行政部门制定的表格，详见国家知识产权局（旧网址：www.sipo.gov.cn，新网址：www.cnipa.gov.cn）和专利复审委员会（www.sipo-reexam.gov.cn）网站。

（三）专利无效宣告请求的举证期限和无效宣告请求理由的增加期限

请求人在提出无效宣告请求之日起一个月内补充证据的或增加无效宣告理由的，应当在该期限内结合证据具体说明相关的无效宣告理由，否则，专利复审委员会不予考虑。请求人提交的证据是外文的，提交其中文译文的期限适用该证据的举证期限。

请求人在提出无效宣告请求之日起一个月后补充证据的或增加无效宣告理由的，专利复审委员会一般不予考虑，但下列情形除外：

（1）针对专利权人以合并方式修改的权利要求或提交的反证，请求人在专利复审委员会指定的期限内补充证据，并在该期限内结合该证据具体说明相关无效宣告理由的；

（2）在口头审理辩论终结前提交技术词典、技术手册和教科书等所属技术领域中的公知常识性证据或用于完善证据法定形式的公证文书、原件等证据，并在该期限内结合该证据具体说明相关无效宣告理由的。

专利权人应当在专利复审委员会指定的答复期限内提交证据，但对于技术词典、技术手册和教科书等所属技术领域中的公知常识性证据或用于完善证据法定形式的公证文书、原件等证据，可以在口头审理辩论终结前补充。

专利权人提交或补充证据的，应当在上述期限内对提交或补充的证据具体说明。

专利权人提交的证据是外文的，提交其中文译文的期限适用该证据的举证期限。

专利权人提交或补充证据不符合上述期限规定或未在上述期限内对所提交或补充的证据具体说明的，专利复审委员会不予考虑。

（四）专利无效宣告程序中专利文件的修改

1. 修改原则

发明或实用新型专利文件的修改仅限于权利要求书，其原则是：

（1）不得改变原权利要求的主题名称。

（2）与授权的权利要求相比，不得扩大原专利的保护范围。

（3）不得超出原说明书和权利要求书记载的范围。

（4）一般不得增加未包含在授权的权利要求书中的技术特征。

外观设计专利的专利权人不得修改其专利文件。

2. 修改方式

在满足上述修改原则的前提下，修改权利要求书的具体方式一般限于权利要求的删除、合并和技术方案的删除。

权利要求的删除是指从权利要求书中去掉某项或某些项权利要求，例如，独立权利要求或从属权利要求。

权利要求的合并是指两项或两项以上相互无从属关系但在授权公告文本中从属于同一独立权利要求的权利要求的合并。在此情况下，所合并的从属权利要求的技术特征组合在一起形成新的权利要求。该新的权利要求应当包含被合并的从属权利要求中的全部技术特征。在独立权利要求未作修改的情况下，不允许对其从属权利要求进行合并式修改。

技术方案的删除是指从同一权利要求中并列的两种以上技术方案中删除一种或一种以上技术方案。

3. 修改方式的限制

在专利复审委员会作出审查决定之前，专利权人可以删除权利要求或权利要求中包括的技术方案。

仅在下列三种情形的答复期限内，专利权人可以以合并的方式修改权利要求书：

（1）针对无效宣告请求书。

（2）针对请求人增加的无效宣告理由或补充的证据。

（3）针对专利复审委员会引入的请求人未提及的无效宣告理由或证据。

（五）专利无效宣告请求的口头审理

根据目前的审理实践，专利无效宣告请求一概进行口头审理，如果复审委决定不口头审理的，无效宣告程序的当事人可以依据下列理由请求进行口头审理：

（1）当事人一方要求同对方当面质证和辩论。

（2）需要当面向合议组说明事实。

（3）需要实物演示。

（4）需要请出具过证言的证人出庭作证。

口头审理类似于法院庭审，口头审理可归结为四个阶段：

第一阶段，在口头审理开始前，合议组核对参加口头审理人员的身份证件，并确认其是否有参加口头审理的资格。合议组组长宣布口头审理开始后，介绍合议组成员；由当事人介绍出席口头审理的人员，有双方当事人出庭的，还应当询问双方当事人对于对方出席人员资格有无异议；合议组组长宣读当事人的权利和义务；询问当事人是否请求审案人员回避，是否请证人作证和请求演示物证。

第二阶段，在无效宣告程序的口头审理中，先由无效宣告请求人陈述无效宣告请求的范围及其理由，并简要陈述有关事实和证据，再由专利权人进行答辩。

其后，由合议组就案件的无效宣告请求的范围、理由和各方当事人提交的证据进行核对，确定口头审理的审理范围。接着，由无效宣告请求人就无效宣告理由以及所依据的事实和证据进行举证，然后由专利权人进行质证，需要时专利权人可以提出反证，由对方当事人进行质证。案件存在多个无效宣告理由、待证事实或证据的，可以要求当事人按照无效宣告理由和待证事实逐个举证和质证。

第三阶段，在无效宣告程序的口头审理调查后，进行口头审理辩论。由当事人就证据所表明的事实、争议的问题和适用的法律、法规各自陈述其意见，并进行辩论。辩论结束后，由双方当事人作最后意见陈述。

第四阶段，合议组根据案情需要休庭合议，作出审查决定。无效宣告请求审查决定分为下列三种类型：

（1）宣告专利权全部无效。

（2）宣告专利权部分无效。

（3）维持专利权有效。

宣告专利权无效包括宣告专利权全部无效和部分无效两种情形。根据《专利法》第四十七条的规定，宣告无效的专利权视为自始即不存在。一项专利被宣告部分无效后，被宣告无效的部分应视为自始即不存在。但是被维持的部分（包括修改后的权利要求）也同时应视为自始即存在。

如果当事人对审查决定不服，可以在收到审查决定的 3 个月内向北京知识产权法院起诉。

五、专利权无效宣告请求法定理由的解读和分析

根据《专利法实施细则》第六十五条的规定，依照《专利法》第四十五条的规定，请求宣告专利权无效或部分无效的，应当向专利复审委员会提交专利权无效宣告请求书和必要的证据一式两份。无效宣告请求书应当结合提交的所有证据，具体说明无效宣告请求的理由，并指明每项理由所依据的证据。

前款所称无效宣告请求的理由，是指被授予专利的发明创造不符合《专利法》第二条、第二十条第一款、第二十二条、第二十三条、第二十六条第三款、第四款、第二十七条第二款、第三十三条或本细则第二十条第二款、第四十三条第一款的规定，或属于《专利法》第五条、第二十五条的规定，或依照《专利法》第九条规定不能取得专利权。

无效宣告请求的理由不属于《专利法实施细则》第六十五条第二款规定的理由；或请求人未具体说明无效宣告理由，或提交证据但未结合提交的所有证据具体说明无效宣告理由，或未指明每项理由所依据的证据；专利复审委员会向请求人发出不予受理通知书，因此无效宣告请求人应当根据《专利法实施细则》第六十五条第二款规定的法定理由来制作无效宣告请求书。下文对每一个无效理由的含义进行说明。

（一）专利权无效理由之是否符合专利的定义

《专利法》第二条第二款规定，发明是指对产品、方法或其改进所提出的新的技术方案。其含义是如果专利的权利要求的方案没有解决技术问题，没有采用技术手段，并且也没有获得技术效果，则这项权利要求的解决方案不属于技术方案。在判断一项权利要求是否属于《专利法》第二条第二款保护的客体时，应当以权利要求记载的方案为基础，以分析技术所要解决的技术问题、所采用的技术方案、取得的技术效果三要素为出发点，整体、综合进行判断。

《专利法》第二条第三款规定实用新型，是指对产品的形状、构造或其结合所提出的适于实用的新的技术方案。根据实用新型的定义，一切方法均不属于实用新型专利保护的客体，上述方法包括产品的制造方法、使用方法、通信方法、处理方法、计算机程序以及将产品用于特定用途等。如果实用新型的权利要求中既包含形状、构造特征，又包含对方法本身或材料本身提出的技术方案，则不属于实用新型专利保护的客体。但是，以现有技术中已知方法的名称限定产品的形状、构造的，如以焊接、铆接等已知方法名称限定各部件连接关系的，不属于对方法本身提出的技术方案；将现有技术中已知的材料应用于具有形状、构造的产品上，如复合木地板、塑料杯、记忆合金制成的心脏导管支架等，不属于对材料本身提出的技术方案。如果一项实用新型权利要求要求保护的技术方案能在产业上应用并产生有用的效果，则该权利要求满足“适于实用”的一般性要求，符合《专利法》第二条第三款的规定。

实用新型专利不保护新材料和方法，并不意味着实用新型专利的权利要求不可以包含材料特征和方法特征。如果只是从现有技术已有的材料中选择特定的一种或几种作为产品的构成，以及从已知的方法中选择特定的方法特征俩限定产品结构，这是允许的。允许的理由基于两点：①专利制度的目的是促进创新，如果一项实用新型专利已经对产品的形状或构造作出了改进，那么仅仅因为权利要求中记载了现有技术已有的材料或已知方法而将其排除在实用新型专利的保护范围之外，显然会挫伤发明人或申请人继续进行研发和申请的积极性，不利于实用新型专利制度发挥作用；②在一些特定的技术领域，产品的形状或构造与其采用的材料是密切联系的，在撰写时可能无法完全避免涉及材料特征。例如，如果专利保护的薄膜复合层，由于在进行复合构造时必然需要考虑各层所采用的材料，那么在技术方案中记载与复合层构造相对应的材料特征，就不仅是可以允许的，更是为了构成完整的技术方案不可缺少的了。当然，前提是技术方案并不是对材料本身进行的改进。如果权利要求的技术方案中包含对材料本身提出的改进，则不论该技术方案中是否还包含形状（或构造特征）或形状（或构造特征）的改进，该技术方案必然不属于实用新型专利保护的客体。但是如果仅是将现有技术中已知的材料应用于具有形状或构造的产品上，由于其并不涉及微观层面的改进，因此符合专利法的定义，属于实用新型保护的客体，不应将其排除在实用新型的保护范围之外。

《专利法》第二条第四款规定外观设计，是指对产品的形状、图案或其结合以及色彩与形状、图案的结合所作出的富有美感并适于工业应用的新设计。其含义是外观设计应当是新的“外观形状、图案、色彩”，“外观形状”不是用来解决技术问题的，而是追求一种美观和美感，这种外在的美观是通过在产品的形状、图案、色彩或其结合体现出来的。外观设计的载体是产品，但其保护的客体是产品外观所体现的“新设计”，这与发明和实用新型两种专利有着质的不同，发明和实用新型是技术特征的集合构成的技术方案。外观设计专利的归结点在于产品外在的装饰性和审美性，这就意味着在进行外观设计专利保护时，应当对产品功能性、技术性的“形状”特征予以排除。

对于不能给予外观设计专利保护的客体，《审查指南》详细例举了以下情形：

（1）取决于特定地理条件、不能重复再现的固定建筑物、桥梁等。

（2）因其包含有气体、液体及粉末状等无固定形状的物质而导致其形状、图案、色彩不固定的产品。

（3）产品的不能分割、不能单独出售或使用的部分，如袜跟、帽沿、杯把等。

（4）对于由多个不同特定形状或图案的构件组成的产品而言，如果构件本身不能成为一种有独立使用价值的产品，则该构件不属于可授予专利权的客体。

（5）不能作用于视觉或肉眼难以确定其形状、图案、色彩的物品。

（6）要求保护的外观设计不是产品本身常规的形态，如手帕扎成动物形态的外观设计。

（7）以自然物原有形状、图案、色彩作为主体的设计。

（8）纯属美术范畴的作品。

（9）仅以在其产品所属领域内司空见惯的几何形状和图案构成的外观设计。

（10）一般文字和数字的字形以及字音、字义不能作为要求保护的外观设计的具体内容。

（二）专利无效理由之国内完成的发明创造去国外申请专利是否已进行保密审查

《专利法》第二十条第一款规定任何单位或个人将在中国完成的发明或实用新型向外国申请专利的，应当事先报经国务院专利行政部门进行保密审查。保密审查的程序、期限等按照国务院的规定执行。专利法第二十条第四款规定对违反本条第一款规定向外国申请专利的发明或实用新型，在中国申请专利的，不授予专利权。《专利法实施细则》第八条规定，《专利法》第二十条所称的在中国完成的发明或实用新型，是指技术方案的实质性内容在中国境内完成的发明或实用新型。

判断一项发明在向外国申请专利前是否需要进行保密审查，关键要确定发明技术方案的实质性内容是否是在中国境内完成的。只要是在中国境内完成的发明创造，无论是由中国人完成，还是由外国人完成，也无论是由中国个人或单位还是外国个人或单位享有申请专利的权利，就该发明创造向外国申请专利前，应当向国务院专利行政部门提出保密审查请求，经过审查认为不涉及国家安全或重大利益的，才可以向外国提出专利申请。

（三）专利无效理由之专利是否违反法律、社会公德和妨害公共利益

《专利法》第五条规定对违反法律、社会公德或妨害公共利益的发明创造，不授予专利权。

对违反法律、行政法规的规定获取或利用遗传资源，并依赖该遗传资源完成的发明创造，不授予专利权。

违反法律，是指专利申请的内容违反了由全国人民代表大会或全国人民代表大会常务委员会依照立法程序制定和颁布的法律。

社会公德是指公众普遍认为是正当的、并被接受的伦理道德观念和行为准则。它的内涵基于一定的文化背景，随着时间的推移和社会的进步不断地发生变化，而且因地域不同而各异。《专利法》中所称的社会公德限于中国境内。由此可见，专利法第五条中所指的“社会公德”是中国社会全体公民能够普遍认同的伦理道德观念和必须共同遵守的最简单、最起码的行为准则，属于道德体系中最简单、最起码、最低层次的道德规范。只有当一项发明创造的公开、使用、制造在客观上与这一层次的道德规范相违背，对于树立道德风尚不仅不能产生任何积极的作

用，相反还会产生一定程度的破坏作用。这类发明创造在专利公报上公布或推广应用后会产生与道德风尚相违背的效果，才能被认为违反了《专利法》第五条中有关社会公德的规定。

妨害公共利益，是指专利的实施或使用会给公众或社会造成危害，或会使国家和社会的正常秩序受到影响。例如，专利复审委员会于2011年06月09日在第WX16730号无效宣告请求审查决定中认定：鸟巢结构的烟灰缸外观设计的主要线条几乎原封不动地复制了国家体育场的设计，两者均采用网格状的构架，外观看上去仿若树枝织成的鸟巢，故两者整体形状十分近似；其次，国家体育场为著名的建筑物，本专利将众所周知且著名的建筑物奥运主场馆的鸟巢形设计用于其烟灰缸上，显然属于仿造行为，无实质性创新内容。因此，本专利烟灰缸外观设计的实施或使用会给公众或社会造成危害，其明显妨害了公共利益。因此，本专利不符合《专利法》第五条的规定。最终专利复审委员会宣告200830177984.6号外观设计专利权全部无效。

（四）专利无效理由之发明专利和实用新型专利是否具备三性

《专利法》第二十二条规定授予专利权的发明和实用新型，应当具备新颖性、创造性和实用性。

新颖性是指该发明或实用新型不属于现有技术；也没有任何单位或个人就同样的发明或实用新型在申请日以前向国务院专利行政部门提出过申请，并记载在申请日以后公布的专利申请文件或公告的专利文件中。

创造性，是指与现有技术相比，该发明具有突出的实质性特点和显著的进步，该实用新型具有实质性特点和进步。

实用性，是指该发明或实用新型能够制造或使用，并且能够产生积极效果。

本法所称现有技术，是指申请日以前在国内外为公众所知的技术。

如果一项权利要求的全部技术特征实质上已经被对比文件所公开，两者技术方案实质上相同，且属于相同的领域，能解决相同的技术问题并能获得相同的技术效果，则该权利要求所要求保护的技术方案相对于该对比文件不具备《专利法》第二十二条第二款所规定的新颖性。

如果权利要求所要求保护的技术方案与作为最接近现有技术的对比文件相比存在区别特征，但是，上述区别特征部分被其他对比文件公开、部分属于本领域技术人员的惯用手段，则该权利要求相对于上述对比文件和本领域惯用手段的结合是显而易见的，不具备《专利法》第二十二条第三款规定的创造性。

实用性是在发明创造，是利用自然规律获得技术方案。作为专利的技术方案，不应是抽象的思维阶段的东西，而应是能够在工业上实施，具备可实施性、再现性、有益性。可实施性是指该发明创造能够在产业上制造或使用。例如，明显违背了有关能量守恒定律的自然法则的永动机专利不应授予授权。

专利复审委员会于 2017 年 09 月 26 日在第 33512 号无效决定中对新颖性和创造性认定：在认定对比文件的公开内容时，应当以对比文件公开的技术内容为准，即以明确记载在对比文件中的内容或对于所属技术领域的技术人员来说隐含的且可直接地、毫无疑义地确定的技术内容为准，但是不得随意将对比文件的内容扩大或缩小。另外，对比文件中包括附图的，也可以引用附图，但是引用附图时只有能够从附图中直接地、毫无疑义地确定的技术特征才属于公开的内容，由附图中推测的内容不应当作为已公开的内容。

在评价方法权利要求的技术方案相对于对比文件是否具备新颖性时，对于由多个密切相关的特定步骤特征构成的技术方案，应当要整体考虑这些特定步骤特征，如果对比文件仅公开部分步骤，则其与权利要求的技术方案是不同的，不应认定为是对权利要求技术方案的公开。

虽然对于本领域技术人员来说某些技术特征本身是公知的，但是在面临不同应用场景以解决不同的技术问题时，综合采用这些技术特征，解决了相应的技术问题，就不能简单地将这些特征整体上均认定为公知常识。

权利要求与最接近对比文件存在区别特征，所述区别特征相互关联使得该权利要求实际解决了某一特定技术问题，则应该将上述区别特征作为一个整体进行创造性判断。如果其他对比文件仅分别公开了上述区别特征的某一部分，则所述其他对比文件整体上均没有公开上述区别特征，并且如果所述其他对比文件也均不涉及所述特定技术问题，则也没有给出任何技术启示，使得本领域技术人员有动机对最接近现有技术进行改进。则该权利要求具有创造性。

（五）专利无效理由之外观设计专利与现有设计相比是否具有明显区别

《专利法》第二十三条规定授予专利权的外观设计，应当不属于现有设计；也没有任何单位或个人就同样的外观设计在申请日以前向国务院专利行政部门提出过申请，并记载在申请日以后公告的专利文件中。

授予专利权的外观设计与现有设计或现有设计特征的组合相比，应当具有明显区别。

授予专利权的外观设计不得与他人在申请日以前已经取得的合法权利相冲突。

《专利法》所称现有设计，是指申请日以前在国内外为公众所知的设计。

如果对比设计图片或照片未公开的部位属于该种类产品使用状态下不会被一般消费者关注的部位，并且涉案专利在相应部位的设计的变化也不足以对产品的整体视觉效果产生影响；或如果涉案专利中对应于对比设计图片或照片未公开的内容仅仅是该种类产品的惯常设计并且不受一般消费者关注，则应判断为两者近似。

判断外观设计与现有设计相同或近似应遵循以下几点。

（1）同类产品或相近产品才能相互比较：相同种类的产品指“国际外观设计分类表”中的小类相同，用途完全相同的产品；相近种类产品指用途相近的产品；多用途产品如果其中部分用途相同，而其他用途不同，则二者应属于相近种类的产品。

（2）产品的大小、材料的差别、功能的差别等都不是判断外观设计专利是否近似的条件。

（3）要考虑产品的设计空间：设计空间是指设计人员对工业产品进行外观

设计创作时能够自由创作的自由度，具体而言，是指在产品实用功能、技术条件、现有设计等因素制约下，设计师可进行设计的范围，即允许产品外观发生设计变化的设计内容。外观设计空间应当着重考虑产品实用功能、技术条件、现有设计等因素制约。

（4）对比时应当采用整体观察、综合判断的方式。所谓整体观察、综合判断是指以一般消费者为视觉，由涉案专利与对比设计的整体来判断，而不从外观设计的部分或局部出发得出判断结论。

（5）根据造型不同区别对待：如录音机、电视机、运输工具等三维立体造型的要以形为主，图案、色彩为辅；地毯、壁纸、花布等要以图案为主，形状为辅。

（6）如果没有要求保护色彩，色彩差异一般不单独作为判断近似的条件。如果要求保护色彩，要观察色彩与形状的结合、色彩与图案的协调等在产品的整体上所产生的美感效果。

（六）专利权无效理由之专利是否属于不授予专利权的客体

《专利法》第二十五条规定对下列各项，不授予专利权：①科学发现；②智力活动的规则和方法；③疾病的诊断和治疗方法；④动物和植物品种；⑤用原子核变换方法获得的物质；⑥对平面印刷品的图案、色彩或二者的结合作出的主要起标识作用的设计。

对于《专利法》第二十五条第④项所列的动物和植物品种的生产方法，可以依照本法规定授予专利权。

科学发现是指对自然界中已经客观存在的未知物质、现象、变化过程及其特性和规律的发现和认识。这些发明和认识的本身并不是一种技术方案，不是专利法意义上所说的发明创造，不能直接实施用以解决一定领域内的特定技术问题，因而不能被授予专利权。

智力活动的规则和方法，是指人的思维运动，是一种抽象的东西，是人的大脑进行精神和智能活动的手段或过程，它仅是指导人们对其表达的信息进行思维、判断和记忆，不需要采用技术手段或遵守自然法则，不具备技术特征，因而不能被授予专利权。例如，交通规则、字典的编排方法、情报检索的方法、速算法或口诀、各种游戏、娱乐的规则和方法、比赛规则等都不能获得专利。但是如果一项权利要求涉及了智力活动的规则和方法，但是在对其进行限定的全部内容中包含有技术特征，技术特征构成的技术方案解决了技术问题，采用了技术手段，达到了技术效果，则该权利要求就整体而言并不是一种智力活动的规则和方法。

疾病的诊断和治疗方法，是指以有生命的人体（或动物）作为直接实施对象，目的是为了治疗疾病，由于涉及人体（或动物）健康，因而不能为少数人所独占。这里讲的“疾病的诊断方法”，是指为识别、研究和确定有生命的人体或动物病因或病灶状态的全过程。这里讲的“疾病的治疗方法”，是指为使有生命的人体或动物恢复或获得健康，进行阻断、缓解或消除病因或病灶的过程。这类治疗或诊断方法无法在产业上制造或使用，不具备实用性，因而不能获得专利权。例如，超声诊断法、针灸、麻醉、按摩等治疗方法，外科手术方法等。TRIPS 协议对此也作了规定，即成员可以将诊治人类或动物的诊断方法、治疗方法及外科手术方法排除于可获专利之外。

动物和植物品种，是指以生物学方法培养出来的动植物新品种。动物和植物是有生命的物体，是自然生成的，是大自然的产物，不是人们创造出来的，不能以工业方法生产出来，因而不具备专利法意义上的创造性和使用性，故不能授予专利权。但是，对于动物和植物品种，可以通过专利法以外的其他法律保护。对于植物新品种的保护，我国已于 1997 年由国务院颁布了《中华人民共和国植物新品种保护条例》，对植物新品种的定义及品种权的内容和归属等问题作了规定，对符合该条例的植物新品种予以保护。

用原子核变换方法获得的物质，主要是指利用加速器、反应堆以及其他核反应装置，通过核裂变、核聚变等方法获得的元素或化合物。由于用原子核变换方法获得的物质关系到国家的经济、国防、科研和公共生活的重大利益，关系国家安全，不宜公开，各国大多对此类物质不授予专利权。

（七）专利无效理由之专利是否属于重复授权专利

《专利法》第九条规定同样的发明创造只能授予一项专利权。但是，同一申请人同日对同样的发明创造既申请实用新型专利又申请发明专利，先获得的实用新型专利权尚未终止，且申请人声明放弃该实用新型专利权的，可以授予发明专利权。

两个以上的申请人分别就同样的发明创造申请专利的，专利权授予最先申请的人。

专利权是独占权、专有权。对一项发明创造，只能向一个特定主体授予一项专利，即所谓的“一发明一专利”原则或称“专利不重复”原则。如果对同一项发明创造向两个以上的不同主体授予专利权，显然与专利权的独占或专有的性质相悖。

已授权专利是否属于重复授权的判断原则：《专利法》第五十九条第一款规定发明或实用新型专利权的保护范围以其权利要求的内容为准，说明书及附图可以用于解释权利要求。为了避免重复授权，在判断是否为同样的发明创造时，应当将两件发明或实用新型专利申请或专利的权利要求书的内容进行比较，而不是将说明书进行比较，或将权利要求书与专利申请公开的全部内容进行比较。

判断时，如果一件专利申请或专利的一项权利要求与另一件专利申请或专利的某一项权利要求保护范围相同，应当认为它们是同样的发明创造。两件专利申请或专利说明书的内容相同，但其权利要求保护范围不同的，应当认为所要求保护的发明创造不同。应当注意的是，权利要求保护范围仅部分重叠的，不属于同样的发明创造。

同一申请人同日对同样的发明创造既申请实用新型专利又申请发明专利的，发明授权应当符合以下三个条件：同一申请人同日对同样的发明创造既申请实用新型专利又申请发明专利，并作出声明；先获得的实用新型专利权尚未终止；且申请人声明放弃该实用新型专利权的。如果实用新型由于申请人的原因终止了，发明将不能获得授权，应当理解为该项发明创造的专利权已经被申请人主动放弃“处分”了。

外观设计专利权的保护范围以表示在图片或照片中的该产品的外观设计为准，简要说明可以用于解释图片或照片所表示的该产品的外观设计。判断外观设计是否属于重复授权，以表示在图片或照片中的产品的保护范围为准，如果保护范围相同，则构成重复授权，反之，则不构成重复授权。

（八）专利无效理由之专利的说明书是否充分公开

《专利法》第二十六条第三款规定说明书应当对发明或实用新型作出清楚、完整的说明，以所属技术领域的技术人员能够实现为准；必要的时候，应当有附图。摘要应当简要说明发明或实用新型的技术要点。所属技术领域的技术人员能够实现，是指所属技术领域的技术人员按照说明书记载的内容，就能够实现该实用新型的技术方案，解决其技术问题，并且产生预期的技术效果。所属技术领域的技术人员是指一种假设的“人”，假定他知晓申请日或优先权日之前发明所属技术领域所有的普通技术知识，能获知该领域中所有的现有技术，并且具有应用该日期之前常规实验的手段和能力，但他不具有创造能力。如果所要解决的技术问题能够促使本领域的技术人员在其他技术领域寻找技术手段，他也应具有从该其他技术领域中获知该申请日或优先权日之前的相关现有技术、普通技术知识和常规实验手段的能力。

只有所属技术领域的技术人员按照说明书记载的内容，能够实现该发明的技术方案，解决技术问题，并产生预期的技术效果，说明书才会认定为公开充分。

（九）专利无效理由之专利的权利要求书是否得到说明书支持、权利要求是否清楚

《专利法》第二十六条第四款规定权利要求书应当以说明书为依据，清楚、简要地限定要求专利保护的范围。权利要求书中的每一项权利要求所要求保护的技术方案应当是所属技术领域的技术人员能够从说明书充分公开的内容中得到或概括得出的技术方案，并且不得超出说明书公开的范围。如果所属技术领域的技术人员可以合理预测说明书给出的实施方式的所有等同替代方式或明显变型方式都具备相同的性能或用途，则应当允许申请人将权利要求的保护范围概括至覆盖其所有的等同替代或明显变型的方式。

权利要求书应当清楚，一是指每一项权利要求应当清楚，二是指构成权利要求书的所有权利要求作为一个整体也应当清楚。权利要求的保护范围应当根据其所用词语的含义来理解，一般情况下，权利要求中的用词应当理解为相关技术领域通常具有的含义，说明书中另有说明的除外。

权利要求保护的技术方案应当是所属技术领域的技术人员能够从说明书充分公开的内容中得到或概括得出的技术方案，并且不得超出说明书公开的范围。

在具体判断权利要求是否能够得到说明书支持的过程中，应站位该领域技术人员，以权利要求书的文字记载为基础，结合该领域技术人员对于现有技术的认知、对于发明的整体理解，善意解读权利要求的技术方案，从而判断权利要求是否能够得到说明书的支持。

（十）专利无效理由之外观设计的图片或照片是否清楚地显示要求专利保护的产品的外观

《专利法》第二十七条第二款规定申请人提交的有关图片或照片应当清楚地显示要求专利保护的产品的外观设计。

就立体产品的外观设计而言，产品设计要点涉及六个面的，应当提交六面正投影视图；产品设计要点仅涉及一个或几个面的，应当至少提交所涉及面的正投影视图和立体图，并应当在简要说明中写明省略视图的原因。

就平面产品的外观设计而言，产品设计要点涉及一个面的，可以仅提交该面正投影视图；产品设计要点涉及两个面的，应当提交两面正投影视图。

必要时，申请人还应当提交该外观设计产品的展开图、剖视图、剖面图、放大图以及变化状态图。

需要特别注意的是，外观设计专利中应当避免各个视图的图片或照片不对应，相互矛盾；图片或照片不能有其他元件的遮挡，因为元件的遮挡会导致不能清晰地显示要求保护的产品；实践中尽量不要省略视图。

（十一）专利无效理由之专利的修改是否超范围

《专利法》第三十三条规定：申请人可以对其专利申请文件进行修改，但是，对发明和实用新型专利申请文件的修改不得超出原说明书和权利要求书记载的范围，对外观设计专利申请文件的修改不得超出原图片或照片表示的范围。

原说明书和权利要求书记载的范围包括原说明书和权利要求书文字记载的内容和根据原说明书和权利要求书文字记载的内容以及说明书附图能直接地、毫无疑义地确定的内容。明显错误应当是在权利要求请求保护的技术方案存在与本专利技术方案明显不一致的错误的情况下，才允许进行的修改，并且修正后的特征必须是能够唯一确定的内容，否则，将不允许进行修正。如果一项权利要求修改后的技术方案能够根据原说明书记载的内容以及说明书附图直接地、毫无疑义地确定，则该权利要求的修改符合《专利法》第三十三条的规定。

需要注意的是，申请文件一旦提交，之后的任何修改都不能超出原始申请文件的范围；审查、无效等不同的阶段还具有不同的规定。

（十二）专利无效理由之专利的权利要求是否缺少必要技术特征

《专利法实施细则》第二十条第二款规定：独立权利要求应当从整体上反映发明或实用新型的技术方案，记载解决技术问题的必要技术特征。

所谓“必要技术特征”实际上涉及两层不同的含义：一是完整相关必要技术特征，是指与解决技术问题关系不够密切、但是与主题相关的技术特征，缺少这些技术特征，则技术方案不完整，不能构成完整的发明主题；二是问题相关必要技术特征，是指与解决技术问题直接相关的必要技术特征，缺少这些技术特征，则无法解决现有技术中存在的技术问题。

完整相关必要技术特征是发明创造和现有技术共有的技术特征，一般会在发明主题中隐含体现，相应地，撰写独立权利要求时，对于能够在发明主题中隐含体现出来的完整相关必要技术特征通常可以省略。所以一项权利要求中不一定写入与该技术方案相关的全部技术特征，只需写入那些“对现有技术作出贡献的”那些技术特征。在与发明相关的技术特征中，那些“已知特征”或隐含在“一般术语”中的特征可以不写入其权利要求中。

判断某一技术特征是否为必要技术特征，应当从所要解决的技术问题出发并考虑说明书描述的整体内容。如果一项独立权利要求记载了为解决其技术问题所不可缺少的全部技术特征，其总和足以构成发明的技术方案，使之区别于背景技术中所述的其他技术方案，则其符合《专利法实施细则》第二十条第二款的规定。

（十三）专利无效理由之分案申请是否超出原申请记载的范围

《专利法实施细则》第四十三条第一款规定：依照本细则第四十二条规定提出的分案申请，可以保留原申请日，享有优先权的，可以保留优先权日，但是不得超出原申请记载的范围。

专利分案制度用得好都会给申请人带来巨大的利益：

（1）主动分案要求保护未写入权利要求书中的技术方案，否则会认为申请人主动将未写入权利要求书中的技术方案捐献给社会，克服撰写缺陷。

（2）可以重新组织说明书中的技术方案扩大保护范围。

（3）如果存在多个并列独立权利要求，但是审查员仅仅授权其中某一个或某几个独立权利要求，可以保留审查员认为可以授权的权利要求，尽快获得专利权；将审查员认为不能够授权的权利要求分案重新申请，保证了授权的及时性还获得重新审查的机会。

（4）分案申请可以保留原申请日，享有优先权的，可以保留优先权日，但是不得超过原申请公开的范围。

分案申请的请求书中应当写明原申请的申请号与申请日。分案申请除应当提交申请文件外，还应当提交原申请的申请文件副本以及原申请中与本分案申请有关的其他文件副本，如优先权文件副本。对于已提过分案申请，申请人需要针对该分案申请再次提出分案申请的，还应当在原申请的申请号后的括号内填写该分案申请的申请号。发明专利的分案申请不得改变原申请的类别。发明专利的分案申请不得改变原申请的申请人，不相同的，应当提交权利转移证明材料。分案申请的发明人也应当是原申请的发明人或是其中的部分成员；分案申请应当以原申请（第一次提出的申请）为基础提出；分案申请应当处于权利未决期，如果专利局已对原申请作出授予专利权并公告、已经被驳回并生效、撤回并生效或视为撤回并生效的，不能提出分案申请。

第二节　行政维权

一、法律依据

《专利法》第六十条规定：未经专利权人许可，实施其专利，即侵犯其专利权，引起纠纷的，由当事人协商解决；不愿协商或协商不成的，专利权人或利害关系人可以向人民法院起诉，也可以请求管理专利工作的部门处理。管理专利工作的部门处理时，认定侵权行为成立的，可以责令侵权人立即停止侵权行为，当事人不服的，可以自收到处理通知之日起十五日内依照《中华人民共和国行政诉讼法》向人民法院起诉；侵权人期满不起诉又不停止侵权行为的，管理专利工作的部门可以申请人民法院强制执行。进行处理的管理专利工作的部门应当事人的请求，可以就侵犯专利权的赔偿数额进行调解；调解不成的，当事人可以依照《中华人民共和国民事诉讼法》向人民法院起诉。

该条法律确定了具有中国特色的双轨制专利保护体系，即专利权人遭遇专利侵权时，可以选择采用行政处理程序或司法诉讼程序进行维权或将二者结合使用。

二、维权途径

（1）自行和解：在双方平等协商的基础上，达成和解协议。

（2）行政维权：通过行政执法机关进行，专利权人可向专利管理机关申请调解和处理，依靠行政手段责令侵权者停止侵权并对其进行处罚。

三、两种维权途径的比较

（1）自行和解：迅速、友好地解决纠纷，可以留下继续合作的空间，节约人力、物力、财力。

（2）向专利管理机关申请调解和处理，调处范围包括：专利使用费纠纷、专利奖励费纠纷、专利申请权纠纷、专利权归属纠纷、专利合同纠纷、专利侵权纠纷等。其好处是程序简便、处理快。

四、专利行政维权

（一）行政查处程序的特点（与司法诉讼程序的比较）

专利侵权行政查处程序是指地方专利管理机关根据专利权人或利害关系人的请求，针对专利侵权纠纷进行处理的程序。与诉讼程序相比，其具有以下特点。

（1）法律依据：地方专利管理机关处理专利侵权纠纷案件，主要依据国家知识产权局颁布的《专利行政执法办法》，以及各省针对专利的地方性立法。

（2）处理机关：专利侵权纠纷的处理由被请求人所在地或侵权行为地的管理专利工作的部门管辖。侵权行为地包括侵权行为实施地和侵权结果发生地。请求人仅对被控侵权产品制造者提出处理请求，未对销售者提出处理请求，且被控侵权产品制造地与销售地不一致的，制造地管理专利工作的部门有管辖权。两个以上管理专利工作的部门都有管辖权的专利纠纷，当事人可以向其中一个管理专利工作的部门提出请求；当事人向两个以上有管辖权的管理专利工作的部门提出请求的，由最先受理的管理专利工作的部门管辖。

（3）证据：根据《专利行政执法办法》，地方专利管理机关处理专利侵权纠纷，可以根据需要依职权调查收集有关证据。地方专利管理机关在调查收集证据时，可以查阅、复制与案件有关的合同、账册等有关文件；询问当事人和证人；采用测量、拍照、摄像等方式进行现场勘验。可以要求被调查人进行现场演示；还可以抽样取证或登记保存的方式保存证据。

（4）处理范围：基于专利权为私权的理念，专利权利机关仅能针对是否构成侵权作出认定，并在此基础上作出停止侵权的决定，而不能针对侵权赔偿额直接作出决定。实践中，地方专利管理机关可以基于双方当事人的请求而针对赔偿作出调解，而如果一方当事人不愿调解或不接受调解结果，双方仍需诉诸法院予以解决。

（5）非终局性：基于防止行政权滥用的理念，专利管理机关作出的专利侵权处理决定具有非终局性的特点，需要接受司法审查。即针对专利管理机关作出的行政决定，当事人可以向享有管辖权的法院提出行政诉讼。

（6）审理期限：根据《行政执法办法》，地方专利管理机关处理专利侵权纠纷的，需要在立案之日起的四个月结案，特殊情况经批准可延长一个月。

（二）专利侵权行政查处流程

发生专利侵权纠纷时，专利权人或利害关系人可以到有管辖权的中级人民法院提起民事诉讼，也可以请求管理专利工作的部门处理，但二者不得同时选择。

根据《专利行政执法办法》的相关规定，专利行政执法一般包含提出请求、立案审查、被请求答辩、口头审理以及调解处理几个程序。

1. 提出请求

1）提出请求应当符合的条件

（1）请求人是专利权人或利害关系人；

（2）有明确的被请求人；

（3）有明确的请求事项和具体事实、理由；

（4）属于受案管理专利工作的部门的受案范围和管辖；

（5）当事人没有就该专利侵权纠纷向人民法院起诉。

上面（1）中所称利害关系人包括专利实施许可合同的被许可人、专利权人的合法继承人。专利实施许可合同的被许可人中，独占实施许可合同的被许可人可以单独提出请求；排他实施许可合同的被许可人在专利权人不请求的情况下，可以单独提出请求；除合同另有约定外，普通实施许可合同的被许可人不能单独提出请求。

请求人应当按照被请求人的数量提供请求书副本及有关证据。

2）请求书应当记载的内容

（1）请求人的姓名或名称、地址，法定代表人或主要负责人的姓名、职务，委托代理人的，代理人的姓名和代理机构的名称、地址；

（2）被请求人的姓名或名称、地址；

（3）请求处理的事项以及事实和理由。

有关证据和证明材料可以以请求书附件的形式提交。

请求书应当由请求人签名或盖章。

3）证明材料

（1）主体资格证明，即请求人是自然人的，应当提交居民身份证、户口本、护照、港澳同胞回乡证或其他有效身份证件，企业单位作为请求人的应当提交有效的营业执照或其他主体资格证明文件副本及法定代表人或主要负责人的身份证明，事业单位应提交事业法人代码证，银行及非银行金融机构作为请求人的，还须提供其金融许可证；转让专利申请权或专利权的，提供专利权登记和公告文件复印件。

（2）权利凭证：专利权有效的证明，即专利登记簿副本原件，或专利证书和当年缴纳专利年费的收据等能够证明专利有效存在的证明；由国家知识产权局或中国专利局作出的专利公告复印件（提供经专利机构检索的权利要求、说明书、附图及图片）；

（3）专利侵权纠纷涉及实用新型或外观设计专利的，管理专利工作的部门可以要求请求人在指定期限内出具由国家知识产权局作出的专利权评价报告（实用新型专利检索报告）；涉及实用新型、外观设计专利侵权的案件，被请求人如欲请求宣告专利权无效，须在答辩期间内向专利复审委员会提出，并提交有关材料和专利复审委员会的受理通知书复印件。被请求人可以据此请求中止该案件的行政处理，专利行政执法机关根据情况依法决定是否中止行政处理程序。

（4）侵权证据：请求人应提交证明被请求人实施被控侵权行为的有关证据材料。专利侵权纠纷涉及新产品制造方法的发明专利的，被请求人应当提供其产品制造方法不同于专利方法的证明。发明或实用新型专利权的保护范围以其权利要求的内容为准（专利权的保护范围应当以其权利要求记载的技术特征所确定的范围为准，也包括与记载的技术特征相等同的特征所确定的范围。等同特征是指与记载的技术特征以基本相同的手段，实现基本相同的功能，达到基本相同的效果，并且所属领域的普通技术人员无须经过创造性劳动就能够联想到的特征），说明书及附图可以用于解释权利要求。外观设计专利权的保护范围以表示在图片或照片中的该外观设计专利产品为准。

其他必需的证据材料。

对证据材料的基本要求：

当事人应客观、全面地提供证据，不得伪造、毁灭证据。证据材料分为书证、物证、证人证言、视听资料、当事人陈述、鉴定结论、勘验笔录。书证与物证均应提交原件、原物，提交原件、原物确有困难的，可以提交复印（制）件、照片、副本、节录本，但应与原件、原物核对无异。证人证言须附证人身份证明材料。提交外文书证必须附公证机关或其他有关部门翻译的中文译本。

提交录音证据的同时，应提交相应的文字记录稿。

提交物证的同时，应提交能充分反映该物证证明内容的照片。

请求人提出请求时除提供原件外，还应按被请求人人数提供相应套数的证据复印件，每套附证据材料清单。

外国、港澳台当事人提交的证据材料需按规定办理公证、认证手续。依法需要办理公证、认证等证明手续的材料种类主要是：请求人提交用于认定其主体资格的国籍身份、资格证件，包括护照、居民身份证、法人资格证明、法定代表人（代表人）身份证明书等的复印件。

委托诉讼代理人、诉讼代表人的文书，一般指授权委托书。

合议组认为需要办理证明手续的作为认定案件事实的主要证据材料，一般包括境外证人的证言、当事人的案情陈述、书证（如合同书等）、国外有关政府机关登记的文件。

其他在境外产生的证据材料。

（5）提交授权委托书：当事人可以委托 1 至 2 人作为代理人。委托他人作为代理人时，必须提交由委托人签名或盖章的授权委托书，授权委托书必须记载委托事项和权限。代理人代为承认、放弃、变更请求、进行和解等，必须有委托人的特别授权。受委托人为专利律师的，应提供律师执业证复印件及律师事务所致专利行政执法机关函。

（6）其他事项：请求人须填写《请求人承诺书》，保证其：①提交的文件、陈述的事实及证据均合法、真实、有效；②未就该专利侵权纠纷向人民法院起诉；③有必要时，愿意预缴鉴定等有关费用。

当事人须填写《送达地址确认书》，提供有效的送达地址。

受理专利侵权纠纷案件后，被请求人对管辖权有异议的，应当在答辩期间内向深圳市知识产权局书面提出。

被控侵权的行为人应与被控侵权行为之间存在关联性。

2. 调查取证

（1）书面请求：在专利侵权纠纷处理过程中，当事人因客观原因不能自行收集部分证据的，可以书面请求管理专利工作的部门调查取证。管理专利工作的部门根据情况决定是否调查收集有关证据。

（2）依职权调查：在处理专利侵权纠纷、查处假冒专利行为过程中，管理专利工作的部门可以根据需要依职权调查收集有关证据。

（3）调查取证：执法人员调查收集有关证据时，应当向当事人或有关人员出示其行政执法证件。当事人和有关人员应当协助、配合，如实反应情况，不得拒绝、阻挠。

管理专利工作的部门调查收集证据可以查阅、复制与案件有关的合同、账册等有关文件；询问当事人和证人；采用测量、拍照、摄像等方式进行现场勘验。涉嫌侵犯制造方法专利权的，管理专利工作的部门可以要求被调查人进行现场演示。调查收集证据应当制作笔录。笔录应当由案件承办人员、被调查的单位或个人签名或盖章。被调查的单位或个人拒绝签名或盖章的，由案件承办人员在笔录上注明。

调查收集证据可以采取抽样取证的方式。进行抽样取证应当制作笔录和清单，写明被抽取样品的名称、特征、数量以及保存地点，由案件承办人员、被调查的单位或个人签字或盖章。被调查的单位或个人拒绝签名或盖章的，由案件承办人员在笔录上注明。清单应当交被调查人一份。

涉及产品专利的，可以从涉嫌侵权的产品中抽取一部分作为样品；涉及方法专利的，可以从涉嫌依照该方法直接获得的产品中抽取一部分作为样品。被抽取样品的数量应当以能够证明事实为限。

在证据可能灭失或以后难以取得，又无法进行抽样取证的情况下，管理专利工作的部门可以进行登记保存，并在 7 日内作出决定。进行登记保存应当制作笔录和清单，写明被登记保存证据的名称、特征、数量以及保存地点，由案件承办人员、被调查的单位或个人签名或盖章。被调查的单位或个人拒绝签名或盖章的，由案件承办人员在笔录上注明。清单应当交被调查人一份。经登记保存的证据，被调查的单位或个人不得销毁或转移。

（4）委托调查：管理专利工作的部门需要委托其他管理专利工作的部门协助调查收集证据的，应当提出明确的要求。接受委托的部门应当及时、认真地协助调查收集证据，并尽快回复。

海关对被扣留的侵权嫌疑货物进行调查，请求管理专利工作的部门提供协助的，管理专利工作的部门应当依法予以协助。

管理专利工作的部门处理涉及进出口货物的专利案件的，可以请求海关提供协助。

3. 立案审查

管理专利工作的部门应当在收到请求书之日起5个工作日内立案并通知请求人：

（1）符合受理条件的：发出受理通知书；

（2）不符合受理条件的：发出不予受理通知书。

4. 被请求人答辩

请求符合《专利行政执法办法》规定条件的，管理专利工作的部门应当在收到请求书之日起5个工作日内立案并通知请求人，同时指定3名或3名以上单数执法人员处理该专利侵权纠纷；请求不符合《专利行政执法办法》规定条件的，管理专利工作的部门应当在收到请求书之日起5个工作日内通知请求人不予受理，并说明理由。

立案后，管理专利工作的部门应当在立案之日起5个工作日内将请求书及其附件的副本送达被请求人，要求其在收到之日起15日内提交答辩书并按照请求人的数量提供答辩书副本。被请求人逾期不提交答辩书的，不影响管理专利工作的部门进行处理。

被请求人提交答辩书的，管理专利工作的部门应当在收到之日起5个工作日内将答辩书副本送达请求人。

管理专利工作的部门处理专利侵权纠纷案件时，可以根据当事人的意愿进行调解。双方当事人达成一致的，由管理专利工作的部门制作调解协议书，加盖其公章，并由双方当事人签名或盖章。调解不成的，应当及时作出处理决定。

5. 口头审理

根据案情需要管理专利工作的部门决定是否进行口头审理。决定进行口头审理的，应当至少在口头审理3个工作日前将口头审理的时间、地点通知当事人。当事人无正当理由拒不参加的，或未经允许中途退出的，对请求人按撤回请求处理，对被请求人按缺席处理。

管理专利工作的部门举行口头审理的，应当将口头审理的参加人和审理要点记入笔录，经核对无误后，由执法人员和参加人签名或盖章。

6. 调解与处理

（1）经调解当事人达成调解协议的，管理专利工作的部门制作调解书并送达有关当事人；

（2）调解不成的，由管理专利工作的部门作出处理决定并送达有关当事人。

处理决定书，写明以下内容：

①当事人的姓名或名称、地址；②当事人陈述的事实和理由；③认定侵权行为是否成立的理由和依据；④处理决定认定侵权行为成立并需要责令侵权人立即停止侵权行为的，应当明确写明责令被请求人立即停止的侵权行为的类型、对象和范围；认定侵权行为不成立的，应当驳回请求人的请求；⑤不服处理决定提起行政诉讼的途径和期限。

处理决定书应当加盖管理专利工作的部门的公章。

管理专利工作的部门或人民法院作出认定侵权成立并责令侵权人立即停止侵权行为的处理决定或判决之后，被请求人就同一专利权再次作出相同类型的侵权行为，专利权人或利害关系人请求处理的，管理专利工作的部门可以直接作出责令立即停止侵权行为的处理决定。

7. 处理周期

自立案之日起3个月内结案。案件特别复杂需要延长期限的，应当由管理专利工作的部门负责人批准。经批准延长的期限，最多不超过1个月。案件处理过程中的公告、鉴定、中止等时间不计入前款所述案件办理期限。

8. 后续程序

当事人不服的，可以自收到处理通知之日起 15 日内依照《中华人民共和国行政诉讼法》向人民法院起诉；侵权人期满不起诉又不停止侵权行为的，管理专利工作的部门可以申请人民法院强制执行。

（四）法律责任

管理专利工作的部门认定专利侵权行为成立，作出处理决定，责令侵权人立即停止侵权行为的，应当采取下列制止侵权行为的措施

（1）侵权人制造专利侵权产品的，责令其立即停止制造行为，销毁制造侵权产品的专用设备、模具，并且不得销售、使用尚未售出的侵权产品或以任何其他形式将其投放市场；侵权产品难以保存的，责令侵权人销毁该产品。

（2）侵权人未经专利权人许可使用专利方法的，责令侵权人立即停止使用行为，销毁实施专利方法的专用设备、模具，并且不得销售、使用尚未售出的依照专利方法所直接获得的侵权产品或以任何其他形式将其投放市场；侵权产品难以保存的，责令侵权人销毁该产品。

（3）侵权人销售专利侵权产品或依照专利方法直接获得的侵权产品的，责令其立即停止销售行为，并且不得使用尚未售出的侵权产品或以任何其他形式将其投放市场；尚未售出的侵权产品难以保存的，责令侵权人销毁该产品。

（4)侵权人许诺销售专利侵权产品或依照专利方法直接获得的侵权产品的，责令其立即停止许诺销售行为，消除影响，并且不得进行任何实际销售行为。

（5）侵权人进口专利侵权产品或依照专利方法直接获得的侵权产品的，责令侵权人立即停止进口行为；侵权产品已经入境的，不得销售、使用该侵权产品或以任何其他形式将其投放市场；侵权产品难以保存的，责令侵权人销毁该产品；侵权产品尚未入境的，可以将处理决定通知有关海关。

（6）停止侵权行为的其他必要措施。

管理专利工作的部门作出认定专利侵权行为成立并责令侵权人立即停止侵权

行为的处理决定后，被请求人向人民法院提起行政诉讼的，在诉讼期间不停止决定的执行。

侵权人对管理专利工作的部门作出的认定侵权行为成立的处理决定期满不起诉又不停止侵权行为的，管理专利工作的部门可以申请人民法院强制执行。

（7）假冒专利行为的处理。

管理专利工作的部门认定假冒专利行为成立的，应当责令行为人采取下列改正措施：①在未被授予专利权的产品或其包装上标注专利标识、专利权被宣告无效后或终止后继续在产品或其包装上标注专利标识或未经许可在产品或产品包装上标注他人的专利号的，立即停止标注行为，消除尚未售出的产品或其包装上的专利标识；产品上的专利标识难以消除的，销毁该产品或包装；②销售第①项所述产品的，立即停止销售行为；③在产品说明书等材料中将未被授予专利权的技术或设计称为专利技术或专利设计，将专利申请称为专利，或未经许可使用他人的专利号，使公众将所涉及的技术或设计误认为是他人的专利技术或专利设计的，立即停止发放该材料，销毁尚未发出的材料，并消除影响；④伪造或变造专利证书、专利文件或专利申请文件的，立即停止伪造或变造行为，销毁伪造或变造的专利证书、专利文件或专利申请文件，并消除影响；⑤其他必要的改正措施。

管理专利工作的部门认定假冒专利行为成立，作出处罚决定的，应当予以公告。

管理专利工作的部门认定假冒专利行为成立的，可以按照下列方式确定行为人的违法所得：①销售假冒他人专利的产品的，以产品销售价格乘以所销售产品的数量作为其违法所得；②订立假冒他人专利的合同的，以收取的费用作为其违法所得。

管理专利工作的部门作出处罚决定后，当事人申请行政复议或向人民法院提起行政诉讼的，在行政复议或诉讼期间不停止决定的执行。

假冒专利行为的行为人应当自收到处罚决定书之日起 15 日内，到指定的银行缴纳处罚决定书写明的罚款；到期不缴纳的，每日按罚款数额的 30% 加处罚款。

拒绝、阻碍管理专利工作的部门依法执行公务的，由公安机关根据《中华人民共和国治安管理处罚法》的规定给予处罚；情节严重构成犯罪的，由司法机关依法追究刑事责任。

（五）侵犯专利权的赔偿数额

根据《专利法》第六十五条，侵犯专利权的赔偿数额按照权利人因被侵权所受到的实际损失确定；实际损失难以确定的，可以按照侵权人因侵权所获得的利益确定。权利人的损失或侵权人获得的利益难以确定的，参照该专利许可使用费的倍数合理确定。赔偿数额还应当包括权利人为制止侵权行为所支付的合理开支。权利人的损失、侵权人获得的利益和专利许可使用费均难以确定的，人民法院可以根据专利权的类型、侵权行为的性质和情节等因素，确定给予1万元以上100万元以下的赔偿。

管理专利工作的部门应当事人的请求对侵犯专利权的赔偿数额进行调解时，应当如何确定侵权损害赔偿的数额，规定了三种计算方法。

（1）按照权利人因被侵权所受到的损失确定。如何具体计算专利权人因他人侵权所受的损失，最高人民法院在《关于审理专利纠纷案件若干问题的解答》中规定如下。对权利人因被侵权所受到的损失的计算方法为：因侵权人的侵权产品（包括使用他人专利方法生产的产品）在市场上销售，使专利权人的专利产品的销售量下降，其销售量减少的总数乘以每件专利产品的利润所得之积，即为专利权人的实际经济损失。

（2）按照侵权人侵犯专利权所获得的利益确定。最高人民法院在上述司法解释中规定，侵权人因侵犯专利权所获得的利益的计算方法是：侵权人从每件侵权产品（包括使用他人专利方法生产的产品）获得的利润，乘以在市场上销售的总数所得之积，为侵权人所得的全部利润，即侵权人因侵权所获得的利益。

（3）被侵权人的损失或侵权人获得的利益难以确定的，参照该专利许可使用费的倍数合理确定。在确定侵犯专利权的赔偿数额时，首先应当按照上述的两种方法计算。只有当权利人所受到的损失及侵权人获得的利益难以确定时，才应适用按照专利许可使用费的倍数合理确定赔偿额。此处所说“专利许可使用费”，应是指普通专利使用许可的使用费。至于“倍数”的具体数额。需要由人民法院或管理专利工作的部门根据案件的具体情况，按照能够使专利权人因侵权行为受到的实际损失得到充分的赔偿，使侵权人不能因侵权行为得到任何好处的原则，合理确定。

这里所述的计算方法，主要是供管理专利工作的部门对专利侵权赔偿额进行调解时适用。如果当事人双方自愿商定用其他计算方法确定损失赔偿额的，只要是公平合理的，管理专利工作的部门都应当准许。赔偿费用中没有具体列出被侵权人可以请求赔偿的其他费用，如权利人为调查侵权情况所支出的合理费用，聘请律师的合理费用等。这并不等于这些费用不在赔偿请求之列。对此，可根据具体的情况作出公平合理的决定。

五、专利纠纷的调解

（一）调解类型

（1）专利申请权纠纷：关于职务发明与非职务发明的争议；关于合作完成或委托完成发明创造后专利申请权归属的纠纷。

（2）专利权归属纠纷：职务发明创造被发明人或设计人作为非职务发明申请专利并获得了专利权而引起的纠纷；非职务发明创造被单位作为职务发明创造申请专利并获得专利权而引起的纠纷；在当事人未明确约定的情况下，委托开发完成的发明创造否委托开发方申请专利并获得专利权而引起的纠纷；在无合同约定又无其他各方声明放弃其所共有的专利申请的情况下，合作开发所完成的发明创造被共有人中的一方申请专利并获得专利权而引起的纠纷。

（二）调解条件

（1）请求人是与案件有直接利害关系的单位或个人；

（2）有明确的被请求人，有具体的请求事项和事实依据；

（3）当事人没有就该专利纠纷向人民法院起诉，也没有仲裁约定；

（4）属于管理专利工作的部门受案范围和管辖。

（三）调解申请

请求管理专利工作的部门调解专利纠纷的，应当提交请求书、请求人身份证明文件、专利纠纷相关的证据、其他材料。

请求书应当记载以下内容：

（1）请求人的姓名或名称、地址，法定代表人或主要负责人的姓名、职务，有委托代理人的，代理人的姓名和代理机构的名称、地址；

（2）被请求人的姓名或名称、地址，法定代表人或主要负责人的姓名、职务；

（3）请求调解的事项、事实和理由；

（4）请求书应当由请求人签名或盖章。

单独请求调解侵犯专利权赔偿数额的，应当提交有关管理专利工作的部门作出的认定侵权行为成立的处理决定书副本。

请求书为正本一份，并按被请求人人数提供副本。

请求人身份证明文件（需提供原件予以核对）：登记证明（营业执照副本）；法定代表人身份证明；个人身份证及代理人身份证。

专利纠纷相关的证据、材料（按被请求人人数提交原件及复印件）：

请求人提供的证据，包括专利申请权和专利权归属纠纷，发明人、设计人资格纠纷，职务发明的发明人、设计人的奖励和报酬纠纷，在发明专利申请公布后专利权授予前使用发明而未支付适当费用纠纷的证据；

被请求人提供的证据，包括制造、使用、销售涉嫌侵权产品的证据（如销售发票、收据、报价单、产品宣传广告材料、生产任务单、出仓单、公证书等）。

其他材料：域外证据（在中国领域外形成的，经所在国公证机关公证并经中国驻该国使领馆予以认证或证明）、港澳台证据。

（四）调解处理

管理专利工作的部门收到调解请求书后，应当及时将请求书副本通过寄交、直接送交或其他方式送达被请求人，要求其在收到之日起 15 日内提交意见陈述书。

被请求人提交意见陈述书并同意进行调解的，管理专利工作的部门应当在收到意见陈述书之日起 5 个工作日内立案，并通知请求人和被请求人进行调解的时间和地点。

被请求人逾期未提交意见陈述书，或在意见陈述书中表示不接受调解的，管理专利工作的部门不予立案，并通知请求人。

管理专利工作的部门调解专利纠纷可以邀请有关单位或个人协助，被邀请的单位或个人应当协助进行调解。

（五）调解结果

当事人经调解达成协议的，由管理专利工作的部门制作调解协议书，加盖其公章，并由双方当事人签名或盖章；未能达成协议的，管理专利工作的部门以撤销案件的方式结案，并通知双方当事人。

因专利申请权或专利权的归属纠纷请求调解的，当事人可以持管理专利工作的部门的受理通知书请求国家知识产权局中止该专利申请或专利权的有关程序。

经调解达成协议的，当事人应当持调解协议书向国家知识产权局办理恢复手续。

撤销案件：经调解未能达成协议或久调不决案件，管理专利工作的部门以撤销案件的方式结案，并向双方当事人发出《专利纠纷调解案件终止调解通知书》。符合人民法院立案条件的，请求人可以向人民法院申请立案。

第三节 诉讼维权

《专利法》第六十条规定，“未经专利权人许可，实施其专利，即侵犯其专利权，引起纠纷的，由当事人协商解决；不愿协商或协商不成的，专利权人或利害关系人可以向人民法院起诉，也可以请求管理专利工作的部门处理。管理专利工作的部门处理时，认定侵权行为成立的，可以责令侵权人立即停止侵权行为，当事人不服的，可以自收到处理通知之日起15日内依照《中华人民共和国行政诉讼法》向人民法院起诉；侵权人期满不起诉又不停止侵权行为的，管理专利工作的部门可以申请人民法院强制执行。进行处理的管理专利工作的部门应当事人的请求，可以就侵犯专利权的赔偿数额进行调解；调解不成的，当事人可以依照《中华人民共和国民事诉讼法》向人民法院起诉。”本条规定了专利纠纷发生以后，当事人的三种解决办法，一是由当事人协商解决，二是向人民法院起诉，三是请求管理专利工作的部门处理。

专利纠纷向人民法院起诉涉及复杂的专利法律知识，这些知识可以总结为两个方面的内容，一是专利权保护范围界定的知识，二是专利侵权判定的知识。在司法实践中，也是从这两个方面来考虑的，先确定涉诉专利的权利保护范围，在此基础上再确定是否构成侵权。本节内容将按照这一基本逻辑来介绍专利诉讼维权的知识。在专利诉讼维权中，不论是专利权保护范围界定还是专利侵权判定，发明和实用新型都是按照同一逻辑来规定的，而外观设计的逻辑则与发明和实用新型有较大的不同，我们将分开来介绍。并且，每一个部分我们将分为“法条归纳”“法理分析”，以及“案例解析”三个小部分，以进行法条联系理论、理论联系实践、实践对应法条的严密介绍和论证。

一、发明和实用新型的专利权保护范围的界定

（一）法条归纳

发明和实用新型的专利权保护范围的法条分散在《专利法》《最高人民法院

关于审理侵犯专利权纠纷案件应用法律若干问题的解释》（2009 年 12 月 21 日最高人民法院审判委员会第 1480 次会议通过）、《最高人民法院关于审理专利纠纷案件适用法律问题的若干规定》《专利审查指南》（2010 版）这四部主要的法律文件和行业规范中。这三部法律文件和《专利审查指南》内容庞杂、涉及面较广，而对于发明和实用新型的专利权保护范围的界定所涉及的条文并不多，但却又是实践中经常用到的高频率条目，现作出归纳，便于读者查阅。

1.《专利法》

第五十九条 发明或实用新型专利权的保护范围以其权利要求的内容为准，说明书及附图可以用于解释权利要求的内容。

2.《最高人民法院关于审理侵犯专利权纠纷案件应用法律若干问题的解释》（2009 年 12 月 21 日最高人民法院审判委员会第 1480 次会议通过）

第一条 人民法院应当根据权利人主张的权利要求，依据专利法第五十九条第一款的规定确定专利权的保护范围。权利人在一审法庭辩论终结前变更其主张的权利要求的，人民法院应当准许。

权利人主张以从属权利要求确定专利权保护范围的，人民法院应当以该从属权利要求记载的附加技术特征及其引用的权利要求记载的技术特征，确定专利权的保护范围。

第二条 人民法院应当根据权利要求的记载，结合本领域普通技术人员阅读说明书及附图后对权利要求的理解，确定专利法第五十九条第一款规定的权利要求的内容。

第三条 人民法院对于权利要求，可以运用说明书及附图、权利要求书中的相关权利要求、专利审查档案进行解释。说明书对权利要求用语有特别界定的，从其特别界定。

以上述方法仍不能明确权利要求含义的，可以结合工具书、教科书等公知文献以及本领域普通技术人员的通常理解进行解释。

第四条 对于权利要求中以功能或效果表述的技术特征，人民法院应当结合说明书和附图描述的该功能或效果的具体实施方式及其等同的实施方式，确定该技术特征的内容。

第五条　对于仅在说明书或附图中描述而在权利要求中未记载的技术方案，权利人在侵犯专利权纠纷案件中将其纳入专利权保护范围的，人民法院不予支持。

第六条　专利申请人、专利权人在专利授权或无效宣告程序中，通过对权利要求、说明书的修改或意见陈述而放弃的技术方案，权利人在侵犯专利权纠纷案件中又将其纳入专利权保护范围的，人民法院不予支持。

第七条　人民法院判定被诉侵权技术方案是否落入专利权的保护范围，应当审查权利人主张的权利要求所记载的全部技术特征。

被诉侵权技术方案包含与权利要求记载的全部技术特征相同或等同的技术特征的，人民法院应当认定其落入专利权的保护范围；被诉侵权技术方案的技术特征与权利要求记载的全部技术特征相比，缺少权利要求记载的一个以上的技术特征，或有一个以上技术特征不相同也不等同的，人民法院应当认定其没有落入专利权的保护范围。

3.《最高人民法院关于审理专利纠纷案件适用法律问题的若干规定》

第五十九条第一款所称的“发明或实用新型专利权的保护范围以其权利要求的内容为准，说明书及附图可以用于解释权利要求的内容”，是指专利权的保护范围应当以权利要求记载的全部技术特征所确定的范围为准，也包括与该技术特征相等同的特征所确定的范围。

等同特征，是指与所记载的技术特征以基本相同的手段，实现基本相同的功能，达到基本相同的效果，并且本领域普通技术人员在被诉侵权行为发生时无须经过创造性劳动就能够联想到的特征。

4.《专利审查指南》（2010 版）

第二部分第二章 3.2.2 节

一般情况下，权利要求中的用词应当理解为相关技术领域通常具有的含义。在特定情况下，如果说明书中指明了某词具有特定的含义，并且使用了该词的权利要求的保护范围由于说明书中对该词的说明而被限定得足够清楚，这种情况也是允许的。

第二部分第二章 3.2.1 节

对于权利要求中所包含的功能性限定的技术特征，应当理解为覆盖了所有能够实现所述功能的实施方式。

第二部分第四章 2.4 节

所属技术领域的技术人员，也可称为本领域的技术人员，是指一种假设的“人”，假定他知晓申请日或优先权日之前发明所属技术领域所有的普通技术知识，能够获知该领域中所有的现有技术，并且具有应用该日期之前常规实验手段的能力，但他不具有创造能力。

（二）法理分析

任何产权都有权利边界，权利边界是任何一种产权的不可分离的属性。要对任何产权进行使用、处置、维权都要先界定其边界，边界不明确尤其无法判断是否已经构成侵权。专利权是一种无形财产，并不同于桌椅、房产、土地等动产或不动产，可以用数量、面积、大小等通常的单位来规定其权利范围。按照世界范围内专利法律的理论研究和实践以及我国的专利法规定和实践，专利权边界的确定有一套专门的法理支撑，是一项非常专业且复杂的知识。

首先，明确确定专利权利保护范围应该以什么样的内容作为分析的客体。是专利文件所对应的产品，还是专利申请文件；假如是专利申请文件，又是申请文件的哪一部分；假如是专利申请文件的某一部分，那么其余部分是否可以完全忽略；假如不能够完全忽略，它们应该占据一个什么样的地位。

其次，得明确解读者是谁。对于同一份专利权利要求书的解读，解读者所具有的专业知识也会影响到解读结果，对所涉及的专业比较熟悉的解读者可能会得出比较大的保护范围，对所涉及的专业比较陌生的解读者可能得出比较窄的保护范围。

我们将从专利权利保护范围确定所涉及的客体、主体、进行介绍。

1. 客体

按照《专利法》第五十九条的规定，发明或实用新型专利权的保护范围以其权利要求的内容为准，说明书及附图可以用于解释权利要求的内容。因此，确定发明和实用新型专利权保护范围的解读文本是权利要求书。很多维权人不明白这一点，总是将涉嫌侵权的产品与自己生产的产品进行比对，看两个产品是否类似。

权利要求书由权利要求组成，每条权利要求都由技术特征组成，所谓技术特征是指具有独立功能的可以对技术方案产生影响的技术单元，每条权利要求都是一个完整的技术方案。

通常每份权利要求书有多条权利要求，有的是一条独立权利要求和多条从属权利要求，有的是两条以上独立权利要求和多条从属权利要求。不同的权利要求记载的技术内容不同，应该先确定要用来解读的权利要求。在确定是否够构成侵权时，必须只能确定一条权利要求作为确定专利权利保护范围的解读依据。

《专利法》第五十九条的规定，“说明书及附图可以用于解释权利要求的内容”。《最高人民法院关于审理侵犯专利权纠纷案件应用法律若干问题的解释》第三条规定“人民法院对于权利要求，可以运用说明书及附图、权利要求书中的相关权利要求、专利审查档案进行解释。说明书对权利要求用语有特别界定的，从其特别界定。以上述方法仍不能明确权利要求含义的，可以结合工具书、教科书等公知文献以及本领域普通技术人员的通常理解进行解释。”因此，在解读某一条权利要求时，并非将这条权利要求单独拿出来进行理解而对专利申请文件的其他内容不管不顾。

权利要求通常是对技术方案进行高度的概括，而说明书和附图则是对权利要求进行解释说明。因为，在解读专利权保护范围时，也要关注说明书和附图，这样才能更好地界定权利要求书中各专业术语的含义，各技术特征的逻辑关系。同时，工具书、教科书等公知文献以及本领域普通技术人员的通常理解也将可以作为理解权利要求书的合法文本。

2. 主体

《最高人民法院关于审理侵犯专利权纠纷案件应用法律若干问题的解释》第二条规定，人民法院应当根据权利要求的记载，结合本领域普通技术人员阅读说明书及附图后对权利要求的理解，确定《专利法》第五十九条第一款规定的权利要求的内容。因此，对权利要求书进行解读的主体是“本领域普通技术人员”。

“本领域普通技术人员”也称为“本领域的技术人员”，是指一种拟制的“人”，假定他知晓申请日或优先权日之前该权利要求所涉及的技术领域所有的普通技术知识，能够获知该领域中所有的现有技术，并且具有申请日或优先权日之前常规实验手段能力，但他不具有创造能力。

引入本领域普通技术人员的规定是世界范围内专利法律的普遍做法，本领域普通技术人员的能力直接关系到对专利权利要求的解读，进而影响到专利权利的保护范围。通常，可以列举申请日或优先权日之前该技术领域的教科书、工具书、论文、杂志、期刊等公开的材料来证明本领域普通技术人员的能力。

（三）案例解析

本案例摘录自最高人民法院主办的“中国裁判文书网”，该案先由某省知识产权局专利侵权纠纷处理决定认定存在侵权事实，又经过了辽宁省沈阳市中级人民法院、辽宁省高级人民法院、最高人民法院的审判，由于案情过于复杂，作者仅摘取了其中关涉实用新型和发明专利权保护范围的内容，并未摘取与实用新型和发明专利权保护范围无关的内容。

1. 案件基本信息

专利权人甲诉称乙存在专利侵权行为，涉诉专利号为 ZL93112412.3，专利名称为一种含 1-*N*- 乙基庆大霉素 C1a 或其盐的药用制剂及其制备方法的发明专利；

乙辩称，乙从甲处购买硫酸依替米星，而硫酸依替米星正是生产硫酸依替米星氯化钠注射液的原料，因此乙生产硫酸依替米星氯化钠注射液的行为得到甲的同意，所以不存在侵权；该专利权利要求 1 为“一种含 1-*N*- 乙基庆大霉素 C1a 或其盐的药用制剂，其特征在于该药用制剂是由作为活性成分的 1-*N*- 乙基庆大霉素 C1a 或其盐与药用载体组成的，并且按含 -*N*- 乙基庆大霉素 C1a 或其盐为 0.01 ~ 99.99%（质量分数）与含药用载体为 99.99 ~ 0.01%（质量分数）的配比组成。”

2. 某省知识产权局和各级法院对实用新型和发明专利权利保护范围的认定

（1）某省知识产权局的认定，乙从专利权人甲处所得的并非本案专利产品，而是该专利产品的原料药硫酸依替米星，将其制成专利产品并销售的行为由甲实施和完成。本案专利的保护范围是明确的，即只要含有硫酸依替米星的药用制剂，就属于本案专利保护对象。

（2）一审法院认定，该药所附产品说明书上载明药物有效成分为硫酸依替米星，其化学结构式与专利权人要求保护的 1-*N*- 乙基庆大霉素 C1a 硫酸盐化学结构式相同。甲生产的硫酸依替米星氯化钠注射液落入本案专利权利要求 1 的保护范围。该专利权的保护范围是明确的，只要含有硫酸依替米星的药用制剂，就属于本案专利保护对象。甲生产的硫酸依替米星氯化钠注射液落入本案专利权保护范围。

（3）二审法院认定，根据《专利法》第五十六条的规定，发明专利的保护范围以其权利要求内容为准，说明书及其附图可以用于解释权利要求。甲生产的产品的主要原料虽然来源于请求人独家许可生产单位，但并非是专利产品，专利产品是在甲处形成的，因而专利产品中的技术特征完全覆盖了请求人的权利要求保护范围，属于专利侵权产品。因为原料只是本发明的一个中间产物，侵权产品是在甲处生产和销售的，因此合议组对甲的理由不予支持。甲生产的硫酸依替米星氯化钠注射液确实属于本案专利权利要求 1 的保护范围。

（4）最高人民法院认定，本案中，当事人对于福药公司实施了本案专利并无争议。虽然硫酸依替米星原料药本身不属于本案专利保护范围，但如果，那么专利权人自己建立的企业或经专利权人许可的第三人销售该原料药的行为本身就意味着默示许可他人实施专利。

3. 作者解析

某省知识产权局、一审法院、二审法院以及最高人民法院都一致认为，含有硫酸依替米星就属于侵权（硫酸依替米星属于1–*N*–乙基庆大霉素C1a或其盐），只是最高人民法院还认为硫酸依替米星原料药唯一合理的商业用途就是用于制造本案专利产品，而硫酸依替米星是由甲方提供的，所以推定甲方默许乙方使用该专利。

涉诉专利的权利要求1为，“一种含1–*N*–乙基庆大霉素C1a或其盐的药用制剂，其特征在于该药用制剂是由作为活性成分的1–*N*–乙基庆大霉素C1a或其盐与药用载体组成的，并且按含–*N*–乙基庆大霉素C1a或其盐为0.01～99.99%（质量分数）与含药用载体为99.99～0.01%（质量分数）的配比组成。”

本领域技术人员在阅读该技术方案后，对于该权利要求的保护范围必定会得出如下理解，①是一种“药用制剂”，而食品、保健品则在权利要求保护范围之外，因此必须属于药用制剂才有可能侵犯该专利权，食品、保健品则不可能侵犯该专利权；②必须包含有“1–*N*–乙基庆大霉素C1a或其盐”和“药用载体”，只是包含两者之一的产品不构成侵权，单纯的“1–*N*–乙基庆大霉素C1a或其盐”不构成侵权，至于该涉嫌产品是否还包含别的物质则不是该涉嫌侵权的产品是否侵权的考虑要素。

本专利权利要求书总共有5条权利要求，在诉讼中甲方指定权利要求1作为是否侵权的判定，因此只需要对权利要求1进行研读以确定保护范围。在审判实践中，其余权利要求的内容也可以对需要判定权利保护范围的专利要求进行解释，尽管没有明确的法律条文规定，但是已经成为司法惯例。

二、外观设计专利权利保护范围的界定

（一）法条归纳

1.《专利法》

第五十九条　发明或实用新型专利权的保护范围以其权利要求的内容为准，说明书及附图可以用于解释权利要求的内容。

外观设计专利权的保护范围以表示在图片或照片中的该产品的外观设计为准，简要说明可以用于解释图片或照片所表示的该产品的外观设计。

2.《最高人民法院关于审理侵犯专利权纠纷案件应用法律若干问题的解释》（2009 年 12 月 21 日最高人民法院审判委员会第 1480 次会议通过）

第八条　在与外观设计专利产品相同或相近种类产品上，采用与授权外观设计相同或近似的外观设计的，人民法院应当认定被诉侵权设计落入专利法第五十九条第二款规定的外观设计专利权的保护范围。

第九条　人民法院应当根据外观设计产品的用途，认定产品种类是否相同或相近。确定产品的用途，可以参考外观设计的简要说明、国际外观设计分类表、产品的功能以及产品销售、实际使用的情况等因素。

第十条　人民法院应当以外观设计专利产品的一般消费者的知识水平和认知能力，判断外观设计是否相同或近似。

第十一条　人民法院认定外观设计是否相同或近似时，应当根据授权外观设计、被诉侵权设计的设计特征，以外观设计的整体视觉效果进行综合判断；对于主要由技术功能决定的设计特征以及对整体视觉效果不产生影响的产品的材料、内部结构等特征，应当不予考虑。

下列情形，通常对外观设计的整体视觉效果更具有影响：

（一）产品正常使用时容易被直接观察到的部位相对于其他部位；

（二）授权外观设计区别于现有设计的设计特征相对于授权外观设计的其他设计特征。

被诉侵权设计与授权外观设计在整体视觉效果上无差异的，人民法院应当认定两者相同；在整体视觉效果上无实质性差异的，应当认定两者近似。

第十二条 将侵犯发明或实用新型专利权的产品作为零部件，制造另一产品的，人民法院应当认定属于专利法第十一条规定的使用行为；销售该另一产品的，人民法院应当认定属于专利法第十一条规定的销售行为。

将侵犯外观设计专利权的产品作为零部件，制造另一产品并销售的，人民法院应当认定属于专利法第十一条规定的销售行为，但侵犯外观设计专利权的产品在该另一产品中仅具有技术功能的除外。

对于前两款规定的情形，被诉侵权人之间存在分工合作的，人民法院应当认定为共同侵权。

第十四条 被诉落入专利权保护范围的全部技术特征，与一项现有技术方案中的相应技术特征相同或无实质性差异的，人民法院应当认定被诉侵权人实施的技术属于专利法第六十二条规定的现有技术。

被诉侵权设计与一个现有设计相同或无实质性差异的，人民法院应当认定被诉侵权人实施的设计属于专利法第六十二条规定的现有设计。

第十六条 人民法院依据专利法第六十五条第一款的规定确定侵权人因侵权所获得的利益，应当限于侵权人因侵犯专利权行为所获得的利益；因其他权利所产生的利益，应当合理扣除。

侵犯发明、实用新型专利权的产品系另一产品的零部件的，人民法院应当根据该零部件本身的价值及其在实现成品利润中的作用等因素合理确定赔偿数额。

侵犯外观设计专利权的产品为包装物的，人民法院应当按照包装物本身的价值及其在实现被包装产品利润中的作用等因素合理确定赔偿数额。

3.《专利审查指南》

第一部分第三章 4.3

《专利法》第五十九条第二款规定，外观设计专利权的保护范围以表示在图片或照片中的该产品的外观设计为准，简要说明可以用于解释图片或照片所表示的该产品的外观设计。

根据《专利法实施细则》第二十八条的规定，简要说明应当包括下列内容：

（1）外观设计产品的名称。简要说明中的产品名称应当与请求书中的产品名称一致。

（2）外观设计产品的用途。简要说明中应当写明有助于确

定产品类别的用途。对于具有多种用途的产品，简要说明应当写明所述产品的多种用途。

（3）外观设计的设计要点。设计要点是指与现有设计相区

外观设计专利申请的初步审查别的产品的形状、图案及其结合，或色彩与形状、图案的结合，或部位。对设计要点的描述应当简明扼要。

（4）指定一幅最能表明设计要点的图片或照片。指定的图片或照片用于出版专利公报。

此外，下列情形应当在简要说明中写明。

（1）请求保护色彩或省略视图的情况。

如果外观设计专利申请请求保护色彩，应当在简要说明中声明。如果外观设计专利申请省略了视图，申请人通常应当写明省略视图的具体原因，例如因对称或相同而省略；如果难以写明的，也可仅写明省略某视图，例如大型设备缺少仰视图，可以写为“省略仰视图”。

（2）对同一产品的多项相似外观设计提出一件外观设计专利申请的，应当在简要说明中指定其中一项作为基本设计。

（3）对于花布、壁纸等平面产品，必要时应当描述平面产品中的单元图案两方连续或四方连续等无限定边界的情况。

（4）对于细长物品，必要时应当写明细长物品的长度采用省略画法。

（5）如果产品的外观设计由透明材料或具有特殊视觉效果的新材料制成，必要时应当在简要说明中写明。

（6）如果外观设计产品属于成套产品，必要时应当写明各套件所对应的产品

名称。简要说明不得使用商业性宣传用语，也不能用来说明产品的性能和内部结构。

（二）法理分析

1. 外观设计专利的权利保护范围与发明和实用新型的权利保护范围界定方法的区别

由于外观设计专利与发明专利和实用新型专利的定义不同，所以导致其权利保护范围的界定就有很大的差别。

《专利法》第二条规定，本法所称的发明创造是指发明、实用新型和外观设计。发明，是指对产品、方法或其改进所提出的新的技术方案。实用新型，是指对产品的形状、构造或其结合所提出的适于实用的新的技术方案。外观设计，是指对产品的形状、图案或其结合以及色彩与形状、图案的结合所作出的富有美感并适于工业应用的新设计。

由于外观设计是以图片的形式体现其作为新的设计的本质属性，而发明和实用新型则是以技术方案体现其作为新的技术方案的本质属性，所以在确定保护范围的时候，外观设计必然要以图片为准，而发明和实用新型则以技术方案为准。因此在《专利法》第五十九条就规定了不同的权利保护范围的界定的方法，《专利法》第五十九条规定，发明或实用新型专利权的保护范围以其权利要求的内容为准，说明书及附图可以用于解释权利要求的内容。外观设计专利权的保护范围以表示在图片或照片中的该产品的外观设计为准，简要说明可以用于解释图片或照片所表示的该产品的外观设计。

2. 外观设计专利权保护范围的确定主体

《最高人民法院关于审理侵犯专利权纠纷案件应用法律若干问题的解释》第十条规定“人民法院应当以外观设计专利产品的一般消费者的知识水平和认知能力，判断外观设计是否相同或近似。”因此，外观设计专利权保护范围的确定主体是一般消费者。

对应于发明专利和实用新型专利，发明专利和实用新型专利的权利保护范围的界定主体是本领域普通技术人员。对于本领域普通技术人员，在专利法和专利法学理论上已经达成了共识，但是对于一般消费者的概念目前在专利法和专利法学理论上还没有形成一致意见，不论在理论上还是实践中，大家都对这个问题进行模糊处理。《北京市高级人民法院关于审理外观设计专利案件的若干指导意见（试行）》第十六条规定“一般消费者是指该外观设计专利同类产品或类似产品物理效用的享用者。”该规定明确地对一般消费者的概念进行了定义，很具有理论和实践的借鉴意义。

3. 外观设计专利权保护范围的确定文本

《专利法》第五十九条规定，外观设计专利权的保护范围以表示在图片或照片中的该产品的外观设计为准，简要说明可以用于解释图片或照片所表示的该产品的外观设计。因此外观设计的保护范围的界定应该以“图片或照片中的该产品的外观设计为准。”

对应于发明和实用新型的保护范围的界定时，说明书和说明书附图可以用于解释权利要求，在外观设计权利保护范围界定时，简要说明可以用于解释图片或照片所表示的该产品的外观设计。

尤其值得注意的是，不能将该外观设计对应的产品作为权利保护范围确定的文本。就这一点，《北京市高级人民法院关于审理外观设计专利案件的若干指导意见（试行）》第十八条进行了明确的规定“在进行外观设计专利侵权判断时，应当用专利公告文件中表示该外观设计专利产品的外观设计的图片或照片与被控侵权产品或体现被控侵权产品外观设计的图片或照片进行比较，而不应以权利人提交的外观设计专利产品实物与被控侵权产品进行比较，但该专利产品实物与表示在专利公告文件的图片或照片中的外观设计产品完全一致的除外。”这一规定很具有理论和实践的借鉴意义。

《最高人民法院关于审理侵犯专利权纠纷案件应用法律若干问题的解释》第八条规定“在与外观设计专利产品相同或相近种类产品上，采用与授权外观设计相同或近似的外观设计的，人民法院应当认定被诉侵权设计落入专利法第五十九条第二款规定的外观设计专利权的保护范围。”因此，外观设计专利权利保护范围的界定要考虑“产品相同或相近种类产品上”，这与发明和实用新型专利权保护范围界定有明显的不同。所以外观设计专利权的保护范围的界定应该确定在“在与外观设计专利产品相同或相近种类产品上。”

4. 功能设计不属于外观设计专利权的保护范围

《最高人民法院关于审理侵犯专利权纠纷案件应用法律若干问题的解释》第十一条规定“对于主要由技术功能决定的设计特征以及对整体视觉效果不产生影响的产品的材料、内部结构等特征，应当不予考虑。”这一规定，明确了规定功能设计不属于外观设计专利权的保护范围。对于功能设计的定义，《北京市高级人民法院关于审理外观设计专利案件的若干指导意见（试行）》第十四条规定，“仅起功能、技术效果作用的设计是指实现产品功能的有限设计，主要是指实现产品功能的唯一设计。如果实现产品功能不止一种外观设计，则一般不得将实现产品功能的每一种外观设计视为仅起功能、技术效果作用的设计”。

（三）案例解析

本案例摘录自最高人民法院主办的“中国裁判文书网”，先后经过了一审和二审程序。由于案情过于复杂，作者仅摘取了其中关涉外观设计专利权保护范围的内容，并未摘取与外观设计专利权保护范围无关的内容。

1. 案情简介

某烟具公司起诉某电子公司侵犯其外观设计专利权，涉案专利名为“打火机（HD-101）”，专利号为ZL20103062××××.5。该授权外观设计简要说明载明其用途是一种小型点火装置，主要用于点燃香烟、烟斗等，并可用于点燃纸张、油绳、蜡烛、灯笼或其他易燃材料，也可用于炊事及其他点火等；设计要点在于整体形状；主视图作为设计要点的视图。从专利图片观察，该专利的设计要点包含机头、机身和底座三个部分，其中机头呈现L形，出火口在机头前方，按键位于机头后方，一侧设有开关和调火键；机身呈圆柱形，上方与机头连接且按键下方的位置设有半圆柱状凸起，下方置入底座；底座大致呈一端外扩的水滴状。某电子公司辩称，被诉侵权设计与某烟具公司授权外观设计用途、产品种类不相同，也不相近似，未落入某烟具公司授权外观设计专利权利保护范围。

2. 一审、二审法院对于该案外观设计专利权利保护范围的界定

一审法院认为，确定产品的用途，可以参考外观设计的简要说明、国际外观设计分类表、产品的功能以及产品销售、实际使用的情况等因素。某电子公司辩称本案被诉侵权产品名称为点火枪，与授权外观设计在国际外观设计分类表上的类别不同，但参考授权外观设计的简要说明，原审法院认为被诉侵权设计与授权外观设计功能、用途一致，均是同类小型点火装置，两者可以比对。诉侵权设计与授权外观设计的相同点在于：包含机头、机身和底座三个部分，其中机头呈现L形，出火口在机头前方，按键位于机头后方，一侧设有开关和调火键；机身呈圆柱形，上方与机头连接且按键下方的位置设有半圆柱状凸起，下方置入底座；底座大致呈一端外扩的水滴状。不同点在于被诉侵权设计与授权外观设计相比，出火管及半圆柱状凸起均稍长，进风口孔形、按键键面沟槽不同。两者整体视觉效果无实质性差异，原审法院认为被诉侵权设计与授权外观设计构成近似，被诉侵权设计落入好点公司专利权保护范围。

二审法院认为，某电子公司为生产经营目的制造的被诉侵权产品，落入了某烟具公司涉案外观设计专利权的保护范围。

3. 作者解析

本案中，在确定外观设计专利权保护范围时，某电子公司提出的抗辩理由是“外观设计用途、产品种类不相同，也不相近似，未落入好点公司授权外观设计专利权利保护范围。”这一点正好是作者在“法理分析”部分之“3. 外观设计专利权保护范围的确定文本”所介绍过的内容。这是外观设计专利权利保护范围界定不同于发明专利和实用新型专利权利保护范围界定的最大之处。

在确定属于相同或相似产品后，通过对比，两者整体视觉效果无实质性差异，原审法院认为被诉侵权设计与授权外观设计构成近似，被诉侵权设计落入好点公

司专利权保护范围。在此，隐藏了确定的主体，即普通消费者。这个结论的得出是来自于普通消费者的视角，而非专业设计人员的视角。

三、发明专利和外观设计专利侵权判定

（一）法条归纳

1.《专利法》

第六十条　未经专利权人许可，实施其专利，即侵犯其专利权，引起纠纷的，由当事人协商解决；不愿协商或协商不成的，专利权人或利害关系人可以向人民法院起诉，也可以请求管理专利工作的部门处理。管理专利工作的部门处理时，认定侵权行为成立的，可以责令侵权人立即停止侵权行为，当事人不服的，可以自收到处理通知之日起十五日内依照《中华人民共和国行政诉讼法》向人民法院起诉；侵权人期满不起诉又不停止侵权行为的，管理专利工作的部门可以申请人民法院强制执行。进行处理的管理专利工作的部门应当事人的请求，可以就侵犯专利权的赔偿数额进行调解；调解不成的，当事人可以依照《中华人民共和国民事诉讼法》向人民法院起诉。

第六十一条　专利侵权纠纷涉及新产品制造方法的发明专利的，制造同样产品的单位或个人应当提供其产品制造方法不同于专利方法的证明。

第六十二条　在专利侵权纠纷中，被控侵权人有证据证明其实施的技术或设计属于现有技术或现有设计的，不构成侵犯专利权。

第六十九条　有下列情形之一的，不视为侵犯专利权：

（一）专利产品或依照专利方法直接获得的产品，由专利权人或经其许可的单位、个人售出后，使用、许诺销售、销售、进口该产品的；

（二）在专利申请日前已经制造相同产品、使用相同方法或已经作好制造、使用的必要准备，并且仅在原有范围内继续制造、使用的；

（三）临时通过中国领陆、领水、领空的外国运输工具，依照其所属国同中国

签订的协议或共同参加的国际条约，或依照互惠原则，为运输工具自身需要而在其装置和设备中使用有关专利的；

（四）专为科学研究和实验而使用有关专利的；

（五）为提供行政审批所需要的信息，制造、使用、进口专利药品或专利医疗器械的，以及专门为其制造、进口专利药品或专利医疗器械的。

《最高人民法院关于审理侵犯专利权纠纷案件应用法律若干问题的解释》

第七条　人民法院判定被诉侵权技术方案是否落入专利权的保护范围，应当审查权利人主张的权利要求所记载的全部技术特征。

被诉侵权技术方案包含与权利要求记载的全部技术特征相同或等同的技术特征的，人民法院应当认定其落入专利权的保护范围；被诉侵权技术方案的技术特征与权利要求记载的全部技术特征相比，缺少权利要求记载的一个以上的技术特征，或有一个以上技术特征不相同也不等同的，人民法院应当认定其没有落入专利权的保护范围。

第十二条　将侵犯发明或实用新型专利权的产品作为零部件，制造另一产品的，人民法院应当认定属于专利法第十一条规定的使用行为；销售该另一产品的，人民法院应当认定属于专利法第十一条规定的销售行为。

第十三条　对于使用专利方法获得的原始产品，人民法院应当认定为专利法第十一条规定的依照专利方法直接获得的产品。

对于将上述原始产品进一步加工、处理而获得后续产品的行为，人民法院应当认定属于专利法第十一条规定的使用依照该专利方法直接获得的产品。

第十四条　被诉落入专利权保护范围的全部技术特征，与一项现有技术方案中的相应技术特征相同或无实质性差异的，人民法院应当认定被诉侵权人实施的技术属于专利法第六十二条规定的现有技术。

2.《最高人民法院关于审理专利纠纷案件适用法律问题的若干规定》

第十七条　专利法第五十六条第一款所称的“发明或实用新型专利权的保护范围以其权利要求的内容为准，说明书及附图可以用于解释权利要求”，是指专利权的保护范围应当以权利要求书中明确记载的必要技术特征所确定的范围为准，也包括与该必要技术特征相等同的特征所确定的范围。

等同特征是指与所记载的技术特征以基本相同的手段，实现基本相同的功能，达到基本相同的效果，并且本领域的普通技术人员无须经过创造性劳动就能够联想到的特征。

（二）法理分析

1. 全面覆盖原则

专利法第五十九条是全面覆盖原则的法律基础，不论是发明专利、实用新型专利还是外观设计专利的侵权判定都需要以全面覆盖原则作为基础。

就发明和实用新型，全面覆盖原则要求被诉侵权的产品或方法的技术特征落入涉案专利的权利保护范围，即被控侵权的产品的技术特征包含了涉案专利权利要求书记载的所有技术方案。在实践中，需要将涉案专利权利要求书中的技术方案一一去被诉侵权的产品或方法中去寻找，看是否可以全部找到，如果全部可以找到则侵权成立，否则侵权不成立。

值得注意的是，就算被诉侵权的产品或方法的技术特征多于专利权利要求书记载的技术方案，也属于侵权；而被诉侵权的产品或方法的技术特征少于专利权利要求书记载的技术方案，则不属于侵权。

在别人的专利权利要求记载的技术方案的基础上增加新的技术方案，是对原技术方案的创新，有可能可以申请新的专利，但是并不意味就可以使用该新的技术方案，要使用这新的技术方案还是必须得到原专利权人的许可，否则依然是侵权行为。

这就要求在专利申请材料撰写中认真把握专利权的保护范围，不可为了授权而一味缩小专利权的保护范围，否则就算专利获得了授权，专利证书也将在专利维权时变成白纸。

2. 等同原则

《最高人民法院关于审理专利纠纷案件适用法律问题的若干规定》第十七条

是同等原则的法律基础，该条规定，“专利权的保护范围应当以权利要求书中明确记载的必要技术特征所确定的范围为准，也包括与该必要技术特征相等同的特征所确定的范围”。

同等原则是发明专利和实用新型专利侵权判定中必须遵守的原则，当专利权利要求书所记载的技术方案并不能够在被诉侵权的产品或方法中一一找到，但是如果这些不能够一一找到的技术特征在被诉侵权的产品或方法中都有等同的技术特征，那么侵权也成立。所谓等同的技术特征，是指以实质上相同的方式、发挥实质上相同的功能、获得实质上相同的技术效果，并且该两种技术特征的互换属于本领域普通技术人员的公知技术，具有显而易见性。

很多专利申请人担心其申请专利保护的技术方案被别人变形后使用，等同原则破除了他们的担心，只要这些所谓的“变形”是本领域技术人员的公知技术，是以实质上相同的方式、发挥实质上相同的功能、获得实质上相同的技术效果，侵权仍然成立。

值得注意的是，同等原则的适用是有限制的，只适用于单个的技术特征，而不适用于整体的技术方案。北京市高级人民法院关于《专利侵权判定若干问题的意见（试行）》中规定，“适用等同原则判定侵权，仅适用于被控侵权物（产品或方法）中的具体技术特征与专利独立权利要求中相应的必要技术特征是否等同，而不适用于被控侵权物（产品或方法）的整体技术方案与独立权利要求所限定的技术方案是否等同”。北京市高级人民法院的规定具有高度的理论和实践的意义。

（三）案例解析

本案例摘录自最高人民法院主办的“中国裁判文书网”，该案先后经过了一审、二审，二审法院支持一审的判决，由于案情过于复杂，作者仅摘取了其中关涉实用新型和发明专利侵权判定的内容，并未摘取与实用新型和发明专利权侵权判定无关的内容。

1. 案件基本信息

某专利权人起诉某机械公司侵犯其专利，涉案专利号为ZL20071001××××.0，名称为“雪糕杆散杆上料插杆机”。涉案专利权利要求1内容为：一种雪糕冷饮生产线配套用的雪糕杆散杆上料插杆机，包括有整机框架、入料斗、提杆链板、清扫器总承、具有两个窄的同步布杆带的同步布杆带机构、拍杆板总承、大滑板和小拉板、布杆排斗总承、前后碾杆轮总承，其特征在于，所述入料斗设置在所述整机框架的一侧，所述入料斗一侧的下方斜设有斗侧底板；与所述斗侧底板相对的一侧是所述提杆链板，所述提杆链板的下方设有链轮总承；在所述提杆链板的上部设有所述清扫器总承；在所述提杆链板的上端设有提杆链板上轴轮总承；所述提杆链板上轴轮总承和同步布杆带前轮总承之间平行设置所述两个窄的同步布杆带；所述整机框架上设有所述大滑板，所述大滑板的上端两侧设有两根提调丝杠，所述提调丝杠的上端设有提调丝杠手柄，所述大滑板两侧的所述整机框架上设有两块大滑板滑块；所述大滑板的正面设有所述小拉板，所述小拉板的中上方设有小拉板气缸，所述小拉板的两端设有固定在所述大滑板上的两块小拉板滑块；在所述小拉板的正面设有所述布杆排斗总承，在所述布杆排斗总承的下口设有两套所述前后碾杆轮总承，所述小拉板的一侧上方设有碾杆电机，小拉板的对面的所述整机框架上设置所述拍杆板总承。某机械公司辩称：被诉侵权产品缺少涉案专利独立权利要求中的19项必要技术特征，请求驳回专利权人的诉讼请求。

2. 法院就专利侵权判定的观点

双方确认被诉侵权产品不具有涉案专利权利要求1记载的以下技术特征：① 清扫器总承；② 大滑板；③ 小拉板；④ 布杆排斗总承；⑤ 前后碾杆轮总承；⑥ 在提杆链板的上部设有清扫器总承；⑦整机框架上设有大滑板；⑧ 在大滑板的上端两侧设有两根提调丝杠；⑨ 提调丝杠的上端设有提调丝杠手柄；⑩ 大滑板两侧的整机框架上设有两块大滑板滑块；⑪ 大滑板的正面设有小拉板；⑫ 小拉板

的中上方设有小拉板气缸；⑬ 小拉板的两端设有固定在大滑板上的两块小拉板滑块；⑭ 在小拉板的正面设有布杆排斗总承；⑮ 在布杆排斗总承的下口设有两套前后碾杆轮总承；⑯ 小拉板的一侧上方设有碾杆电机；⑰ 小拉板对面的整机框架上设置拍杆板总承。双方确认被诉侵权产品具有权利要求 1 记载的其他技术特征。其中，被诉侵权产品的三条等宽的同步布杆带权利要求 1 相应技术特征记载的两窄一宽的三条同步布杆带属于等同技术特征。根据本案查明的事实，由于被诉侵权产品缺少涉案专利独立权利要求记载的一个以上的技术特征，未落入涉案专利独立权利要求的保护范围，故可直接判定被诉侵权产品未落入涉案专利的保护范围，曹梦禹的侵权指控不成立。

3. 作者解析

该案中，二审法院与一审法院的观点一致，均认为被诉侵权产品缺少涉案专利独立权利要求记载的一个以上的技术特征，未落入涉案专利独立权利要求的保护范围。

在本案中，充分体现了全面覆盖原则和同等原则的使用，经过对比，即便存在“被诉侵权产品的三条等宽的同步布杆带权利要求 1 相应技术特征记载的两窄一宽的三条同步布杆带属于等同技术特征”这一同等原则的判断，但是由于并非所有涉案专利的权利要求 1 的技术方案均能在被诉侵权产品中被找到，所以侵权仍然不成立。

四、外观设计侵权判定

（一）法条归纳

外观设计专利侵权判定的法条一部分已经被归纳在外观设计专利权保护范围界定部分中，另一部分归纳在发明专利和实用新型专利侵权判定部分中，因此不再单独进行归纳。

（二）法理分析

尽管目前我国并未在法律中确认外观设计专利侵权的具体判断准则，但是在理论中和实践中，关于外观专利侵权判定的观点主要是“混淆标准”。混淆标准的实质是以是否造成混淆作为判定相同或近似的标准。最高人民法院《关于审理专利侵权纠纷案件若干问题的规定会议纪要稿》（2003 年 10 月）第二十四条第一款规定“人民法院在判断近似外观设计时，应当以一般消费者施以一般注意力是否容易混淆为准。容易产生混淆的，即为近似外观设计；反之，即为既不相同也不近似外观设计”。可见司法实践中是以混淆标准作为通说的。混淆标准设想一般消费者在使用或购买某产品时在脑海中留下了该产品的印象，然后再见到被比设计，假如该一般消费者将在该产品的外观误认为是被比设计，那么就产生了混淆，被比设计与该产品即相同或相近似，否则，被比设计与该产品既不相同，也不相近似。

（三）案例解析

本案例摘录自最高人民法院主办的“中国裁判文书网”，该案先由广州知识产权法院作出一审判决，后由广东省高级人民法院作出二审判决，由于案情过于复杂，作者仅摘取了其中有关外观设计侵权判定的内容，并未摘取与外观设计侵权判定无关的内容。

1. 案件基本信息

某外观设计专利权人起诉某门市部侵犯其外观设计专利权，涉案专利名称为“吊灯（鸟巢）”的外观设计专利权，专利号为“ZL20153052××××.6”。

2. 法院关于外观设计专利侵权的判定

本案中，被诉侵权产品与专利权人外观设计产品均是灯饰配件，两者为相同种类产品，可以将被诉侵权产品与涉案专利的外观设计进行比对。将被诉侵权产品与涉案外观设计专利视图进行对比，在整体视觉效果上两者的相同特征为：二者整体均呈正方体，为单纯的形状设计；均由上底面及四个侧面组成，每个面均由若干个梯形条状物交叉组成，中间存在若干孔洞。从整体上观察，两者设计特征基本相同，具有基本相同的视觉效果。被诉产品与本案专利构成近似。二者的不同点在于各个侧面条状物交叉的角度和空隙大小略有不同。一审法院认为上述区别属于局部的细微差别，对整体的视觉效果不产生显著的影响。从一般消费者的角度，通过整体观察、综合判断，可以确认被诉侵权设计与授权外观设计在整体视觉效果上无实质性差异，构成近似，因此被诉侵权产品落入涉案授权外观设计专利权利保护范围。

3. 作者解析

本案中，法院先认定“被诉侵权产品与专利权人外观设计产品均是灯饰配件，两者为相同种类产品，可以将被诉侵权产品与涉案专利的外观设计进行比对”，然后再考虑侵权行为是否成立。

在判定侵权是否成立时，法院认为“从整体上观察，两者设计特征基本相同，具有基本相同的视觉效果。被诉产品与本案专利构成近似……从一般消费者的角度，通过整体观察、综合判断，可以确认被诉侵权设计与授权外观设计在整体视觉效果上无实质性差异，构成近似，因此被诉侵权产品落入涉案授权外观设计专利权利保护范围。该案法院所据以判定的理论依据是混淆理论。